BAROJA,
LAS MUJERES Y EL SEXO

ESCALADA

EDITORA NACIONAL
San Agustín, 5 - MADRID

FRANCISCO BERGASA

BAROJA,
LAS MUJERES
Y EL SEXO

A Charo González Pueyo, mi madre.

«*Yo.*—... casi me hubiera alegrado de ser impotente...

Los que me oyen.— ¡Qué barbaridad! ¿Cómo puede usted decir eso?

Yo.— ¡Qué quieren ustedes! Para mí, como para la mayoría de los que viven y han vivido sin medios económicos dentro de nuestra civilización, el sexo no es más que una fuente de miserias, de vergüenzas y de pequeñas canalladas.»

(Juventud, egolatría)

NOTA PREVIA

Si el erotismo es tema a tratar todavía *en voz baja* y con no pocas reservas, como consecuencia, probablemente, de una moral equivocadamente interpretada, quiero pensar que el estudiarlo nada menos que como causa condicionante de la actitud vital y literaria de uno de nuestros más insignes novelistas contemporáneos —hoy doblemente festejado— suene a herejía intolerable, sobre todo para aquellos que, sin razón alguna, creen aún que la genialidad no tiene sexo.

A riesgo de incurrir en ella —y más ahora, cuando 13

parece que todas las campanas celebran la muerte científica de Freud— no he podido sustraerme a la aventura de acercarme hasta la venerable figura de Baroja, mítica ya por tantos conceptos, y mirar más allá de donde la mirada alcanza, detrás de su presencia, en ese punto inconcreto y misterioso en que confluyen, en reñido y difícil maridaje, la ley de la razón, las cuerdas del espíritu y el pulso acelerado de los residuos seminales. Porque a don Pío, como a la gran mayoría de los hombres, sólo puede encontrársele en lo más hondo de ese crisol, eterno y mágico, en que la *líbido* y el alma conjuntan sus esfuerzos en el nada sencillo ejercicio de dar cuerpo al amor.

Decía Rof Carballo que la actitud de un escritor ante el amor revela siempre lo más profundo de su obra. Y lo explicaba en función de cinco causas fundamentales. La primera, porque esclarece su posición ante ese enigma que es para el hombre el sexo opuesto. La segunda, porque evidencia la postura en que se coloca en relación con la polaridad existente entre el impulso sexual y el instinto sublimado. La tercera, en cuanto que sus reacciones ante el hecho amoroso van desvelando los más ignotos rincones de su espíritu. La cuarta, porque de su distinta forma de entender lo erótico deduciremos sin dificultad su manera de responder a la influencia colectiva de lo femenino. Y la quinta y última, porque tras sus ideas amorosas se oculta el sentido que considera tiene su existencia dentro del grupo social que le circuye.

No iba Baroja, ciertamente, a ser una excepción. Sensible, impresionable, mucho más tierno de como se mostraba, verdugo y víctima de sus inclinaciones y deseos, a punto siempre de emoción, es nuestro «viejo oso vascongado» —lo mismo cuando se esconde que cuando se sincera— un hombre apasionado que, con el sexo a cuestas y la razón a rastras, errante y vagabundo por los caminos del sentimiento, da fe en todo momento de su postura ante el amor. Y su vida y su obra literaria, dila-

14

tadas en páginas y en años, no son sino el reflejo, amargo y trágico, de esa ambición tan suya por conciliar lo inconciliable; el testimonio de su fallida pugna por conseguir ponerle bridas a una sensualidad que, según él, «tenía arranque de potro cordobés y parada de burro manchego» y que, cuando pervertida, constituyó su más íntima y sentida frustración.

La grandeza de don Pío, como la de María Blanchard, está en su pequeñez, en su insignificancia. Con un tipo más acusado, una energía menos débil y ciertas dotes de seducción, hoy no figuraría, posiblemente, en las antologías literarias. Sería un número en el censo, una historia olvidada en el conjunto de las demás historias, apenas un recuerdo. Pero le faltaban «esos dos colmillos de tigre», a los que alude Ortega al estudiarlo, a cambio de los cuales hubiera, de seguro, renunciado a su privilegiado puesto en el Parnaso. Y de esta forma, a falta de una vida febril y compartida, hubo de conformarse, a pesar suyo, con ser tan sólo la estatua de su gloria.

No buscar, por eso, a Baroja en su naturaleza patológica, en su alterado latir emocional, es como cerrar los ojos a una realidad tangible y manifiesta; como engañarse en la creencia de que el genio es entidad independiente y sustantiva, sin relación con el instinto; como negarse a reconocer que detrás del mito hay siempre un hombre, impelido por fuerzas encontradas y sujeto a sus propias controversias. Es algo así como ignorar que tras la hoja de parra que cubrió la desnudez de Adán hubo un pecado de soberbia, o que en el fondo de la oración de Getsemaní latía un miedo exclusivamente físico, por más que fuera el mismo Dios quien lo sintiese.

Valga esta *excursión sentimental* que ahora emprendo, como un intento respetuoso de adentrarme en el alma barojiana, de seguir su paseo melancólico por los versátiles caminos de la fantasía, de espigar entre el conjunto de su obra las obsesiones y porfías que conforman su credo amoroso. Y sirva también para, mostrándolo des- 15

nudo, vacío de cualquier retórica, romper esa leyenda
absurda tejida en torno suyo, que ha pretendido acercarnos su figura, tierna, sencilla, doliente, conmovida, como
la de un sujeto agriado y despreciable, como la del «hombre malo de Itzea».

Mayo, 1973.

EL HOMBRE
Y SUS LIMITACIONES

Nuestra vieja afición por la pincelada de trazo grueso, por el dictamen categórico, por el «encasillamiento» a ultranza, por esa contumaz ceguera que impide reconocer el que las cosas, además de buenas o malas, puedan ser «todo lo contrario», ha encontrado en Baroja ocasión ideal para experimentar la intransigencia de sus postulados, legándonos una imagen bifronte —cuando no polivalente— de su figura, con tantas caras o planos como diversas y antagónicas han sido las posiciones «límite» desde las que la hemos contemplado.   19

Enaltecido unas veces por la visión encomiástica, apologética, incluso devota, de sus panegiristas, y minimizado otras por la óptica deformadora, caricaturesca e iconoclasta de sus detractores, es así don Pío un lugar común de opiniones encontradas y juicios disonantes que, al hilo siempre de la antipatía o el fervor, imposibilitan fijar su contextura auténtica con la precisión y propiedad debida a quien, como él, dispone ya de dimensión histórica.

Y es lo cierto del caso que no fue el novelista ni tan humano como opinan aquéllos ni tan deshumanizado como piensan éstos; ni tan virulento como lo advirtiera la crítica reaccionaria de su tiempo ni tan aséptico como quiere ofrecérnoslo la más progresista del nuestro; ni tan hedonista como muchos de sus coetáneos se afanan en pintarlo ni tan ascético como otros tantos pretenden entenderlo. A mitad de camino entre el desinterés y el egoísmo, entre el afán y la apatía, entre el impulso y la razón, viajero tan pronto al valle de Dyonisos como al templo de Apolo, huésped igual de la ilusión ingenua que del pesimismo cósmico, Baroja es el ejemplo más logrado de lo que Ortega denominó como la «heroicidad vulgar», entroncando en tan aparente contradicción la genialidad de lo inusual con la generalidad de lo común. Asociarlo con el polvorín de los cañones es, por eso, tan erróneo como identificarlo con la despensa de la mantequilla. Y tiene tanta razón Regoyos cuando dice de él que «tenía pólvora» como Vázquez Montalbán cuando atestigua que es hombre sólo accesible a «quienes dispongan de paladar suficiente para degustar menús sentimentales».

Limitarse, consecuentemente, a aceptar cualquiera de esos «barojas» fabricados para uso convencional es poco menos que admitir una verdad a medias, algo así como pretender descubrir la identidad de Jano contemplándolo sólo de perfil. Todo examen en profundidad de «lo barojiano» requerirá, por el contrario, de una visión objetiva y totalizadora, capaz de aunar la multiplicidad de versiones hilvanadas en torno a su figura. Es necesario, de una vez para siempre, *extraer* a don Pío de lo curioso de la anécdota, del energumenismo demagógico, de la devoción y el rencor. Se impone, en fin, recrearlo, sin ira ni pasión, en la justa medida de su talante y talento personal, su envergadura humana y su naturaleza psicofísica, desposeyéndole de esos escapularios con los que, de modo casi dogmático, han pretendido definírnoslo cuantos no acertaron a comprender que el escritor fue mucho más —y mucho menos— que un troglodita con la bufanda anudada al cuello, sin otro empeño que el de elaborar toda una filosofía del exabrupto, o un modélico asceta, siempre amarrado a la tibia soledad de su mesa camilla. Porque lo que no sea eso —dar al César lo que es del César y a Dios lo que es de Dios— es continuar haciéndole leyenda, desvirtuar su misma esencia íntima, traicionarle, en una palabra.

Consciente de la limitación que implicaría emprender el análisis de la sensualidad barojiana sobre la base de cualquiera de esas imágenes de cartón piedra, tan distantes de la realidad como próximas al esperpento, he creído, pues, oportuno —y quizá, más que oportuno, necesario— partir de una previa desmitificación de su humanidad o, lo que es igual, de una humanización de su mitismo, en un intento por sustraerlo del dominio del tópico y aproximarlo a la luz de la exégesis, por ofrecerlo al lector como *hombre* a secas, vacío de cualquier tipo de aditamentos y prejuicios, por desnudarlo de toda esa retórica que, empeñada en convertirlo en *rara avis,* tanto ha falseado la proyección de su retrato. Y lo he buscado así a lo largo de esos dos caminos que pocas veces esconden la verdad del ser humano: la deducción de la media aritmética de los juicios de valor con que a través del tiempo ha sido juzgado, por un lado, y su propia palabra, la sinceridad de su voz, por otro.

El *hombre* Baroja es, de este modo, el punto de partida de mi estudio, su auténtico protagonista. Un hombre con minúscula y en singular. Un hombre al margen de lo mitológico. Un hombre hecho de soledades, limitaciones, zozobras y deseos. Un hombre cortado al patrón de lo humano. Un hombre al que vamos a seguir desde ahora sin apriorismos críticos ni vagos eufemismos, y sí, en cambio, con la objetividad que reclama quien es ya, por derecho, parte de la historia.

Entre la multiplicidad de tareas con que el compilador ha de enfrentarse a la hora de estudiar la realidad psicosomática de Pío Baroja, ninguna tan cómoda y sencilla como la de abocetar su retrato físico.

Varias son las razones que contribuyen de modo decisivo a ello. En primer lugar, la colaboración que en todo momento le ofrece el novelista, empeñado una y otra vez en dibujar su propio perfil. En segundo término, las repetidas referencias y alusiones que en torno al mismo pueden hallarse en los testimonios y las confesiones litera- 23 rias de sus contemporáneos, así como las recreaciones plásticas de que fuera objeto por una buena parte de los artistas de su tiempo. Y en última instancia, la insistente y constante proclividad con que el autor gusta de desdoblarse en sus criaturas de ficción, a través de cuyo detenido examen puede seguirse, apenas sin intermitencias, el proceso evolutivo —mínimo, por otra parte— de sus rasgos y caracteres fisonómicos.

En base a tales apoyaturas, completadas, de otro lado, con infinitud de documentos gráficos obtenidos a todo lo largo de su vida, la imagen de don Pío no esconde sombra alguna, sea cual fuere el ángulo desde el que se la observe; se advierte, por el contrario, nítida, próxima y casi familiar. Y así, con esa impronta de perdurable eternidad que trae consigo el ser ya estatua de sí mismo, es el novelista como una especie de convidado de piedra que muy bien pudiera sentarse a nuestra mesa y departir amablemente con nosotros, sin precisar mostrarnos, previamente, otra prueba de identificación que no fuera su misma presencia.

La versión más tradicional de entre las barojianas nos ofrece el perfil de un hombre de mediana estatura; mondo el cráneo, cuya calvicie ni siquiera la boina logra disimular del todo; voluminosa la cabeza; la frente ancha, espaciosa, despejada, macizo el cuerpo, ligeramente encorvado hacia adelante, sobre todo al andar, irónica la sonrisa, apenas perceptible tras la perilla lacia y rala; triste la mirada, como dolida de tanto imaginar y ver tan poco; monótono el paso; torpes los ademanes; afable el gesto... Una figura entre pesada y gris, que, sin embargo, encubre un no sé qué de inteligencia y de bondad, de miedo y de ternura, de indecisión y de energía. Algo así como la imagen del perro desvalido que buscase el amparo de su dueño, a la vez que mordiera a quien quisiese protegerle.

Pero ¿responde esa visión de un modo exacto a la fisonomía de Baroja? ¿Era así realmente como se con-

24

templaba el novelista? ¿Fue ésa, en verdad, la imagen que de él se formaron quienes le conocieron más de cerca? ¿Guardó don Pío, en todo caso, fidelidad a esos rasgos en sus reencarnaciones literarias?

Comprobémoslo a continuación, examinando, con detalle y por separado, sus autorretratos, primero; la opinión que su físico mereció a los demás, luego; y finalmente, aquellas pruebas documentales que, de un modo objetivo y gráfico, coadyuven a «fijar» con carácter definitivo la más fiel realidad de su figura.

LOS AUTORRETRATOS

Dos son los grandes grupos a distinguir dentro del capítulo de los autorretratos barojianos: uno, constituido por los bocetos que, de forma directa, trazó Baroja de sí mismo, cuyo detalle se contiene en sus estudios de opinión, de manera fundamental en *Juventud, egolatría, Las horas solitarias* y los cinco volúmenes que constituyen sus *Memorias;* otro, integrado por sus recreaciones literarias, en no pocas de las cuales vació su propia fisonomía y que, repartidas a lo largo de su vasta producción novelística, conforman una curiosa galería de apuntes al respecto.

Por lo que al primero de los apartados se refiere, Baroja, explícito en todo momento, advierte así sus principales caracteres biológicos:

La figura:

«Yo no he tenido nada de particular como tipo... Soy un hombre ni alto ni bajo, ni gordo ni flaco, ni muy rubio ni muy moreno...»

La cabeza:

«... algunos me han pintado con el cráneo redondo, lo que no es cierto, porque yo, al igual que mi madre, he sido dolicocéfalo...»

25

El pelo:

«... no he tenido nunca el pelo ni la barba rojos, sino más bien rubio amarillento... Muchos han asegurado que tenía la barba rala y no hay tal cosa; si no me la cortase, me llegaría a la cintura... »

Los ojos:

«... los ojos oscuros, mirados de cerca castaños, con algunas estrías verdosas..., pero nunca azules ni claros ni negros, como los han descrito algunas veces..., en ocasiones tristes y en ocasiones satisfechos...»

El peso:

«Creo que, en treinta años, he pasado de sesenta o sesenta y dos kilos a pesar, aproximadamente, setenta, y después he vuelto a bajar en la vejez, probablemente, unos cinco o seis. Es decir, que en el peso he tenido la evolución de todo el mundo, a pesar de ser considerado unas veces como un hombre monstruoso de flaco, y otras monstruoso de gordo.»

Los ademanes:

«... en mis movimientos he sido siempre torpe..., me han faltado agilidad y ligereza, gracia en una palabra...»

La forma de andar:

«No es verdad que arrastrase los pies al moverme; de haber sido así, no hubiera podido hacer las caminatas que hice... Lo que sucedía era que andaba un tanto encorvado hacia adelante...»

La expresión:

«... Machado dijo en cierta ocasión de mi gesto que era el más humano de entre los reunidos en un amplio grupo de asiduos al *bistró* que ambos frecuentábamos en París... Yo, por mi parte, no creo tener la expresión pesada y brutal que algunos me asignan... Cuando mi rostro se ha agriado ha sido siempre como efecto de las neuralgias que he padecido...»

El envejecimiento prematuro:

«A mí, cuando tenía veintitrés o veinticuatro años, me decían:

—Usted ya tendrá cuarenta años.

—Sí, cerca —contestaba yo.

Y cuando tenía alrededor de cuarenta, los que me conocían creían que tenía sesenta.»

El aspecto en general:

«... en conjunto, no tengo una impresión clara de mi físico... Unicamente sé que la opinión femenina no me fue nunca favorable.»

En relación con la fisonomía de sus trasuntos literarios todavía es Baroja más explícito. Veámoslo, si no, al recordar, respetando el orden cronológico en que fueron creados, los retratos de sus contrafiguras más representativas:

Del doctor Labarta:

«... calvo, como si tuviera cerquillo; la cara ancha, la nariz apatatada y rojiza; los ojos entornados, bondadosos y sonrientes; la boca de labios gruesos, el bigote caído, las barbas lacias, largas y amarillentas; tenía el tipo de un fraile espiritual y glotón al mismo tiempo, de hombre pesimista y epicúreo, socarrón y romántico.»

De Silvestre Paradox:

«... era de baja estatura, algo rechoncho, de nariz dificultosa y barba rojiza en punta... La cara de este hombre era extraña de veras: tan pronto parecía sonreír como estar mirando con tristeza...»

Del doctor Iturrioz:

«... estaba completamente calvo y tenía la cara surcada por profundas arrugas... Era un tipo de hombre primitivo: el cráneo ancho y prominente; las cejas ásperas y cerdosas; los ojos grises; el bigote lacio y caído; la mirada baja, y la barba, como hundida en el pecho...»

De Luis Murguía:

«Era y soy algo rubio, sin ser rubio del todo; tengo los ojos medio grises, medio verdes, medio dorados; la 27 nariz gruesa; la frente ancha, y la cara, redonda... No se podía decir de mí que fuera un hombre desagradable, pero sí que era borroso y sin ningún carácter...»

Del doctor Haller:

«... la barba roja en punta, la mirada irónica, los ojos pequeños y la expresión burlona...»

De José Larrañaga:

«... es para mí bonito esto de no tener aspecto de nada, no ser ni muy alto ni muy bajo, ni muy rubio ni muy moreno, ni llevar grandes barbas ni grandes anteojos ni grandes melenas...»

Con posterioridad a la fecha de la creación de este personaje, no vuelve ya Baroja a vaciar más por entero su fisonomía en ninguno de sus nuevos trasuntos literarios, que, si coinciden con él en edad y carácter, difieren desde entonces de su modelo en lo que al parecido físico se refiere.

Así, es nula su semejanza con Jaime Thierry, el hermano Beltrán, Juan Dorronsoro, Miguel Salazar, el profesor Golowin y Luis Carvajal. Y únicamente circunstancial su analogía con Fermín Acha, don Eduardo, Javier Olarán, Antonio Latorre, Juan Avendaño, Jesús Martín Elorza, Fermín Esteban de Uranga y Procopio Pagani.

Los datos anteriores son, sin embargo, suficientes para comprobar la absoluta sinceridad con que Baroja se enfrenta consigo mismo, reconociendo de manera desnuda y desgarrada, con limpia y dolorosa precisión, la tosquedad de su figura, la nebulosa y velada vaguedad de su expresión, la torpeza de sus ademanes, lo vacilante e inseguro de su paso, el escaso atractivo de su tipo. Y sirven, al mismo tiempo, para patentizar esos otros matices de su físico —la ternura contenida, el humor melancólico, la ironía— que, pese al camuflaje de que aquél les hace objeto en todo momento, trascienden hasta el más distraído observador, contribuyendo a humanizar la dimensión tradicional de ese «viejo oso vascongado», de quien Fernández Almagro dijo que era «un erizo con alma de almendra» y al que Ortega llamó «el más melancólico de nuestros nuevos héroes».

LAS OPINIONES AJENAS

Si es cierto que los autobocetos de Baroja nos han facilitado, de manera fácil y gráfica, la identificación de su perfil físico, no lo es menos el que dicho retrato ha de adolecer de la falta de objetividad lógica en toda revisión realizada desde la óptica de quien se mira a sí mismo.

Baroja se ha mostrado ante nosotros no como era, sino como se veía. Y, así, la imagen que el novelista nos ofrece no es tanto la real como la pretendida, dado que en el fondo, querámoslo o no reconocer, el hombre se ve siempre distinto a como es, y, por supuesto, mejorado.

Por eso, para fijar aún con mayor nitidez la fisonomía barojiana, he considerado conveniente reunir una serie de impresiones acerca de la misma, debidas a la pluma de aquellos de sus coetáneos que más y mejor le conocieron, relación ésta que, completando la propia visión del autor y subsanando al mismo tiempo su lógico apasionamiento, contribuya a acercarnos de un modo definitivo la heteróclita y discutida figura de don Pío.

He aquí, pues, literalmente detallados y siguiendo en lo posible la cronología del momento biográfico a que vienen referidos, los más significativos retratos de Baroja:

De Melchor Fernández Almagro:

«Baroja es rubio rojizo, con una barba de panocha de maíz que subraya la expresión inteligente de su rostro nórdico, y un principio de calvicie en las entradas... El cutis es muy blanco y curtido al aire libre; los ojos me parecieron azules... La risa de Baroja es muy característica: a golpes y cascada, bajo el bigote caído...» 29

De Telesforo Aranzadi:

«... mesaticéfalo, con ángulo facial abierto y ojos pardos, verdosos.»

De Azorín:

«... es calvo, siendo joven; su barba es rubia y puntiaguda. Y como su mirada es inteligente, escrutadora, y su fisonomía toda tiene cierta vislumbre de misteriosa y de hermética, esta calva y esta barba le dan cierto aspecto inquietante de hombre cauteloso y profundo.»

De Luis Bonafoux:

«... parece joven unas veces, y parece anciano otros días. Su barba, según se le mira, a ratos es juvenil y a ratos apostólica. Su espaciosa frente suele estar serena, pero a veces parece plaza enarenada para facilitar cargas de caballería... Baroja tiene los más de los días cara de santo viejo y triste. Andando los años y las arrugas, se ha de parecer a Tolstoi... Hoy tiene el aire de un español escapado de un cuadro de Velázquez.»

De Rafael Cansinos-Assens:

«... su aire tímido, sus claros ojos de pescado y su gesto resignado con las manos a la espalda.»

De Jean Cassou:

«Pío Baroja, con su pesado rostro, que acaba en la malicia de una corta perilla; sus ojos hundidos bajo un cráneo redondo; su aspecto de oso gruñón...»

De Antonio Machado:

«... *Atrás las manos enlazadas lleva,*
y hacia la tierra al pasear se inclina...»

De Camilo Bargiela:

«Baroja tiene el aspecto de un señor corriente, médico, famacéutico o empleado de poca importancia.»

De José María Salaverría:

«Con su barba rubia y su voluminosa cabeza calva, Pío Baroja mantenía un monótono ritmo en el caminar, que lo mismo recordaba al vagabundo de las interminables caminatas, como al auxiliar de una Universidad provinciana, dando vueltas sin fin por los soportales de la Plaza Mayor...

La cabeza se inclinaba hacia delante con un aire de cargador de sacos o de anciano prematuro. Y el cuerpo hacía al andar un ligero balanceo de costado, una especie de balanceo pendular, que recordaba el paso del pato o el andar del minero asturiano.»

De Emilio Abreu:

«... la faz un poco triste, los ojos interesantísimos, las manos afables, la risa alegre (como de buen vasco) y la palabra libre de toda retórica...»

De Paul Schmitz:

«Ya entonces, casi un desconocido, yendo de acá para allá bajo su gorra y su capa, tenía algo de compadre bondadoso y, a la vez, de fraile rígido y acometedor. De lejos se destacaba su cabeza bien provista, amenazada de una calvicie prematura.

Fuerza y ponderación, bondad y aspereza..., todo eso se pintaba en su cara, que entonces un rastrojo de barba color rojizo bordeaba.»

De M. Legendre:

«... con su potente cabeza, su mirada turbia y sus pesados ademanes, Baroja tiene, ciertamente, una figura bastante desagradable.»

De Alejandro Sawa:

«Era un hombre macilento, de andar indeciso, de mirada turbia, de esqueleto encorvado, que parecía pedir permiso para vivir a los hombres. Luego, su palabra era tibia y temerosa.»

De Corpus Barga:

«Pío tiene la misma figura que su padre, de caminante cabizbajo; es más alto que él y menos que su madre y sus hermanos; no se le parece; su rostro no es fino, es ancho a pesar de la barba en punta, como la de su padre. Lo importante de Pío está en los ojos: es la mirada...

31

Cuando se ríe lo hace enseñando las encías y meciendo los hombros...; su gran calva parece toda frente...»

De José Ortega y Gasset:

«Pío Baroja es un personaje heteróclito que camina como los simios superiores..., es un asceta calvo lleno de bondad y de ternura...»

De Rafael López de Haro:

«... viejo Sancho sin mula, andante solitario, pequeño y socarrón, siempre escondiendo la irónica sonrisa tras la barbita rala y puntiaguda...»

De Julio Caro:

«... una cabeza grande, potente, con una calva completa. En la cara se destacaban unos ojos de color indefinido, una nariz gruesa, el bigote espeso, y la barba corta, rojiza, que, en parte, tapaba la boca, de un labio muy rojo, algo torcida por una risa melancólica, en consonancia con la expresión de los ojos...

Mi tío estaba algo encorvado y tenía un esqueleto fuerte, manos de hombre de campo o de trabajo, muy grandes y poco hábiles. Se balanceaba al andar, y un partidario de la fisiognomía, tal como la cultivaba Giambattista Porta, hubiera encontrado que al animal al que más se parecía era al oso.»

De Francisco Grandmontagne:

«... y me recuerda a un pesado carromato, que salpicara barro a todas partes...»

De Cristóbal de Castro:

«Baroja es como un oso en pie: Recio, fornido, hirsuto, camina, las manos a la espalda, balanceando su enorme testa, cuyo peso le inclina hacia adelante, haciéndole barrer el suelo con el gabán... Solo, taciturno, huraño, pasea sus meditaciones, la altivez de su misantropía y el fiero desgarbo de su ropa en una emulación literaria de los ogros nórdicos.»

De Enrique Gómez Carrillo:

«... pese a su corta estatura y a su barba afilada y lacia,
tiene el aspecto de un madrileño achulapado...»

De María de Villarino:

«Tiene una sonrisa tan buena, que no le puede ocultar el sonreír definitivamente triste.»

De Pío Caro:

«... un hombre macizo, que paseaba constantemente cantando en voz baja, mirando al suelo, arrastrando suavemente las zapatillas o las botas que siempre usó, con las manos agarradas atrás, en la cintura.»

De Ismael Herraiz:

«Su físico mondo y pelado lo recluimos entre cosas recoletas y ambientales, forzados un poco por el mandato de la senectud.»

De Luis S. Granjel:

«Algo hay en la figura de Baroja que choca a la mirada atenta; es ello un aire, no bien definido, de raza; todo en su imagen recuerda, vagamente, la silueta de un tipo humano no habitual en España, entre nórdico y eslavo.»

De Pompeyo Gener:

«... un ogro finés injerto en godo degenerado...»

De Miguel Pérez Ferrero:

«... era un hombre delgado, de mediana estatura, que se encorvaba un poquito al andar. Tenía una pequeña barba rubia recortada y amarillenta, que, sin embargo, por un tiempo breve, más adelante, habría de afeitarse...

Estaba ya calvo, pero con los aladares bien poblados. Sus ojos eran muy expresivos y brillaba en ellos una luz que les hacía burlones. Su cara tenía una expresión felina, de agudeza y sagacidad, mas de inteligencia y de nobleza.»

De Sebastián Juan Arbó:

«... era de estatura regular; tenía el pelo áspero, tirando a rojo; su aspecto era quizá de pequeño tendero, más que de artista; no tenía nada de elegante... En los ojos le brillaba una luz de inteligencia, de espiritualidad, un reflejo como de bondad..., había nobleza en su frente 33 despejada, y su conversación, ganada su confianza, estaba llena de atractivos...»

De Camilo José Cela:

«... físicamente, Baroja tiene la figura de un nórdico..., pero es también un viejo oso vascongado...»

De Nestor Luján:

«... su rostro permanecía ágil, amplia la frente, la barba blanca, viva y delicada, en la cual unos labios de un rojo fresco poseían, tiernos, una extraña y ágil juventud...»

LOS TESTIMONIOS GRÁFICOS

Contemplados ya los retratos literarios de don Pío, queda por examinar ahora el conjunto de aquellos testimonios gráficos que del novelista se conservan, tanto los debidos a los pinceles y el cincel de quienes se sirvieron de él como modelo, cuanto los que nacieron del implacable objetivo de las cámaras fotográficas.

Veamos, en primer lugar, las recreaciones artísticas de las que fuera objeto, para pasar después a la consideración del álbum de sus fotografías.

El de Baroja es, sin lugar a dudas, uno de los perfiles más veces repetido por los artistas de su tiempo. Que yo recuerde, le pintaron retratos Casas, Sorolla, Picasso, González de la Peña, Zárraga, Echevarría, Segura, Vázquez Díaz, Mosquera, Penagos y su hermano Ricardo; le esculpieron el busto Macho, González Macías y Sebastián Miranda; e hicieron de él caricaturas Tovar, Echea, *Sirio* y una gran parte de los dibujantes menores de la época.

De la mayoría de estas visiones plásticas no quedó satisfecho el novelista, malhumorado probablemente al reconocerse en ellas. Así, en *Galería de tipos de la época* escribe:

34 «Los retratos que me han hecho a mí son muy dife-

rentes uno de otro, y parecen de distinta persona; yo no sabría decir exactamente cuál es, de entre todos, el menos parecido.»

Y en *El escritor según él y según los críticos* retorna a subrayar esta opinión, cuando dice:

«Con la mayoría de estos retratos sería bastante difícil identificarme. Todas estas siluetas y perfiles físicos no coinciden entre sí en absoluto, lo que me anima a pensar que quizá alguno sea verdadero, pero que los demás tienen que ser lógicamente falsos.»

Nada más lejos de la realidad. Todos y cada uno de los *barojas* que conozco testimonian, bien que a través del particular prisma de sus autores respectivos, la fisonomía que le fuera propia al escritor en el momento de su ejecución. Y en ninguno se advierte, contra la opinión de Baroja, el más mínimo atisbo de encono o apasionamiento que pudiera operar de un modo negativo sobre la exactitud del parecido. Es inexacto, pues, que el pincel y la espátula de quienes le retrataron traicionasen deliberadamente, como pensaba él desde lo más oscuro de su desconfianza, sus rasgos fisonómicos. Ni mucho menos. Lo que sucede es que difícilmente hubiera podido perfilarse una figura más amable teniéndole como modelo y deseando, al mismo tiempo, ser fiel del todo a la realidad. A Baroja sólo podía retratársele como lo hicieron quienes en ello se empeñaron: tal y como era. Pretender trasmutarlo en un galán romántico —de aquellos a los que le hubiera gustado parecerse— habría sido, en el mejor de los casos, una falsificación. E, inconscientemente, así lo reconocería don Pío cuando, empeñado en dibujar gráficamente su auténtico perfil, nos dejó un autorretrato (el único, por otra parte, nacido de su mano) que en muy poco, por no decir en nada, difiere de los que le bocetaron los distintos artistas de su tiempo.

Quien conozca cualquiera de estos retratos (desde el primero de Picasso hasta el último de Alvaro Delgado) puede decirse que los conoce todos. Las escasas mo- 35 dificaciones fisonómicas operadas en el rostro y la figura del novelista a todo lo largo de su vida dan a esa galería de interpretaciones un indudable tono de unicidad y similitud, apenas roto por la diferente técnica empleada por quienes le pintaron o esculpieron. Y si algo hay de distinto en ellos es preciso buscarlo no tanto en lo que «descubren» como en lo que, aun dejándolo intuir o sospechar, «ocultan»: el espíritu y, sobre todo, el alma barojiana.

Con las fotografías sucede algo parecido. Como si el tiempo se hubiese detenido ante la boca del objetivo, los clisés se parecen tanto unos a otros que semejan «copias» obtenidas del mismo negativo. Y únicamente los ojos y las manos (simas, a través de las que la intimidad se deja ver) ponen en ellas notas diferenciales, al corresponderse con situaciones anímicas distintas.

Por lo que a sus rasgos físicos se refiere, tanto aquéllos como éstas nos ofrecen la imagen de un hombre de estatura media y tipo macizo y corpulento; la frente es amplia, tranquila y despejada; hay en sus ojos un brillo lejano que, a veces, da sensación de ternura y, a veces, de dureza; la barba, cortada en forma de perilla, enmarca una boca recta, en la que los labios apenas se dibujan; firme y segura la nariz, perfectamente proporcionada al resto de la cara; las manos, cortas y fuertes, terminadas en unos dedos sarmentosos; y todo él, cómo no, encuadrado en esa indumentaria, tan familiar como desaliñada, que tiene en la boina vasca, la bufandilla y el inmenso y colgante abrigo sus notas más ostensibles y características.

Pero ¿y detrás de eso? ¿Qué ocultan esas manos y esa mirada tierna y confiada? ¿Qué hay más allá de su presencia tosca y de esos ademanes tan espontáneos como torpes? ¿En cuál de sus gestos intentar encontrar al más auténtico Baroja? ¿Cómo, en fin, acceder desde la figura externa a la mismidad interior?

36   Intentemos dar respuesta a tales interrogantes si-

guiendo el breve pero interesante estudio que Juan Quiñonero Gálvez ha esbozado al respecto, bajo el genérico título de *Baroja chapelaundi,* en el que a través del análisis de diferentes retratos y fotografías que le fueran tomadas en distintas épocas de su vida, se intentan explorar sus caracteres dominantes; estudio éste que, acotado en fuerza a su extensión, transcribo a continuación: Baroja joven:

«La cabeza, tanto por la frenología como por la antropometría y la psicología, es de las llamadas *cabezas imaginativas.* Es la cabeza del idealista, del que percibe mentalmente bellezas, ya existan realmente o no... Su frente es la frente del hombre bueno, limpia de surcos, con la nitidez de los pensamientos vírgenes... Las cejas, bien pobladas y bien puestas, significan extraordinario poder de energía, tremenda voluntad, entrañables preocupaciones, distinguida atención para concentrarse en lo interior, grandes aptitudes para la meditación... Los ojos se hallan un poquitín más separados entre sí que lo normal, lo que viene a suponer otra indudable cualidad de pensador. Esta posición de los ojos nos entrega al estudio una personalidad con grandísimo sentido de las formas y de la memoria... La nariz es agresiva, con predominio de la línea recta en su longitud, lo que caracteriza la fuerza del carácter, el buen séntido, las cualidades del porfiado, la honradez y el aplomo del hombre que sabe lo que quiere. Vemos también que la nariz es ancha en su lomo, confirmando la fuerte personalidad, el coraje y la lógica para discurrir... Su boca es normal, ajustada al canon clásico, y sus labios los vemos apretados, apoyando el uno sobre el otro, en actitud hermética, síntoma indudable de reserva... Podemos deducir que la barba es saliente y redonda, reflejo de su propensión a la iniciativa, a las investigaciones... Sus orejas, enmarcadas según los moldes canónicos, son algo mayores que lo normal, significando ello vitalidad, carácter expansivo y *fuertes apetitos...*»

Baroja maduro:

«Los signos de la lucha abordada son implacables. En este rostro se refleja el firme deseo de no dejarse vencer, de llegar hasta lo último en las concepciones del pensamiento, que con toda nitidez percibe... Las bolsas que empiezan a salirle debajo de los párpados inferiores son el signo indeleble de la vejez prematura... Ya tiene marcados, en esa frente tan amplia de idealista, los surcos de la tolerancia, de los deseos de justicia... La mirada manifiesta un desafío dudoso, interrogante, provocador. A pesar de que el vello cubre la boca, puede, sin embargo, percibirse en ella el hermetismo, un hermetismo de humano dolor, de humana contrariedad... Asimismo, se le dibujan ciertas sombras en el entrecejo, formando como torrentera que habrá de desparramarse por ambos lados de la nariz. Esas sombras se prolongan hacia abajo hasta llegar a la altura de los labios, marcando con lomo grueso los esfuerzos de su concentración... Las comisuras de la boca, que también se advierten inclinadas hacia el mentón, señalan la amargura, la ironía gris, el humor amargo... Su mirar es de ningún sitio; su actitud, de humildad. De su serena expresión se levanta, imperceptible, un halo de sonrisa, como esas gasas que en los amaneceres de primavera se escapan de los ríos y dan al paisaje un tinte grisáceo que los une al alma de la Naturaleza...»

Baroja viejo:

En cualquiera de las fotografías de esa época podemos verle con el pensamiento lejano, que no pide nada, que da su último cariño. Vemos esos ojos tranquilos y serenos del que está cansado de sufrir y guarda para sí, con renuncia de ayuda, aquello que le ha hecho llorar y reír... Hay en estas imágenes como un sentimiento de frustración lleno de una violenta carga emotiva... Si hay algo, también, que defina su carácter son las manos, esas manos que ahora están como los sarmientos padres arrancados de las cepas viejas, cansadas de echar frutos ubérrimos. ¡Qué manos! Porque esas manos significan una actitud especial para juzgar los detalles... Las falanges de sus dedos demuestran la energía, la confianza en sí mismo, el deseo de perfeccionamiento... Hay, asimismo, que destacar la mirada. No hay palabras para expresar fielmente ese dolor de pensamiento que arroja la mirada de don Pío Baroja, en la que casi se nota la humedad del ojo... La serenidad de su rostro nos confirma en el significado de esas arrugas horizontales que cruzan de un lado a otro de su frente y que representan la conciencia sana, la tranquilidad, el juicio equilibrado, clarividente y benévolo, junto con una marcada atención por todos los hechos del entorno. Las huellas que surcan su rostro, arrastradas durante tanto tiempo y ahora serenas, nos aseguran que Baroja no se sentía satisfecho de la vida, nos demuestran que algo le faltaba y que se afanaba buscándolo... Todos sus rasgos, en fin, nos hablan de su continuo esfuerzo por armonizar unas ideas que, enfrentadas entre sí durante toda una vida, no casan, no ajustan en la medida de hacer armónica la existencia de tranquilidad por él soñada...»

Nada más que apuntar en relación con el rostro del escritor. La minuciosidad del análisis de Quiñonero Gálvez nos exime de añadir más detalles al respecto. Todo lo que los retratos y las fotografías pudieran ocultar en su relativismo documental aparece desvelado a la luz de su investigación psicológica, modelo de agudeza e introspección. Y poco, asimismo, que añadir sobre las características del cuerpo —olvidado en el examen aludido—, como no sea recordar ese andar pendulante y cansino, que contribuyera a procurar a la figura de Baroja ese aspecto simiesco tan explotado por sus detractores a la hora de recurrir al insulto y el chafarrinón.

Don Pío fue una mirada y unos gestos. Lo demás, el resto de su fisonomía, carece de historia y de estética.

¡Lástima que las gentes de su tiempo —y, antes que nadie, las mujeres— se quedasen en la tosquedad del armazón, en la pesada armadura del guerrero, y olvida- 39 sen mirar el interior de la armadura, cuya almendra íntima se escapaba, además, por esos ojos de carbón y esas manos bondadosas y enérgicas que pocos se entretuvieron realmente en estrechar y ver!

Si, pese a la indudable vaguedad de una gran parte de sus rasgos, la determinación del retrato físico de Baroja no encierra, como ya hemos podido comprobar, apenas dificultad alguna, la fijación de su anatomía psicológica supone, en cambio, por cuanto tiene de dispersa, compleja y hasta contradictoria, una empresa ardua y aventurada, que es preciso abordar, sin embargo, a la hora de intentar comprender en su totalidad la personalidad del novelista.

Baroja —lo ha dicho Ortega— es, antes que nada, 41

una «encrucijada». Encrucijada de caminos dispersos y encontrados, de pasiones e instintos divergentes, de estímulos dispares, de reacciones antagónicas. Lugar de confluencia de un genio lúcido, sutil, abierto, racional, y una sensualidad herida, patológica, conmocionada y pervertida. Punto de conjunción, en fin, de toda la esperanza que se deduce de un impulso constante y repetido por entregarse al mundo que vive en torno suyo, y toda la amargura que ha de nacer, lógicamente, de saberse extranjero entre sus gentes.

Tiene razón Granjel, en consecuencia, cuando asegura que «no dejan de acertar, por tanto, quienes pintan a Baroja esquivo, agresivo, incluso energuménico, ni tampoco los que, por el contrario, nos lo retratan afable, humano y social», puesto que «unos y otros vieron, para emitir sus juicios, tan sólo una faz, la favorable o la adversa, de una realidad jánica», lo que genera una disparidad tal de criterios «que obliga a sumar ambas opiniones», como único medio de obtener un diagnóstico veraz y concluyente acerca de la tipología de su espíritu.

De esa adición acumulada de criterios y juicios sobre sus caracteres psíquicos se desprende la imagen, siquiera aproximada, de un hombre honesto, sincero, sencillo y melancólico; pesimista y sensual, malhumorado y tierno; inmusculado para la acción directa; ante el dolor, estoico; irónico y escéptico, tras los fracasos repetidos; cobarde en la adversidad, vanidoso en el éxito; tímido y susceptible; indolente y abúlico; soñador solitario de caminos; siempre vencido, tanto por sus limitaciones naturales como por sus inhibiciones voluntarias; incapaz de amoldarse al medio ambiente; soberbio en su humildad y reservado en su inmodestia; desengañado y fatalista; vacío de ilusiones; y, pese a todo, arrebatadamente humano.

Veamos ahora si concuerdan en lo esencial con tal
silueta sus propias confesiones, el alma de sus *dobles*

literarios, y las autorizadas opiniones de quienes más de cerca le trataron.

LAS AUTOCONFESIONES

Obedeciendo al deseo de desnudar su intimidad psicológica, en unas ocasiones, y como réplica a las apreciaciones y los juicios de que fuera objeto por parte de sus contemporáneos, en otras, Baroja, nunca remiso en lo tocante a discurrir sobre sí mismo, explayó con detalle e insistencia, en multitud de confesiones al respecto, tanto las peculiaridades de su espíritu como la dimensión de su carácter, la naturaleza de sus actitudes y la evolución progresiva de su personalidad.

Estas confesiones, diseminadas a lo largo de toda su obra y compiladoras, en consecuencia, de la totalidad de su biografía psíquica, atienden prácticamente todas las vertientes de su temperamento y suponen un laborioso ejercicio introspectivo, de consideración imprescindible en el momento de enfrentarse con el Baroja espiritual e íntimo, con el hombre por dentro.

Veamos, de entre su conjunto, aquellas que más y mejor contribuyen a desentrañar los misterios del alma barojiana:

Sobre sus características genéticas:

«... desgraciadamente para mí, yo no soy ni he sido un tipo fuerte y duro, de voluntad enérgica, sino más bien flojo y un tanto desvaído; más un tipo de final de raza que de comienzo.»

Sobre su extroversión:

«A mí me han tomado por un hombre duro y frío. No creo que sea cierto. Yo siempre he tenido gran preocupación por la amabilidad y la cortesía. Falso no creo que sea; cortés, sí; efusivo, no... Para mucha gente, la cortesía es la exageración, el abrazo, la zalamería. Para mí, no. Yo supongo que hay que vivir entre la gente en una zona templada, sin exageraciones...»

43

Sobre su pesimismo:

«...me reprochan muchos el ser pesimista. Soy, efectivamente, un pesimista teórico respecto al cosmos... Fuera de ese pesimismo cósmico, tengo el de creer que en la vida las condiciones de cierta originalidad y de trabajo no son las mejores para prosperar, y son las únicas que yo he tenido... No niego que sea pesimista, pero no un pesimista triste y lacrimoso, sino más bien un pesimista estoico y, a veces, jovial...»

Sobre sus normas de comportamiento:

«Yo algunas veces he dicho que hay como tres morales: la moral natural del hombre egoísta con el hombre también egoísta, reflejada en los códigos; moral de toma y daca, de ojo por ojo y diente por diente; la moral del caballero, del *gentleman,* que no tiene una pauta clara, y es en el fondo estética; y la moral del santo, que es la caridad y la piedad. Yo, naturalmente, no llego en mi comportamiento más que a la moral del caballero...»

Sobre su sinceridad:

«Yo no tengo la costumbre de mentir. Si alguna vez he mentido, cosa que no recuerdo, habrá sido por salir de un mal paso. No por pura decoración. Los hechos de la vida están casi siempre tan conectados el uno con el otro, que el mentir con el fin de darse tono me parece una estupidez sin objeto.»

Sobre su versatilidad:

> «... *la sabia Naturaleza*
> *me dio un cerebro tan malo,*
> *que yo sospecho, en verdad,*
> *que hizo la compra en el Rastro.*
> *Es un órgano irritable,*
> *caprichoso y casquivano,*
> *con extrañas fantasías*
> *y vapores y arrebatos.*
> *Tiene caras diferentes*
> *como el antiguo dios Jano:*

tan pronto crepuscular,
débil, triste y aplanado,
como eufórico y alegre,
optimista y arbitrario...»

Sobre su indolencia:

«Yo no soy un intelectual, ni un hombre de discurso ni de pensamiento profundo; no soy más que un hombre que tiene grandes condiciones para no hacer nada. Yo, si pudiera, no haría más que esto: estar tendido perezosamente en la hierba, respirar con las narices abiertas como los bueyes el aire lleno de perfumes del campo y saborear el olor del helecho en las faldas de los montes...»

Sobre su sentimentalismo:

«Si Mefistófeles tuviera que comprar mi alma, no la compraría con una recompensa, con una condecoración, ni con un título; pero si tuviera una promesa de simpatía, de efusión, de algo sentimental, creo que entonces se la llevaría muy fácilmente... Yo no soy un hombre enérgico y atrevido, sino un sentimental, un contemplativo que no aspira más que a soñar...»

Sobre su corrección:

«Puede que en mis ideas haya sido un poco fauno; pero lo que es en la vida, no lo he sido. Nunca me he aprovechado de mi fuerza o de tener superioridad para algo en un momento. He dejado siempre la vez a la mujer y al niño. Y no me ha gustado aprovecharme ni aún del animal...»

Sobre su soledad:

«... que no soy muy sensible a la vida social, es cierto. ¡Qué se le va a hacer! Prefiero vegetar como un solitario y tener el gusto de vivir una vida pobre, según mis instintos y mis ideas, que no acomodarme a un estado de cosas que no me parece agradable ni simpático... Antes solo y cuerdo, que loco con todos...»

45

Sobre sus manías:

«Una serie de pequeñas cosas que a la mayoría de las gentes no les fastidian, a mí me apuran. Los ruidos de la noche no me dejan dormir; el ver pobres en la calle me inquieta; la atmósfera de un café o de un teatro me molesta; la voz dura de mucha gente me irrita...»

Sobre su austeridad:

«... soy un hombre de tendencias austeras; pero en mí no tiene esto mérito alguno. La inmoralidad pobre, chabacana, me entristece y me deprime. La inmoralidad lujosa y rica no sé qué efecto me haría, porque no la he practicado...»

Sobre su misantropía:

«— ¡Veo que tiene usted todavía buen humor, don Pío!

—No crea usted; esto es sólo apariencia. Soy un misántropo, aunque a veces jovial.

—Pero ¿es usted misántropo?

—Debo de serlo. Antes, de joven, tenía buena idea de mucha gente.

—¿Y ahora?

—Ahora empiezo a tenerla mala de todo el mundo.»

Sobre su debilidad:

«Soy como una planta a la que no le conviniera una tierra fértil ni demasiado aire..., como un animal mal construido, sin casi fuerzas para luchar por la subsistencia...»

Sobre su sensibilidad:

«Yo creo tener una sensibilidad más aguzada que el hombre corriente y normal... Mi sensibilidad era como un órgano sin revestimiento, sin piel; así, el más pequeño contacto con la aspereza de la vida española me hacía daño...»

Sobre su sentido del orden:

«Me ha gustado la vida ordenada y la exactitud en las horas... Yo he sido siempre enormemente puntual. Nunca he faltado a la hora de una cita. Cuando vivía con mi madre, me marchaba a casa a las seis de la tarde y no salía nunca de noche... La vida que llevo en Madrid es bastante sosa y metódica. Por la mañana, leo o escribo; por la tarde, salgo, compro libros viejos y voy a charlar a la redacción de *España*, y por la noche, vuelvo a leer...»

Sobre su individualismo:

«Todo lo colectivo me es antipático... El hombre de verdad busca con anterioridad a otra cosa su independencia... Se necesita ser un pobre diablo o tener alma de perro para encontrar mala la libertad...»

Sobre su genio violento:

«Yo tengo alguna fama de hombre agresivo, pero es lo cierto que no he atacado personalmente a nadie... Yo no busco las disputas. Al revés, las rehuyo. Lo que me sucede es que me encuentro con gente que tiene antipatía por mí, por mi manera de ser y quiere manifestármela.»

Sobre su sensualidad:

«Yo no me siento un *Homo Sapiens,* de Linneo, sino un *Homo Sensualis,* de Epicuro... Como temperamento, soy dionisíaco y turbulento... En muchas ocasiones, me siento tentacular, completamente tentacular...»

Sobre su inadaptación al ambiente:

«La vida burguesa no me producía el menor entusiasmo... Mi preocupación era escapar a las condiciones corrientes y vulgares de la vida... Lo que yo pretendía era vivir con la mayor intensidad posible algún tiempo, no pasar por momentos mediocres, unos tras otros.»

Sobre sus ideales:

«... vivir decorosamente, hacer el menor daño a los demás y tener las mayores satisfacciones posibles. No he pretendido la gloria, ni el dinero, ni la importancia social. Vivir y contemplar. Este ha sido mi ideal.»

Sobre la fidelidad a sus convicciones:

«Siempre he sido lo mismo... En literatura, realista con algo romántico; en filosofía, agnóstico; en política, 47 individualista y liberal, es decir, apolítico. Así era a los veinte años, así soy pasados los sesenta. No he encontrado nada en mi vida que me haya hecho cambiar de opinión.»

Sobre su sentido de la amistad:

«Yo he tenido pocos amigos, pero no he reñido con ninguno. El tiempo o el alejamiento ha hecho que la relación amistosa se haya desvanecido a veces; pero la riña y el encono por amigos antiguos no los he sentido nunca. Creo que he tenido intuición con las personas y nunca me he equivocado al entender la amistad...»

Sobre su bohemia:

«... yo no sé en qué consiste el ser bohemio. Si el ser bohemio quiere decir pretender ser independiente y no vivir como un parásito de la política y del Estado, yo soy un bohemio; ahora, si ser bohemio quiere decir el pasar la vida en los cafés o en los teatros, hablando, discutiendo y fumando, entonces no soy bohemio, porque ni voy a los cafés ni a los teatros ni fumo, y, además, me levanto muy temprano por la mañana...»

Sobre su egoísmo:

«El egoísmo es la fuerza de la vida. Sin egoísmo no se podría vivir. Lo que se llama egoísmo es un sentimiento de todo ser vivo y de todo ser humano. Considerarlo como algo especial de unos pocos, es una candidez... Casi se puede asegurar que entre el que pasa por egoísta y el que pasa por no serlo, no hay más que una diferencia de estilo... Yo, así, no creo ser más egoísta que los demás.»

Sobre sus aficiones:

«... soy un hombre que no ha ido al teatro ni a los toros ni a los partidos de fútbol. Celebro mucho no sentir entusiasmo por esas cosas y no haber tenido amistad con autores dramáticos, oradores, cómicos, toreros... A los cafés, gusté de acudir en mi época de estudiante, pero pronto dejé de frecuentarlos... Soy un hombre de
48 pocas necesidades. En invierno, tener un sillón viejo,

mirando un fuego que arde; en verano, contemplar algo verde desde la ventana...»

Sobre el fatalismo de su destino:

«Una de las cosas que me sorprende cuando pienso en mi destino es el aire de fatalismo que tiene.. Todas las circunstancias de mi vida han tendido a hacerme un hombre aislado, disgregado, separado del rebaño... La casualidad ha querido hacer de mí un desarraigado, un *dilettante,* un libertino del espíritu, un fruto podrido del árbol de la vida... Alguien me podría decir que no puse demasiada energía en ser diferente; pero esto de no desear con fuerza, también es destino.»

Sobre su orgullo:

«Quizá mi mayor pecado haya sido el orgullo... Yo, de humilde, no tengo ni he tenido más que rachas un poco budistas... Nunca creí que fuera un genio, pero sí que había en mí ciertos rasgos de imaginación y talento, que siempre he procurado resaltar...»

Sobre su sibaritismo:

«... ceder al halago, a la simpatía, vivir como un gato bien cuidado, es algo que siempre me ha parecido bien... Si hubiera tenido dinero, hubiera sido, no un calavera, pero sí un poco sibarita; hubiera andado con mujeres guapas, hubiera abusado de la comida y de la bebida; hubiera viajado por lejanas tierras...»

Sobre su ironía:

«No he sido siempre burlón. De joven, era ingenuo y sentimental. Es probable que esta sorna de ahora sea sólo una descomposición del sentimentalismo... La ironía se me ha despertado ya en la vejez, cuando las cosas sólo pueden contemplarse con una mezcla de sarcasmo y tristeza...»

Sobre su amargura:

«... soy un hombre que ha salido de su casa por el camino, sin objeto, sin saber porqué, con la chaqueta al hombro, al amanecer... He andado desmantelado y desamparado como un perro vagabundo... Soy un hombre

49

4

inútil, un hombre sin fundamento, un hombre fracasado...»

El alma de sus personajes

Si, como hemos visto, Baroja trasladó sus propios rasgos físicos a algunas de sus contrafiguras literarias, observaremos ahora cómo también vació en ellas los trazos constitutivos de su personalidad y su carácter.

«Todos los personajes de Baroja —ha escrito *Gaziel*— hablan de la misma manera: como habla Baroja. Todos piensan del mismo modo: como piensa Baroja. Todos obran como se le antoja a Baroja...» Y eso porque son todos, antes que ellos mismos, el propio Baroja.

Ninguna manera mejor, pues, de descubrir el temperamento barojiano que contemplar la anatomía psicológica de sus trasuntos de ficción, siguiendo el orden cronológico en el que fueron imaginados:

El doctor Labarta:

«... huraño, sombrío, triste..., tiene, en ocasiones, accesos de misantropía... pesimista, epicúreo, socarrón y romántico.»

Silvestre Paradox:

«Era su vida una nueva infancia candorosa y humilde. Paseaba por la calle llena de luces, como esos señores viejos que han retornado a la infancia y sonríen sin saber porqué... tranquilo, sin rencores, sin deseos, el alma serena llena de piedad y de benevolencia, las ilusiones apagadas, los entusiasmos muertos..., estaba tan acostumbrado a la soledad, que hablaba solo o lo más con el perro...; se sentía solo, viejo y triste...; vivir la vida normal le aplanaba...; carecía de instintos prácticos...; su filosofía era la de un hombre que se resigna...; detestaba lo petulante y lo estirado...; veía en el porvenir el dominio de los fuertes, y la fuerza le parecía una injusticia de la Naturaleza..., era de esos hombres que 50 no están tranquilos en ninguna parte...»

Fernando Ossorio:

«… no tengo ideal ninguno…, mi vida se ha deslizado con relativa placidez, pero tengo el pensamiento amargo…; en el fondo, veo que no he querido nunca a nadie…; no tengo deseos, ni voluntad, ni fuerza para nada…»

Elizabide, el vagabundo:

«… era audaz, irónico, perezoso, burlón…; pensaba que era un hombre inútil… Su vida, él la consideraba como uno de esos troncos que van por el río, que si nadie los recoge se pierden en el mar…»

El doctor Iturrioz:

«Hombre insociable, de un humor taciturno…, sentía, de cuando en cuando, alegrías estrepitosas de hombre jovial…; su impasibilidad se fundía al calor de unas ráfagas de sentimentalismo…; se mostraba con los desconocidos áspero y brusco…»

Mr. Roche:

«… era un hombre inútil, aunque no sabía a punto fijo si esto dependía de su nulidad o de la educación que había recibido…; era amable, servicial y simpático…; sentía esa curiosidad insaciable del vago y era un gran observador de menudencias…»

César Moncada:

«… tenía la expresión inquieta de un hombre que teme algo… Sus convicciones eran absolutas; cuando creía en la exactitud de una cosa, no vacilaba…; pronto se cansó de la vida social…; se sentía melancólico y perezoso…; su vida era completamente opaca, no se le veía en los estrenos ni en los salones ni en los paseos; era un hombre, al parecer, olvidado, perdido en la vida madrileña…»

Andrés Hurtado:

«En casi todos los momentos de su vida, Andrés experimentaba la sensación de sentirse solo y abandonado… Le gustaba encontrarse como un tipo distinto a la generalidad…; se iba inclinando a un anarquismo espiritual basado en la simpatía y en la piedad, sin solución práctica alguna...; trataba a pocas mujeres...; estaba constantemente excitado...; su instinto antisocial iba aumentando...; no había en su vida nada sonriente, nada amable; se encontraba como un hombre desnudo que tuviera que andar atravesando zarzas...; no le preocupaban gran cosa las cuestiones de forma...; muchas veces, al pensar en el porvenir, le entraba un gran terror...»

Shanti Andía:

«Además de mi apatía e indolencia, soy un sentimental y un contemplativo... Me gusta mirar, tengo la avidez en los ojos... Soy, además, un tanto novelero, un tanto curioso y amigo de novedades... A mí, la verdad, la gloria no me entusiasma... Tengo un indudable fondo de epicureísmo...»

José Ignacio Arcelu:

«Soy un vagabundo sin raíces en ninguna parte. Mi tendencia ha sido siempre huir y destruir. Yo soy como esos animales mal construidos, que parece que alguno los ha hecho por entretenimiento... Me gusta estar solo... En el fondo, y en la superficie, soy un pobre diablo... No tengo voluntad ni perseverancia; mi voluntad es tan grotesca que no me dice ni me ordena nada... Tengo el convencimiento de mi falta de gracia, de interés, de amenidad...»

Luis Murguía:

«Yo soy un ingenuo, un pequeño buscador de almas un sentimental, para quien simpatizar con una persona o con una cosa es el hallazgo más agradable que se·puede tener en la vida... Pienso en mí como tipo espiritual, y me figuro que no soy un vertebrado ni un articulado, sino una medusa de cuerpo blando para flotar libremente en la superficie del mar... No he podido dominar el sentimentalismo y sólo a fuerza de tiempo he llegado no a mitigarlo, sino a insensibilizarme... Soy 52 un hombre inútil, un hombre fracasado, sin proyectos y sin planes... Yo no sé si hay parálisis del espíritu; si las hay, yo tengo una...»

Juan de Alzate:

«... a veces, tengo esperanza de encontrar la verdad; me parece que veo una luz a lo lejos, y marcho por aquí y por allá en su busca; luego la luz se pierde y no hay más que oscuridad... Soy un pobre fantoche movido por el destino... No quiero inquietudes ni disgustos; no quiero nuevas gentes ni nuevos conocimientos; solamente aspiro a vivir monótonamente...»

José Larrañaga:

«... yo lo soy todo a medias: un poco misántropo y solitario, un poco social, un poco bueno, un poco malo y siempre calamitoso... No reacciono con violencia ante los hechos; mi reacción más constante es la depresión... Yo creo que el mal concepto que han tenido de mí los que me han conocido en la infancia y en los primeros años de la juventud, me ha quitado toda confianza en mis fuerzas... No me gusta ni el cielo azul, ni las multitudes sudorosas, ni la lucha encarnizada y terrible, ni los deportes violentos; un horizonte suave y gris: ese es mi ideal... Hay semanas enteras que no hablo con nadie... Soy un asceta... Reconozco que soy cobarde para el sufrimiento; prefiero tener un caparazón de indiferencia para todo y no dejarme llevar por el sentimentalismo, que siempre me ha dado muy malos resultados... Estoy un poco arruinado...»

El hermano Beltrán:

«Soy como una planta a la que no le conviene una tierra fértil ni demasiado aire...; no soy un hombre atrevido y enérgico, sino un sentimental, un contemplativo, que no aspira más que a soñar...; no tengo ambiciones...; mi espíritu no está hecho para las luchas de la realidad...»

Roberto O'Neill:

«... era de esos hombres curiosos y versátiles que ponen gran empeño en una cosa, hasta que la abandonan y pasan a otra...; tenía una inquietud un poco patológica; las menores dificultades le intranquilizaban y le perturbaban...; era un hombre valiente para los peligros y pusilánime para las molestias...; sentía un amor efusivo por las cosas, un cierto misticismo que le hacía mirar con desprecio todo lo teatral y lo petulante...; era un hombre que no tenía en cuenta las preeminencias sociales...; hacía una vida demasiado solitaria...»

José Chimista:

«... mostraba, al parecer, un escepticismo absoluto...; era de los hombres que tienen el aire loco y el juicio frío y sereno...; no hacía más que lo que le gustaba; si algo no constituía para él ni un entretenimiento, ni una experiencia, ni una distracción, lo abandonaba...»

Jaime Thierry:

«... su principal característica era ser un inadaptado...; se mostraba de un individualismo racial y furioso...; con frecuencia, se sentía triste, agotado, sin esperanza alguna...; su genio era desigual, tan pronto amable como brusco, atrevido y tímido, asustadizo y valiente...; no sabía en qué emplear su actividad...; pretendía ser un director de su vida, pero le faltaban autoridad y energía para ello...»

Javier Olarán:

«... su ideal era vivir en la casa campesina, amplia, cómoda y limpia, con su huerta y su jardín; nada de ambiciones ni de querellas; no aspirar, conservar la libertad de espíritu y ver cómo pasaban las horas, alegres o tristes, hasta el final...; se iba convirtendo en brusco y malhumorado...; iba echando abajo todo sentimentalismo y mirando la vida con sarcasmo e ironía...; el porvenir se le ofrecía negro y no veía la manera de modificarlo...»

Antonio Latorre:

«... era un hombre adusto, individualista y enemigo
54 de las convenciones e hiprocresías sociales...; no le emo-

cionaba el ser viejo, ni el vivir solo, ni el tener delante un porvenir incierto...; tenía madera de estoico...; se le veía tranquilo y sereno, sin pedir nada a nadie...; se sentía egoísta y despreciaba a la gran mayoría de la gente...»

Miguel Salazar:

«En contraste con mi tenacidad para el trabajo, me faltan condiciones para destacarme; no sé hacerme amigos y protectores; soy un carácter un tanto independiente, infantil y tímido; no sé tampoco mentir con gracia ni darme importancia... La austeridad constituye mi norma...; me considero hombre de un espíritu sereno, frío y tranquilo...; nunca me he creído una persona importante; he pensado siempre que no soy nada, y considero lógico y natural que la gente conocida no me tenga simpatía...; no tengo nada de aventurero; siempre he vivido en un mundo de sueños...; mis intentos de dar seguridad a la vida me han resultado fallidos...; sin querer, me he dedicado a la melancolía...; no he tenido nunca motivos para ser optimista...»

Juan Avendaño:

«... hombre inteligente, de poca decisión...; le gustaba considerarse valetudinario y decrépito, probablemente para evitarse compromisos y molestias...; se sentía antidemócrata y anticolectivista...»

Nicolás Golowin:

«... se notaba en él al hombre tímido y distraído...; su misma condescendencia le producía la aversión pasajera de sus conocidos, que le reprochaban el ser indiferente y versátil, el no dar importancia a las cosas...; las circunstancias habían hecho de él un escéptico...»

Jesús Martín Elorza:

«... no tenía condiciones para la vida de acción...; cuando estaba acompañado, se sentía jovial; cuando se encontraba sólo, no tenía más que ideas pesimistas..., a veces, tenía arrechuchos de melancolía...; era un hombre cándido y utópico...»

55

Fermín Esteban Uranga:

«... era caprichoso y versátil en sus gustos...; le gustaba la vida monótona y tranquila...; estaba lleno de benevolencia...»

Procopio Pagani:

«Mi estado material y moral es lamentable...; como hombre nervioso, todo me intranquiliza e inquieta... mi vida me parece estúpida y monótona...; la soledad me envuelve y me aísla...; no tengo posibilidad de sentirme contento, y las horas me parecen lentas y tristes; todas me agobian...; en esos momentos de mi vida, ya no me queda otra solución que soñar...»

Luis Carvajal:

«... le gustaba estar solo, y aseguraba que nunca se aburría en la soledad; cuando se aburría era cuando hablaba con gente presuntuosa y pedante...; sentía frecuentes accesos de melancolía...; no era capaz de sentir el menor optimismo...; no tenía agarradero ninguno en la vida; no podía inventarse algo para sí mismo que le produjera una pequeña ilusión...; siempre había sentido una singular atracción por el vagabundeo...»

LOS JUICOS «A DISTANCIA»

El que las reflexiones de Barojá acerca de los caracteres más acusados de su temperamento concuerden en lo fundamental con el espíritu que anima a sus contrafiguras literarias, facilita, de manera indudable, la obtención de una más amplia panorámica desde la que fijar una opinión en torno a su vertiente psicológica.

No obstante, e igual que sucediera a la hora de contemplar su perfil físico, dicha versión precisará, para su determinación definitiva, del concurso de los juicios y consideraciones que sobre la personalidad del escritor emitieran los hombres de su tiempo, tanto los que la celebraron con entusiasmo admirativo como los que, menos afectos, la advirtieron aviesa y patológica.

¿Cómo ven a Baroja quienes le conocieron y trataron? ¿Coinciden o difieren en sus apreciaciones de la imagen que de sí mismo don Pío nos ofrece? ¿Era, en el fondo, el novelista tal y como se pinta al explorarse?

Deduzcámoslo del examen de aquellas de las radiografías que con mayor nitidez nos abren su alma.

De Azorín:

«Baroja es sencillo, sobrio, claro... Nadie más noblemente sincero, más digno y más independiente que él... Su bondad y su sentir piadoso mitigan y cohonestan lo acerbo que puede haber a veces en sus juicios...; es un hombre sentado en la margen del camino, maltratado en su traje y en su persona, y con una mirada en la que se leen tristeza y bondad, mezcladas con una irreprimible iracundia...»

De Salvador de Madariaga:

«Lejos de ser un hombre insensible, Baroja es más bien un sentimental vergonzante, que se niega a dar salida a sus sentimientos, en parte, por orgullo; en parte, por timidez; en parte por miedo al ridículo... Pero, aunque no expresado ni reconocido, el sentimiento fluye en él como en corriente oculta... Gusta Baroja del gesto desabrido y la actitud singular; de asombrar a las gentes...»

De Rafael Cansinos-Asséns:

«Es el más rebelde de todos los rebeldes, no obstante su nombre clemente y su aire tímido.»

De Regina Opisso:

«Es hora de decir que Baroja no es, en modo alguno, ese ogro gruñidor y hosco que algunas gentes han pretendido ver en él. Podría ser un temperamento reconcentrado y taciturno, hasta huraño en ciertas ocasiones; pero de eso a resultar una especie de coco, media un abismo... Baroja es un hombre tolerante y comprensivo, un hombre amable y bueno...»

De Paul Souday:

«—Tenía idea, por lo que me habían dicho, de que 57

era usted un hombre huraño y salvaje, y no encuentro nada de eso...»

De Ramón Gómez de la Serna:

«... Baroja es una recrudecida criatura, incrédulo, indeciso, crédulo, decidido, luchando consigo mismo, arrastrado por sus pensamientos..., sorprendido por sus hallazgos, asombrado por sus palabras, amigo de dejarse llevar por la mano del azar..., necesitado de que algo se ablande en él, necesitado de una ironía más suave, menos dura, menos ensañada...»

De Miguel de Unamuno:

«... Baroja es algo impenetrable y reservado...»

De Manuel Bueno:

«... Baroja hace sus digestiones intelectuales a la intemperie, vagando por las calles. Eso explica su reserva, que nada tiene de adusta; su apartamiento de tertulias y ateneos, y la suave y varonil melancolía que fluye de su persona... Entre nosotros pasa equivocadamente por un humorista frío, sin duda por el pudor con que recata su ternura; pero si se le estudia con cuidado se advierte el fraude sentimental, pues se comprueba que la ironía del escritor no hace más que disimular la gran tristeza del hombre, su tedio íntimo... El arma de Baroja es el sarcasmo...»

De Philipe Soupault:

«Pesimismo, profundidad, dureza, sequedad, probidad, tales son los diversos matices que nos ofrece Baroja...»

De Darío Regoyos:

«... ¡qué bien muerde este Pío! ...»

De Rafael Sánchez Mazas:

«De todos los escritores españoles, este Baroja es el que vive a más astronómica distancia de la cursilería... Su timidez y su embarazo son implacables incompatibilidades con la afectación y la falsa soltura... Está todo lleno de desvíos, de alejamientos, de desdenes... Se refugia en la literatura como en una enfermedad pacífica, como en un reúma que no le permite las bellas aventuras ni las grandes normalidades... Es un hombre de vasto egoísmo...»

De Ernesto Giménez Caballero:

«Baroja no es un pesimista; Baroja tiene mucha gracia...»

De José María Balseiro:

«Baroja ha sido un péndulo oscilante entre la ansiedad de vivir y el fastidio de la inacción... Afortunadamente para él, la imaginación llegó a tiempo de poder salvarlo...»

De Edmund Jaloux:

«... sus reflexiones son propias de un espíritu hostil, amargo, malévolo, agrio, replegado sobre sí mismo...»

De Melchor Fernández Almagro:

«A pesar de su aspecto hirsuto, tanto física como moralmente, es, en el fondo, un gran sensitivo, un erizo con dulce almendra... Baroja, que siente ardoroso en su alma el individualismo ibérico, no es, sin embargo, original de maneras; no es desordenado ni bohemio...»

De Antonio Machado:

«... *en Londres o Madrid, Ginebra o Roma,*
ha sorprendido ingenuo paseante,
el mismo «toedium vitae» en vario idioma,
en múltiple careta igual semblante...»

De Julio Casares:

«... Es posible que Baroja sea un hombre malo, como le gritaban los chicos de Itzea. En todo caso, lo es sin hipocresía, con sinceridad, honradamente. Y, por eso, yo, que no me creo mejor, no puedo regatear mi simpatía a este antípoda, que, fieramente y con bastante gracia, va gritando su pensamiento y sus pasiones con igual menosprecio del elogio, de la injuria y de la gramática.»

De López Prudencio:

«... su pesimismo implacable muerde la realidad, haciéndola jirones, para mostrarla más lamentable...»

59

De José Ortega y Gasset:

«Es un organismo tan peculiar, tan interesante, que consiste en la desorganización misma. Baroja es esto y es lo otro, pero no es ni aquello ni esto. Su esencia es su dispersión, su carencia de unidad interna... es un poco troglodita y de serlo le vienen las virtudes como los vicios...; su ideal es el del carnívoro voluptuoso errante por la vida... Baroja ha vivido una existencia tangente a la vida... Es el héroe débil, una cosa muy melancólica...»

De José María Salaverría:

«Toda su voluntad de acción, todas sus ambiciones, toda su juventud, se deshacían en aquel cotidiano y monótono ir y venir por las calles centrales de la Corte, hablando sin cesar y arrastrando a su lado a algunos jóvenes de ideas y figuras extrañas...»

De Alejandro Sawa:

«... Baroja es un invertebrado intelectual, carece de consistencia, no tiene fuerza para soportar peso alguno...»

De Gregorio Marañón:

«... lo que en Baroja parecía acritud y rebeldía, era una entrañable incompatibilidad con la farsa en la que todos los hombres acaban por rendirse... No digo que él sea el último romántico, porque después del último habra siempre otro, pero sí el más romántico de nuestra época... El lugubrismo de Baroja es mezcla de humorismo espúreo y concepto bonachón de la vida...»

De Emilio Abréu:

«... Baroja es un hombre que se da con íntegra sinceridad...; está pletórico de cosas por hacer y por pensar, por sentir y por soñar...; tiene la filosofía del vago impenitente...»

De Helmut Demuth:

«... lo casi fundamental del ser de Baroja, lo que nos da la clave para la comprensión de su personalidad, es la sensibilidad... Manifiéstase ésta en el disgusto hacia todo lo chocante; en la preferencia por lo pequeño, lo discreto, lo íntimo; en la imperiosa necesidad de simpatía; en la profunda piedad hacia todas las criaturas; pero también en la susceptibilidad casi enfermiza, que le obliga a retraerse y a proteger su epidermis anímica con una coraza punzante...»

De J. Méndez Calzada:

«... ningún gregarismo suscita entusiasmo en este individualista irreductible...; no hace esfuerzo alguno por desentonar, pero tampoco por amoldarse, es decir, por adocenarse...»

De Corpus Barga:

«A lo largo de sus divagaciones filosóficas, palpita en Pío Baroja una inquietud rara, verdadera. En su obra, basta y violenta, hay perdido algo muy delicado: un lírico... Cualquiera que se acerque a la fontanela, es decir, a la calva de este viejo lírico, descubre su maravilloso fracaso detrás de la máscara de hiena...»

Del *Journal des Debats:*

«... Y Pío Baroja, con todos sus méritos, pero con su incapacidad de orden, con su clericalismo de baja estofa, con su fondo de sentimiento antipático, con su ausencia de amor tanto divino como humano, nos parece una persona realmente despreciable...»

De Clavert Pritchart:

«... en el hogar hay una zona templada que resiste a todos los cambios de estación; esta zona ha sido creada a fuerza de constancia, de aislamiento, por un solo hombre: un viejo ya, con aire helénico, entre fauno y filósofo..., esta zona es el último rincón de su individualismo... Como sus personajes, es Baroja un hombre intranquilo y frustrado, que sólo busca la paz...»

De Ramón J. Sender:

«... Baroja es un conformista malhumorado, un hombre lleno de prejuicios... Sus ideas son un reflejo del caos en que vive...»

Del *Mercurio:*

«Baroja es arbitrario, malhumorado y cáustico, seco, 61

duro, a menudo de espíritu pequeño y agrio, sin ilusiones, sin generosidad de corazón y hasta sin corazón... Hay en él, sin embargo, una claridad desengañada y, sobre todo, tal sencillez y tal naturalidad que, a pesar de cuanto diga y haga, atrae...»

De Sherman Eoff:

... Satírico, filósofo, sombrío, soñador..., su pesimismo cósmico queda suavizado por la avidez lírica de un idealismo indomable..., vive imbuido de la idea de la individualidad...»

De Julio Caro:

«Aunque nunca tuvo ideas filosóficas optimistas, en la vida cotidiana mi tío Pío, de los cuarenta años para arriba, no era tan pesimista como se ha dicho y requerido. Tampoco era el hombre malhumorado, hosco y hasta grosero que han pintado algunos aficionados al chafarrinón... Era en casa un oso tranquilo, dulce, sonriente, al menos en apariencia. Los osos parece que ríen, pero su zarpa es peligrosa... Mi tío hacía su obra y se recluía como un hijo de familia, que había aceptado la soltería de modo resignado... Todos los días hacía las mismas o muy parecidas cosas... En su vejez, tuvo una sensación mayor que nunca de que la vida no tiene objeto ni fin concreto; pero no por eso se le agrió más el carácter... Creo que en un país de energúmenos, como España, mi tío era muy poco energúmeno...»

De María de Villarino:

«... vive Pío Baroja casi en soledad, con su sonrisa triste, con sus punzadas certeras en la charla, con el vivo acento de sus afectos, con la evidencia burlona de sus odios... Baroja es el hombre de las verdades insumisas, gruñón hasta la médula y veraz, altamente veraz. Reconocer que Baroja se estrella contra todo es reconocerlo a él mismo y es comprender que su destino es golpear contra algo o contra alguien, aun a desmedro de sí mismo, de las protestas, de las negaciones o de los reconocimientos ulteriores.»

De G. Manso de Zúñiga:

«Del trato con Baroja me ha quedado el recuerdo de un hombre tímido, cordial y extremadamente sencillo... De un hombre que sólo tuvo el defecto, o si se prefiere, el inconveniente muy perjudicial para él mismo, de decir siempre lo que pensaba, a pesar de que este modo de ser le produjese disgustos y enemistades... Era un hombre que en ningún momento se mostraba orgulloso...»

De Alfonso Hernández-Catá:

«... Baroja es un solitario impenitente, un hombre al margen de todos los demás... Su pesimismo y su visión oscura de la vida han hecho de él un desarraigado, una especie de Robinsón de nuestro tiempo...»

De Miguel Pérez Ferrero:

«... a Baroja se le fue tomando desde muy pronto por áspero y, sin embargo, ninguna sensibilidad tan abierta como la suya a la comprensión de lo entrañable, ni ninguna ternura más noble, bajo una aparente endurecida corteza... Nunca había sido violento en su trato, y su aspereza fue pura leyenda. Había sido cortés, aunque retraído, con una típica timidez de vascongado, y lo único que en ocasiones tenía eran ramalazos de iracundia ante la injusticia y la estupidez, ante la fanfarronería y la ampulosidad... En todo instante, daba una impresión de indecible placidez... Más espectador que actor, gustábale el método de una vida tranquila...»

De Tomás Salvador:

«... Baroja, fundamentalmente, fue un escéptico. Creía en muy pocas cosas, entre ellas él mismo... Nunca se sintió gregario... Su misoginia, su desmayo, su cotilleo, su soledad le apartan de los cánones al uso...»

De Camilo José Cela:

«... Pío Baroja no fue un hombre turbulento, sino, bien al contrario, un hombre apacible. Su turbulencia, como su osadía, no pasó del pensamiento, de la dialéctica y de la literatura... Fue un ser escéptico y tierno, humilde y decente, íntegro y burlón... No encuentro cierto que Baroja, por el opuesto camino, se sintió siempre con las raíces en la tierra... En su individualismo, llegó hasta sus finales consecuencias, hasta su postrer heroísmo... Baroja no fue nunca un hombre de acción... No sólo no vivió, sino que tampoco ansió vivir. Baroja, en cierto sentido, se conformó con vivir en la ensoñación de sus personajes... Su vida fue gloriosa y heroicamente vulgar...»

De José Corrales Egea:

«Yo soy de los que creen, frente a los antibarojianos por principio, que Baroja no es un enemigo del orden social, sino más bien lo contrario... No se trata de ningún revolucionario; es sólo un rebelde...»

De Isidoro de Fagoaga:

«... A veces, ante el frío humorismo de Baroja, quedaba uno un tanto desconcertado... Todo le interesaba... No sentía el menor rubor por confesar sus fracasos... Sus colegas jamás le perdonaron su talento, su independencia económica y su espíritu insobornable...»

De César González-Ruano:

«La inocencia de don Pío nimbaba su noble figura. Aquel viejo con fama de mala uva, arbitrario e implacable en sus juicios, fue uno de los seres más tiernos que conocí, de las criaturas más inocentes, de los hombres más auténticamente modestos...»

De Eduardo Tijeras:

«... Entre unos y otros (revolucionarios y burgueses), se alza Baroja con su sinceridad y también con su incongruencia, con sus grandes limitaciones, su neorromanticismo, su sentido de la soledad, su fondo pesimista e insobornable, su acritud, su indiferencia hacia la contemporaneidad... Hombre solitario y sin esperanza, hombre errante y soberbio...»

De Luis S. Granjel:

«... El Baroja de entonces (joven) es un hombre 64 abúlico, budista y nihilista, anarquista sin voluntad para una acción directa, conmovido por ramalazos de energía, inficionado por el morbo romántico, pesimista y desdeñado. Tal actitud, agigantada por extremismos juveniles, se serenó con los años; la ironía, el humor y esa apacibilidad que sólo la vida concede cuando hemos perdido su mejor parte, limó no pocas asperezas e hizo más cordial, más humana y optimista su concepción del mundo y de los hombres... Fue un hombre que nunca pudo ver satisfechos sus deseos de acción y de quimera, pues su vida fue siempre modelo de apacibilidad y monotonía...»

De Néstor Luján:

«Baroja vivió pobre y melancólico, explosivo y tímido, satisfecho de su destino... El vicio de Baroja ha sido la sinceridad, la sinceridad más absoluta...»

De Sebastián J. Arbó:

«Baroja es un hombre triste, un hombre tremendamente serio al que cualquier anomalía atormenta y la menor injusticia hace sufrir... Es, sobre todo, un escéptico por razón de sus desengaños... No tiene nada de luchador ni de hombre de acción; acaso, sí, la tendencia, pero anulada siempre por una inclinación más fuerte a la comodidad y por su escepticismo... Bajo apariencias de asperezas, bajo sus rudezas y sus rebeldías, es más bien un hombre débil y temeroso... Cualquier cosa le hiere y le trastorna... Siente un extraño pudor por la vanidad y, sin embargo, la tiene... Su posición ante la vida es de rebeldía; pero, dentro de ella, de la máxima sinceridad... A veces, se deja arrastrar por la alegría, pero en seguida le invaden de nuevo la tristeza, el pesimismo, la impresión de soledad...»

De Angel Valbuena:

«... lo que más profundamente llama la atención en Baroja es su pesimismo de intención, su abulia, su descorazonamiento y su individualismo...»

De Joaquín Casalduero:

«... Al sol, prefiere el lucero de la tarde. A la pom- 65

pa, la ostentación, la riqueza, la fuerza y el poder prefiere lo humilde y lo modesto... Su áspero y ácido desdén está en razón directa de su ternura y sentimentalidad... Tiene que protegerse del medio y de los hombres, y escuda su sensibilidad tras el cinismo y el exabrupto... Baroja es un solitario sociable que, con la razón, va tras lo irracional...»

De José Rogerio Sánchez:

«... Pío Baroja es escritor a quien caracteriza una impasibilidad artística y un lenguaje anárquico y de suburbio... Pesimista y áspero, pocas veces le abandona ese tinte sombrío... Ferviente anarquista que quiere levantar un mundo sobre los restos informes de cuanto existe, confunde lastimosamente la religión y su misión de amor con el despotismo de una civilización egoísta...»

De A. Chádel:

«... El primer mérito de Baroja es su desacuerdo con la moda del tiempo. Viviendo al margen de una sociedad que sólo le merece desprecio y que se complace con dibujar con pluma acerada, exagerando a veces contra la estupidez, la violencia, el odio y la hipocresía... De espíritu complejo es, al mismo tiempo, un conservador y un enemigo de la moral burguesa y del progreso... Este vasco que posee todas las cualidades de su raza es, sobre todo, un inconformista y un individualista...»

De Salvador Clotas:

«... No supo ser un rebelde ni un genio diabólico, pero fue un hombre sereno y escéptico que se marginó de un modo voluntario para expresar su falta de convicciones, su pequeña filosofía...»

De Carlos Castilla del Pino:

«... Ese gran individualista que hay en Baroja, en el que la sociabilidad parece resumirse en pequeños grupos en los que la relación interpersonal sea grata, amable, afectuosa y desinteresada, había de condenarle al fracaso, a la impotencia y a la irritación. Baroja experimenta su vida como opresión, y ello hasta tal punto que ni siquiera en su obra de ficción le es posible la tan ansiada y postulada liberación... Baroja está, al fin, preso de sí mismo... Su soledad es irreversible...»

De Juan Benet:

«... Detrás de su apariencia melancólica, inocente y pacífica, era un castillo inexpugnable, que había hecho del desencanto su primera línea de defensa... La suya era la seguridad de la inseguridad. Vivía en la paz de aspirar a muy pocas cosas y como no se hacía ilusiones, no era huraño ni triste... Su mayor atractivo residía en una personalidad que no abrumaba ni ocupaba espacio ni por sí misma pretendía inspirar respeto...»

Preguntado en cierta ocasión por su opinión sobre don Pío, Ramón Gómez de la Serna respondió, con tanta ironía como agudeza, que Baroja era un corredor de fondo, empeñado en saltar vallas y obstáculos.

La frase, advertible a primera vista como una de las múltiples *boutades* ramonianas, encierra, sin embargo, una indudable trascendencia, por cuanto nos sitúa en actitud de contemplar al novelista en una de sus versiones más significativas y patéticas: la de su enfrentamiento 68 con una serie de limitaciones, hasta cierto punto voluntarias, que en mayor o menor grado, pero con ininterrumpida incidencia, habrían de condicionar las líneas esenciales de su comportamiento, habida cuenta, sobre todo, de su absoluta incapacidad para superarlas.

Pese a que la crítica barojiana haya comentado con suficiente prolijidad tales limitaciones, tanto en el sentido de su intensidad como en lo relativo a sus efectos, creo interesante, en orden a su definitiva fijación, reunirlas en tres grupos fundamentales, jerarquizándolas según el nivel de participación de la voluntad del escritor en la formación y desarrollo de las mismas.

Incluiremos en el primero de ellos los condicionamientos genéticos que, como consecuencia de las leyes de la herencia, gravitaron sobre Baroja desde el momento mismo de su nacimiento, con absoluta independencia de sus facultades volitivas. Tales la irresolución, la sensibilidad, el fatalismo, la inquietud y la debilidad orgánica.

Integrarán el segundo aquellas limitaciones que, aunque sobrevenidas durante el transcurso de su vida, no le son imputables a don Pío de manera directa, sino que se deducen bien de las características del medio en que viviera, bien de los propios rasgos de su naturaleza psicofísica. Son las más acusadas la asociabilidad, el escepticismo, la misantropía, el pudor, la desconfianza y la misoginia.

Tendrán, finalmente, cabida en el tercero las restricciones que el propio novelista se impusiera, a modo de mecanismos de defensa con que contrarrestar la insuficiencia de su musculatura anímica y mantener una tibieza espiritual que le inmunizase contra cualquier veleidad de sus impulsos. De ellas merecen citarse la asepsia, la castidad y el espíritu de renunciamiento.

Examinemos ahora, de entre el conjunto de las mismas, sólo aquellas que de una u otra forma contribuyeron a determinar su tan precaria situación en lo que al juego amoroso se refiere.

69

Atento siempre a las posibles alteraciones de sus instintos, y dispuesto a evitarlas por el procedimiento que fuera, Baroja decidió, actuando como improvisado médico de sí mismo, limitar su régimen alimenticio hasta allí donde la asepsia pudiera garantizarle la absoluta inoperancia de su sexualidad.

«Debajo de las ideas —le hace decir a Roberto Hassting— están los sentimientos y los instintos, y los instintos no son más que el resultado del clima y de la alimentación.»

El clima no podía, ciertamente, modificarlo el novelista a su capricho; la alimentación, en cambio, sí. Y así lo hizo, suprimiendo de las misma toda suerte de excitantes (grasas, alcohol, especias, etc.) y reduciéndola a un régimen confeccionado a base de proteínas e hidratos de carbono.

—¿Qué come usted, don Pío? —le preguntó en una ocasión un periodista.

—Verduras y pescados, de acuerdo con las recomendaciones de los médicos y con mis preferencias. Siempre he sentido antipatía por la carne.

—¿Bebe usted vino?

—Sí, me gustaría; pero no me lo recomiendan. Es uno artrítico.

—¿Fuma usted después de comer?

—Algo, pero muy poco. Cuando fumo es porque estoy optimista.

Sus reencarnaciones literarias son aún más explícitas a la hora de justificar el por qué de esa alimentación. Veamos cómo se manifiestan algunas de sus contrafiguras más representativas:

Andrés Hurtado, en *El árbol de la ciencia*:

«La comida le sorprendió a Andrés, porque no había más que caza y carne. Esto, unido al vino, muy alcohólico, tenía que producir una verdadera incandescencia in-

70

terior... Andrés decidió limitar la alimentación, tomar sólo vegetales y no probar la carne ni el vino ni el café. Varias horas después de comer y de cenar bebía grandes cantidades de agua.»

Y algo más adelante:

«Al cabo de un mes de nuevo régimen, Hurtado estaba mejor; la comida escasa y sólo vegetal, el baño, el ejercicio al aire libre le iban haciendo un hombre sin nervios...»

Luis Murguía, en *La sensualidad pervertida*:

«Como lo menos posible y no pruebo la carne, ni bebo vino ni licores, ni tomo café... Yo soy partidario de la espiritualidad y de la verdura... No tengo nada de animal violento y carnívoro.»

Javier Olarán, en *El cura de Monleón*:

«... quería trabajar lo más posible en la iglesia y en la huerta, no tener horas desocupadas, nada de fantasías vanas..., no fumar..., pasear dos o tres horas al día..., no comer carne ni beber vino ni alcohol más que estando enfermo y considerándolo como medicina.»

En la misma obra:

«Preguntó a Basterreche qué podía recomendar a los enfermos erotómanos. Este le dijo que no había nada muy eficaz; quizás servía el bromuro de alcanfor. Javier comenzó a tomarlo. Además empleaba el baño frío por la mañana, ayunaba y andaba mucho. Así iba enflaqueciendo.»

José Larrañaga, en *Las veleidades de la fortuna*:

«... Pepita tenía mucho apetito. Después de comer tomó café, una copa y fumó dos o tres cigarrillos.

—Pepita está lanzada —dijo en broma Larrañaga a Soledad.

— ¡Ah, sí! No lo sabes bien.

—Indudablemente, Pepita, tú no tiendes, como Soledad y yo, al misticismo.

—¿Para qué?

71

—Es verdad. ¿Para qué? Para nada. La razón, probablemente, de nuestro misticismo es la falta de apetito.»

Silvestre Paradox, en *Paradox rey:*

«—Mientras tanto, podíamos tomar un poco de whisky...

—Gracias, muchas gracias; me lo prohíbe mi religión...»

El doctor Zabaleta a don Eduardo, en *Allegro final:*

«... Ya sabes lo que te conviene: fuera alcohol, fuera tabaco, fuera comidas fuertes, fuera langosta a la salsa tártara, que sé que te gusta; fuera impresiones violentas. A las mujeres, ni mirarlas. Verduras, un poco de pescado, leche, ejercicio moderado; cuatro o cinco días al mes, tintura de digital, y nada más... Así podrás ir tirando; si no, amigo, esto va de mal en peor; el mejor día, un tiritraque y al otro barrio, o ir arrastrando la pata por ahí durante unos meses... Si te decides a un régimen de esa clase, ven aquí dentro de un mes; si no, haz lo que te dé la gana.»

Usoa a Juan, en *La leyenda de Juan de Alzate:*

«—No bebas vino ni licores; ya sabes que te hacen daño.»

Procopio Pagani, en *El hotel del Cisne:*

«—¿Usted no quiere un poco de vino, Pagani? —me preguntó Gentil—. Yo no puedo con toda la botella.

—No quiero beber. He perdido la costumbre.

—Beba usted un poco. Hay que beber vino para estar alegre en estas circunstancias. Ya sabe usted que todas las gentes atravesadas son bebedores de agua...

Cuando Gentil me llenó el vaso, yo dejé el *bock* intacto...»

José Ignacio Arcelu, en *El mundo es ansí:*

«—Usted beberá —le dijo Juan al médico.

—Sí —contestó el otro.

—Más le valía no beber —indicó Arcelu...»

La Duquesa a Beltrán, en *El nocturno del hermano*
72 *Beltrán:*

«—Tome usted un poco de jerez.

—No, no; me hace daño, me trastorna, me enloquece... Prefiero no tomarlo.»

No considero necesario prolongar la relación de citas al respecto. Las ya recogidas son suficientemente significativas. Baste con conocer que la casi totalidad de los trasuntos literarios del novelista, o son vegetarianos y abstemios o dosifican su alimentación, en un intento por conseguir un más amplio control de la acción fisiológica de sus vesículas seminales.

Baroja, como veremos una y otra vez, pone continuamente barreras y cortapisas al natural proceso biológico de sus impulsos. Busca en la continencia artificial el sueño de la líbido. Se autolimita, en una palabra.

ASOCIABILIDAD

La asociabilidad es una de las más claras y dolorosas limitaciones barojianas. Clara, por cuanto toda su vida es una palpable demostración de la soledad y el aislamiento a que le condujeron las circunstancias, además de su propio carácter. Dolorosa, porque el novelista nunca la buscó de *motu proprio,* sino que, muy al contrario, siempre sintió —y con mayor intensidad a medida que los años transcurrían— un apetito de convivencia en el que saciar sus necesidades sentimentales.

Así, en *Las horas solitarias* escribe:

«Me gusta la soledad una pequeña parte del día, pero me agrada y hasta me parece necesaria la vida social... Si soy un solitario, lo soy a pesar mío.»

Y algunos años después:

«Simpatizar con una persona es el hallazgo más agradable e importante que se puede tener en la vida.»

Helmut Demuth nos amplía esta impresión, al mismo tiempo que nos explica las razones que le impidieron a Baroja pragmatizarla:

73

«De joven, Baroja anhelaba hacer un papel en sociedad, imponerse al otro sexo; pero los inocentes propósitos de realizar en su persona el ideal de un *dandy* se agostaron antes de dar fruto, en medio de la burla de los que le rodeaban; y asimismo quedaron sin éxito sus *ensayos amorosos*. En vez de la *simpatía humana* que anhelaba se encontró en todas partes con la incomprensión, con la falta de psicofilia.

Y el joven Baroja, que se sentía plenamente dionisíaco, debió considerar esta limitación como la más acerba de las imposiciones.»

Sea como sea, lo cierto es que Baroja vivió, desde el momento en que tomara conciencia plena de esta hostilidad del medio, aislado del mundo en derredor, exiliado en su incómodo ostracismo, completamente *solo y desarraigado,* sin considerar que, de haber puesto algo de su parte, hubiera podido posiblemente asimilarse con no demasiada dificultad a esa sociedad que constituía su circunstancia.

Las alusiones en torno a este aislamiento no dejan lugar a dudas a la hora de aceptarlo como cierto. Veamos algunas:

«Hay semanas que no hablo con nadie» (*El gran torbellino del mundo*).

«He vivido siempre en mi rincón, un tanto solitario» (*Susana o los cazadores de moscas*).

«La vida burguesa no me producía el menor entusiasmo» (*El escritor según él y según los críticos*).

«En Valencia sentía una insociabilidad profunda» (*Familia, infancia y juventud*).

«Los de mi generación hemos sido gente un poco insociable (*Los visionarios*).

«Una vez que nos trasladamos a la calle de Mendizábal dejé de frecuentar toda clase de espectáculos y diversiones» (*Juventud, egolatría*).

«La parte social de aquella vida ya no me agradó
74 tanto» (*La sensualidad pervertida*).

Los comentaristas de la personalidad barojiana corroboran igualmente esta limitación del novelista:

«Según decía mi madre, de joven sí había sido muy huraño, áspero e insociable» (Julio Caro Baroja).

«... el más asocial de todos nosotros» (Azorín).

«El hombre empieza en Baroja donde comienza el antropoide y termina el ciudadano» (Ortega y Gasset).

«Baroja fue el más solitario y el más melancólico de los hombres del noventa y ocho» (Néstor Luján).

«No parece que las amistades arraigasen demasiado en su alma... Baroja fue hombre de pocos amigos» (Sebastián Juan Arbó).

«Baroja era un solitario empedernido» (Tomás Salvador).

«En la época en que le conocí y traté, don Pío estaba atrozmente solo» (César González Ruano).

Nada queda por decir. Pese a comprender que la sociedad le *envolvía y aislaba,* Baroja no puso empeño alguno en zafarse de ella. Prefirió optar, igual que siempre, por la más cómoda de las soluciones, la inacción, por más que, para consolarse, se justificara escribiendo:

«Realmente, la asociabilidad no puede producirse más que a base de sordina y de tono menor... Un hombre un poco digno únicamente puede ser en este tiempo un solitario.»

CELOS

Quiera o no reconocerlo, Baroja fue un celoso impenitente. Celoso, en primer lugar, del cariño maternal, al que se aferró siempre con denuedo casi desesperado. Celoso asimismo de la actitud de aquellas mujeres que, aunque de modo fugaz, cruzáronse en su vida, de las que en todo instante temió una deserción. Celoso incluso del éxito de sus coetáneos y amigos (recordemos sus críticas a Maeztu, Benavente y Valle), cuyas victorias en lo sentimental no perdonó nunca.

«Los meridionales —escribe Baroja— no podemos dejar de sentir una impresión de celos si en la época de los amores estamos entre los fracasados y enfrente de los afortunados.»

Esta opinión, cuya dolorosa sinceridad refleja el clima que presidió siempre la postura del novelista ante la mujer, se haría realidad en muchos momentos de la biografía barojiana. Recordemos algunos.

En Pamplona, siendo estudiante:

«Tendría este chico dos o tres años más que yo, y le veíamos que iba a pasear con una muchacha preciosa, al anochecer, por la Vuelta del Castillo. Todos le envidiábamos» *(Familia, infancia y juventud.)*

Ya en Madrid, alumno de la Facultad de San Carlos:

«Venero presumía de guapo y de tener éxito con las mujeres. A mí esa actitud me molestaba mucho» *(Familia, infancia y juventud).*

En sus días de panadero:

«Solíamos ir por las noches al Retiro... Yo sentía envidia de algunos de los jóvenes a los que veía pasear con las muchachas» *(Final del siglo XIX y principios del XX).*

En Barambio, con ocasión de una excursión:

«Baroja sintió desde el primer instante una viva atracción por la muchacha: le llenó la mente de sueños; charló largamente con ella y quedó cautivado. Sin duda, la simpatía que experimentó por ella hizo más viva la antipatía hacia el hombre que convivía con la joven» (Sebastián J. Arbó, *Pío Baroja y su tiempo*).

Y ya en París, durante su exilio:

«Sentí una especie de celos por aquellos muchachos a los que contemplaba amarse desde la ventana» *(Bagatelas de otoño).*

76   Por lo que a sus reencarnaciones literarias se refiere,

son también los celos determinante común en todas ellas.

He aquí algunos ejemplos:

Fernando Ossorio, en *Camino de perfección:*

«La noticia fue para mí terrible. Me dijeron que Dolores tenía novio.»

José Larrañaga, en *Los amores tardíos:*

«En la intimidad, José se mostraba enormemente celoso; sobre todo cuando Pepita hablaba de sus amores anteriores.»

Luis Murguía, en *La sensualidad pervertida:*

«Sentía celos y rabia de que hombrecillos insignificantes conquistasen de esa forma a las mujeres.»

Jaime Thierry, en *Las noches del Buen Retiro:*

«A Concha le molestaban mi mal humor y mis celos.»

Elizabide, en *Idilios vascos:*

«—No hagas caso, que no es por eso. Va a ver al médico de Arnazábal, que es un muchacho joven que el año pasado le hizo el amor.

Elizabide el Vagabundo palideció de celos, enrojeció, pero no dijo nada.»

Andrés Hurtado, en *El árbol de la ciencia:*

«Los estudiantes recién llegados a San Carlos tenían aire donjuanesco, que a mí me indignaba.»

Miguel Salazar, en *Susana o los cazadores de moscas:*

«—¿Es usted celoso?

—Sí. Celoso y exclusivo.»

Baroja no puede evitar el demonio de los celos. Y así vive sujeto siempre al temor de la aparición de un posible rival que le robe la presa conseguida. No hay nunca tranquilidad en su espíritu. Como un Otelo de opereta, el novelista intuye casi por principio la infidelidad de la mujer. Y llega incluso, en su afán por convencerse de la imposibilidad de combatir tal limitación, a escribir:

«La envidia y los celos, dentro de la vida sentimental, parecen condiciones de la naturaleza humana.»

La tacañería barojiana es ya lo suficientemente conocida como para eximirme de la necesidad de comentarla. Baroja vivió siempre en el temor de que la miseria pudiera adueñarse de su casa y no gastó nunca sino aquel dinero que exigían sus necesidades más perentorias. Cuando en alguna rara ocasión prestó a alguien unas pocas pesetas aireó la noticia a los cuatro vientos, adoptando una posición de víctima explotada. Y murió dejando un legado que, aunque no espectacular, representaría, de seguro, un sueño para la mayoría de los escritores de su época.

Lo que quizá sea desconocido, en cambio, para muchos de los lectores barojianos es la incidencia de tan egoísta concepción de lo económico en su vida sentimental, como asimismo cuanto de limitación supuso esta actitud en lo relativo al mantenimiento de su impenitente y legendaria soltería.

Al abordar esta tan importante faceta de su talante, hay en los biógrafos de Baroja un excesivo respeto hacia el escritor. Pérez Ferrero y Tijeras ni siquiera la consideran. Arbó la disculpa. Y únicamente Granjel la consigna como una de las causas que contribuyen a explicar su desengañado celibato.

Y, sin embargo, las citas barojianas al respecto son de una elocuencia y una significación incontestables.

Refiriéndose así a la importancia que supone el gozar de una saneada posición económica para disponer de la aceptación de las mujeres, escribe:

«En otro medio hubiera tenido éxito con las mujeres, pero me faltaban dinero y posición» (*El escritor según él y según los críticos*).

«Hombre de escasa fortuna..., no debí parecerle bueno para marido» (*La sensualidad pervertida*).

Y ya adentrado en el intento de explicar el por qué no se ha casado, argumenta:

«Algunos me decían que debía casarme, pero yo no tenía una buena situación» (*Familia, infancia y juventud*).

«Siempre he sido soltero, parte por aprensión y parte por cálculo» (*Aurora Roja*).

«Si las cosas de la vida fueran fáciles, yo le hubiera dicho a esta mujer: "Deje usted a ese viejo repulsivo y véngase conmigo" ...Pero pronto pensé: "¿Y cómo? ¿Dónde tiene uno dinero para esto? ¿Cómo abandona su plaza de médico? ¿Y de qué vive después?"» (*Familia, infancia y juventud*).

«Si hubiera tenido dinero... hubiese andado con mujeres guapas y hasta me habría casado» (carta a Ruiz Contreras).

«La joven y yo llegamos a tener cierta confianza, y un día ella me pidió que la acompañara a Nápoles, donde se proponía pasar el resto del invierno... Me preocupó la invitación. Pero ¿cómo acompañarla? No tenía dinero... Tras de muchas cavilaciones decidí que no había más remedio que marcharse» (*Final del siglo XIX y principios del XX*).

«—Y usted, ¿por qué no se ha casado? —me preguntó una de las señoras de la reunión.

—Nunca he ganado bastante dinero para vivir medianamente —le contesté yo» (*Las horas solitarias*).

Sus contrafiguras literarias se manifiestan, a su vez, en iguales o parecidos términos. Escuchemos a tres de entre ellas:

José Larrañaga, en *Los amores tardíos*:

«—¿Tú no vendrías conmigo? —repuso ella...

—Con poco dinero, me parece que la mayoría de las aventuras de esa clase tienen que salir mal.»

Luis Murguía, en *La sensualidad pervertida*:

«—Donde tú vayas, yo iré —me decía ella.

Pero ¿adónde iba a llevarla yo, teniendo por todo capital unos pocos céntimos en el bolsillo?»

Juan Avendaño, en *Laura o la soledad sin remedio*:

«... El primo de doña Paz, Juan Avendaño..., había 79

sido novio de la marquesa; pero como se consideraba machucho y no tenía fortuna, no había querido casarse con ella...»

Pienso que sobra el apuntar todo lo que de cobardía y de egoísmo se esconde tras tan acusada obsesión por el dinero. Madariaga y Sánchez Mazas lo han comentado ya, además, con tanta discreción como objetividad. Baroja es un ser incapaz de apostar, de aventurarse lo más mínimo, de nadar contra corriente, de poner a prueba su decisión y su carácter. Ante la duda se abstiene, se inhibe, se acobarda. Su vida empieza y termina junto al abrigo tibio de la mesa camilla, en torno al fuego familiar. Su economía es su seguridad y no puede arriesgarla.

Y así, mientras llena céntimo a céntimo su molieresco calcetín (Julio Caro nos cuenta que poco antes de morir tenía en un cajón de la cómoda algo más de setecientas mil pesetas), es capaz todavía de escribir:

«Para mí, como para la mayoría de los que viven y han vivido sin medios económicos dentro de nuestra civilización, el sexo no es sino una fuente de miserias, de vergüenzas y de pequeñas canalladas.»

FAMILIA

Dos son, esencialmente, las vertientes de la limitación que su familia supuso para Baroja. Una, de carácter general, concretada en el entrañable apego que sintió desde siempre por los suyos y que, a modo de cordón umbilical, mantúvolo en todo instante unido al fuego del hogar. Otra, de matiz más específico, circunscrita a la devoción casi enfermiza que profesó a su madre, a la que quiso apasionadamente, y en cuyo afecto, constante y abnegado, sepultó buena parte de sus mejores y más intensos impulsos emocionales.

En lo que a su familia se refiere, varias fueron las causas que contribuyeron a hacer de ella un todo orgánico, una unidad afectiva, caracterizada por un espíritu de compenetración y armonía tales que para Corpus Barga la convirtieron en «algo aparte del resto de los hogares madrileños».

Entre ellas es necesario destacar por su importancia:

— El cariño que los hermanos se dispensaban entre sí, además del que en todo momento les vinculó a sus padres.

— El carácter bohemio y errabundo del padre, que obligó a los hijos a apretarse en torno a la madre, como único medio de impedir una dispersión que de otro modo hubiese resultado inevitable.

— Los constantes cambios de domicilio a que las circunstancias les forzaron, que habían de impedir a los miembros de la familia la posibilidad de cimentar y consolidar nuevas amistades.

— El tardío nacimiento de Carmen, la hermana más pequeña, que acentuaría todavía más si cabe el clima de unidad, al concitar sobre ella todas las atenciones familiares.

— La prematura muerte de Darío, el hermano mayor, que hizo un solo dolor de la tristeza de cada uno de ellos, agrupándolos alrededor de su recuerdo.

— La ausencia en los hijos de todo impulso aventurero, así como su propensión a la comodidad, caracteres uno y otro que acentuarían su temperamento hogareño.

— El espíritu liberal de las profesiones de ambos hermanos, que (salvo los meses que duró la estancia de Ricardo en Teruel) les permitió trabajar siempre dentro del mismo hogar.

— El hecho de que tras sus matrimonios respectivos, tanto Ricardo como Carmen continuaran viviendo muy cerca del hogar materno, proximidad ésta que durante el verano, en Vera, se hacía coincidencia.

— La prolongada vida de la madre, que hasta el momento de su fallecimiento hizo de su casa lugar de reunión de todos sus hijos.

La entrañable tibieza de este círculo, alimentada por **81** el esfuerzo común de todos, retuvo siempre al escritor dentro de su radio de acción. Ni los fallecimientos de Darío, primero, y de su padre, luego; ni los matrimonios sucesivos de Carmen y Ricardo; ni su acusado espíritu de independencia siquiera, fueron causas suficientes para apartarlo del hogar. Baroja, inadaptado al medio social en que vivía, convencido de su absoluta insuficiencia para jugar un papel de relación, solo y frustrado tras sus decepciones sentimentales, encontró en su familia ese calor que el mundo exterior le iba negando; encontró el clima idóneo para realizarse literariamente; encontró, sobre todo, un motivo magnífico —su madre— para volcar una afectividad que no había hallado todavía un objeto en el que concentrarse de un modo pleno y absoluto.

Y así, por encima de sus veleidades viajeras, que nunca constituyeron sino escapes transitorios; de sus diferencias con Carmen Monné, la esposa de Ricardo, con la que parece ser que en ningún momento llegó a congeniar plenamente; de su marcado sentido de insubordinación, que debía alejarle, al menos teóricamente, de cualquier clase de sometimiento; de las dificultades de todo tipo que conmovieron la paz familiar, vivió don Pío siempre uncido a la muda presencia de su madre, hasta que, muerta ésta, y luego del paréntesis abierto por la guerra española, se instalara ya definitivamente en casa de su hermana, viuda ya en aquella época de Caro Raggio.

Esta vinculación del novelista con su familia nos lleva directamente a plantearnos la pregunta de la significación que doña Carmen Nessi tuvo en la vida de su hijo, sobre la que la crítica ha tejido innumerables teorías, algunas de las cuales llegan incluso a advertir en Baroja, vista su devoción maternal, la existencia de un más que probable *complejo de Edipo* y con él, una de sus más decididas limitaciones.

¿Qué influencia ejerció la madre en el hijo? ¿Hasta qué punto determinó, con su cariño exagerado, sus reacciones y actitudes? ¿Tuvo Baroja, en todo caso, conciencia de la limitación que esta concentración emocional le suponía?

No habla demasiado don Pío de su madre, pero en las ocasiones que lo hace no evita el grato pálpito que su mención le representa, y que denuncia el hondo amor que por ella sentía.

Refiriéndose a esa proximidad afectiva, tan acusada en intensidad como variada en matices, escribe en *Las horas solitarias:*

«Desde el punto de vista del afecto por uno o por otro de los ascendientes, se podrían dividir los hombres en paternales y maternales. Yo creo que he sido siempre más maternal que paternal.»

Y treinta años después vuelve a corroborar esta impresión, al decirnos en *Familia, infancia y juventud:*

«Yo siempre me he considerado de esos tipos maternales que se sienten más unidos a la madre que al padre.»

En esa misma obra, Baroja, entre conmovido y nostálgico, nos ofrece el siguiente retrato moral de doña Carmen:

«Tenía un fondo de renunciación y fatalismo... Para ella, evidentemente, la vida era algo serio, lleno de deberes y de poca alegría. Tenía una idea muy severa del deber; yo sospeché siempre que no tenía esperanza ninguna... Trabajaba y hacía trabajar a los que estaban a su lado, sin cansarse... Trabajó durante toda su vida, sin salir apenas de casa, sin ir a paseos ni a teatros, acostándose tarde y levantándose temprano...»

Y reviviendo la vida cotidiana que ambos compartieron la recuerda así, también en el transcurso de sus *Memorias:*

«... Ella con su vida silenciosa y atareada; yo también casi solitario y a vueltas con mis cuartillas... Después de cenar íbamos a la biblioteca, en donde había una estufa encendida y lucía una luz brillante y hermosa... Mi madre hacía alguna labor y yo escribía... Ella solía marcharse antes de que dieran las doce...»

Los críticos y biógrafos barojianos recogen, en su totalidad, el afecto devoto que el escritor sintiera por su madre, así como la íntima y auténtica compenetración que los unió toda su vida. Veamos algunos de sus comentarios:

Luis S. Granjel:

«... vivió Pío Baroja con su madre toda su vida; esta unión influyó decisivamente en su actitud ante la mujer y también sobre su temperamento... Doña Carmen tenía a su hijo como a un anexo suyo...»

Julio Caro:

«... todas las atenciones se las dedicaba a mi abuela...; mi tío vivía pendiente de ella, de una manera obsesiva...»

Isidoro de Fagoaga:

«... aquella doña Carmen, para quien su hijo predilecto fue siempre una especie de niño desvalido, que sólo a su lado encontraba paz y consuelo...»

Sebastián Juan Arbó:

«... Pío quiso a sus padres con amor de hijo, y sobre todo a su madre, que había de acompañarle hasta casi su vejez y ser para él una inseparable compañera... Baroja mimaba a su madre, y ella le dedicaba todas sus atenciones... A la muerte de su padre, aún se unió más a doña Carmen...»

Eduardo Tijeras:

«... Doña Carmen era su compañera constante, acostumbrada a los horarios cotidianos del hijo, a su trabajo en el despacho, a sus vagancias por las librerías...»

Miguel Pérez Ferrero:

«... la inteligencia entre ambos era perfecta, sin que jamás se viera empañada por la más leve sombra de mutua incomprensión... Cumplíase en ellos el destino del cariño ciego... Lograron ajustar sus vidas, tan unidas, a su comodidad y satisfacción, y eran como las dos mitades del mundo que para ellos solos habían creado...»

84   Tan manifiesta propensión maternal no podía, sin

embargo, quedar oculta en los pliegues del alma de Baroja. Necesitaba el novelista patentizarla literariamente, trasladarla al ánimo de sus personajes de ficción, perpetuarla en la anécdota de sus relatos, hasta conferirle una dimensión mítica.

Recordemos, sólo como botón de muestra, alguno de los desdoblamientos de ese acusado y constante sentimiento:

Andrés Hurtado, en *El árbol de la ciencia:*

«... la muerte de su madre le había dejado a Andrés un vacío en el alma y una inclinación a la tristeza...»

Alvaro, en *La dama errante:*

«... yo me iría, pero me retiene el ver a mi madre...»

Jaime Thierry, en *Las noches del Buen Retiro:*

«... absolutamente todo lo que se relacionaba con su madre le producía a Jaime interés y cariño...»

Miguel Salazar, en *Susana o los cazadores de moscas:*

«... mi madre es muy bondadosa y un poco débil de carácter...»

Silvestre, en *Aventuras e inventos de S. Paradox:*

«... todos sentían verdadero cariño por su madre...; gracias a la protección de aquella hada buena vivía Silvestre tranquilamente...»

Beltrán, en *El nocturno del hermano Beltrán:*

«... aunque mi madre me abandonase, no sentiría desprecio por ella...»

Este mitismo afectivo, traducido en tantos pasajes de su obra, ha hecho pensar a un sector de la crítica barojiana en la posible existencia de una deformación patológica en los impulsos del hijo hacia la madre, en la que se ha basado para justificar su soltería, además de otras varias desviaciones de su comportamiento.

Contra estos juicios, que ocultan un diagnóstico de *complejo de Edipo,* comenta Baroja en *Familia, infancia y juventud:*

«Yo he sido un tipo maternal... Esto, Freud lo explica de una manera fantástica, suponiendo una rivalidad 85 amorosa del chico por su padre, lo que me parece una explicación de mala literatura... Yo creo que siempre existe en la familia un fondo de rivalidad oscura de índole animal, más todavía entre las personas del mismo sexo, que yo no creo que sea celos de la líbido...»

Tenga razón Baroja o la tengan sus críticos (yo me inclino por dársela a don Pío), lo cierto es que, al dirigir todo su afecto a la figura de su madre, el escritor puso un ladrillo más, quizá el más consistente, en el edificio de sus limitaciones.

HERENCIA

Sin discutir la valoración científica del dictado ejercido por las leyes genéticas en la formación de la personalidad del hombre, es indudable el hecho de que toda existencia hunde sus raíces en un pasado biológico —la raza, la familia— que, en uno u otro grado, la alimenta y conforma, en ocasiones de modo decisivo.

Baroja, que así lo entiende, suscribe esta opinión al manifestar en *El escritor según él y según los críticos*:

«... somos el resultado de una raza, de un ambiente y, por tanto, de un clima material y espiritual...; de la herencia hemos salido y, orgánica e intelectualmente, no somos cada uno de nosotros más que un producto de ella...»

Producto y resultado éste que él intentará explicar remontándose, por un lado, al estudio de la tipología de su raza —la vascongada— y, por otro, al análisis del fondo psíquico de sus antecedentes familiares.

Por lo que a su presencia étnica se refiere, escribirá el novelista en *Las inquietudes de Shanti Andía*:

«... nuestra raza no es fuerte...; es una raza vieja que se ha refinado en el tiempo, aunque no en las ideas, 86 y que no tiene mucha fuerza orgánica...»

En *Las mascaradas sangrientas* concretará, algún tiempo más tarde, los caracteres biotípicos del vasco:

«... en el pequeño país vasco hay como los dos polos de la raza blanca: la raza baja, pequeña, juanetuda, morena, mongoloide, de cabeza ancha, y la raza alta, esbelta, aguileña, de cabeza más larga... La raza baja es fanática, musical, artística, partidaria de lo absoluto... La raza alta es más campesina, más relativista, menos violenta, menos artística, pero más científica...»

Completando esta sucinta clasificación —dentro de la que no es difícil encasillarle— nos dirá, unos párrafos más adelante:

«... es curiosa la moral del pueblo vasco... Pueblo sensual que considera por instinto la sensualidad como un desorden poco grave, llega, por inflluencia de la religión, a semitizarse de tal modo que acaba por equiparar la sensualidad con el crimen...; lo natural en el país vasco, desde el punto de vista sexual, es la inmoralidad...»

Aún hará Baroja, en *Las horas solitarias,* una nueva alusión al influjo racial, en cuyo trasfondo advierte la base de su emocionalidad:

«... me llega todavía un ramalazo del sentimentalismo de los pueblos primitivos de Europa: el temor de las cuevas, del pantano inmóvil y negro, de las arboledas oscuras, de las fuentes de agua limpia y misteriosa...»

Y ya en sus *Memorias* ultimará esta revisión de su pasado ancestral confesándose, entre triste y resignado, víctima de su raza:

«... desgraciadamente para mí, yo no soy ni he sido un tipo fuerte y duro, de voluntad enérgica, sino más bien flojo y un tanto desvaído; más un tipo de final de raza que de comienzo...»

Igualmente pesimista será don Pío al referirse a sus precedentes familiares, de cuyos caracteres e influencia nos habla en varios pasajes de su obra.

Así, aludiendo a la debilidad orgánica y fisiológica de los suyos, escribe en *Familia, infancia y juventud:*

«La mayoría de la gente de mi familia no creo que fuera de una gran vitalidad. Los Baroja próximos a mí se han extinguido pronto.»

A los posibles rasgos heredados de los mismos hace igualmente referencia en dos de sus novelas más significativas y de mayor carácter autobiográfico: *El laberinto de las sirenas* y *La sensualidad pervertida.*

En la primera de ellas dice de Roberto O'Neill, uno de sus más conseguidos y exactos trasuntos literarios:

«... tenía la tendencia fantástica del padre, unida al carácter soñador de la madre...»

Y en la segunda pone en boca de Luis Murguía, otra de sus grandes contrafiguras, el siguiente y clarificador comentario:

«No sé de dónde me ha venido a mí la indecisión y el sentimentalismo que me caracteriza... En mi familia no sé que haya habido gente muy vacilante ni muy sensible. Respecto a la familia paterna, no poseo muchos informes..., creo que han sido tipos con cierta audacia emprendedora... Los Arellano han sido, en cambio, gente dura y equilibrada, y únicamente me ha parecido sorprender en ellos una tendencia al erotismo...»

Finalmente hará Baroja una alusión —no muy optimista, ciertamente— al acto volitivo fruto del que naciera, en el que parece querer advertir una cierta ausencia de entusiasmo e ilusión:

«... Yo era —dice en sus *Memorias*— el tercer hijo... Esto parece que no tiene importancia; pero siempre tiene alguna, porque la tercera decisión para hacer cualquier cosa siempre es una repetición, a veces aburrida...»

Nada hay en las anteriores acotaciones que nos hable de euforia, de optimismo. La raza es vieja, decadente, inmoral; la familia, débil, inmusculada, contradictoria; incluso la propia concepción del escritor tiene, de seguir sus razonamientos, un mucho de inesperada y fortuita.

Todo parece, en cambio, confabulado y predispuesto para la elaboración de un producto marcado, crepuscular, inacabado.

El que advirtamos falsas sus argumentaciones apenas sirve para nada. Don Pío las vio así, y para él no hubo nunca otra verdad sino la suya. Contra la lógica siempre tendrá a mano el sofisma, y a falta del sofisma, la obcecación.

INDUMENTARIA

Sin llegar precisamente a sucio, fue don Pío hombre desaliñado y zafio en el vestir y un tanto abandonado en lo que al cuidado de la higiene se refiere. Los retratos y fotografías que de él se conservan, el concluyente comentario de sus contemporáneos y biógrafos, e incluso sus propias autovisiones personales, no dejan resquicio alguno de duda al respecto. Con la bufandilla anudada al cuello, las americanas desfondadas, los pantalones arrugados, las botas siempre sucias y la boina vasca de la que nunca prescindía, daba Baroja la impresión de un sencillo empleado sin recursos, exento de cualquier distinción, en el que nada descubría su condición acomodada.

En relación con este punto, apenas existen divergencias de bulto entre las opiniones emitidas por sus tratadistas y críticos más autorizados. Espiguemos algunas, a manera de recordatorio:

«...llevaba un chaquetón de mal corte, con los bolsillos dilatados a fuerza de papeles y libros...» (Eduardo Tijeras).

«...los zapatos sucios, los pantalones raídos...» (Emilio Abreu).

«...¿no ve usted que con ese aspecto le van a tomar por un dependiente o un criado cualquiera...» (Ciro Bayo).

«...el fiero desgarbo de su ropa...» (José María Salaverría).

«...una bufandilla usada, una boina vasca, más vieja que nueva, un traje arrugado y de desvaído color...» (Camilo José Cela).

«...siempre desaliñado en el vestir...» (Paul Schmitz).

«...la indumentaria de Baroja era bastante descuidada... solía decir que para sujetar los pantalones no había nada como un bramante o una corbata vieja; y no sólo lo decía sino que lo practicaba...» (Sebastián Juan Arbó).

Salvo en algún momento de su juventud, nunca concedió el escritor la menor atención a su indumentaria, pensando, posiblemente, en lo absurdo de supeditar la comodidad al buen gusto.

Así, en *El escritor según él y según los críticos,* escribe:

«... a mí, al menos, no me importaba en absoluto la ausencia de elegancia en el vestir...; es posible que, cuando joven, me interesara algo...»

Y en *Las veleidades de la fortuna* protagoniza el siguiente diálogo:

«—¿Tú crees que el vestirse y el presentarse bien es importante?

—Será importante para los tontos.»

Sus contrafiguras literarias se harán, asimismo, eco del desinterés barojiano por la corrección y el aseo. Fuera de Jaime Therry, Roberto Hasting y César Moncada, son todos hombres completamente abandonados y olvidados por entero de su cuerpo, como bien se deduce de las referencias siguientes:

Miguel Salazar, en *Susana o los cazadores de moscas:*

«... mi indumentaria es un poco insuficiente···; visto con trajes baratos comprados en bazares...»

José Larrañaga, en *Agonías de nuestro tiempo:*

«... no tenía elegancia ni viveza y era un hombre olvidado de su cuerpo...; la corbata no se le quedaba nunca derecha y casi siempre se le perdía algo...»

Fernando Ossorio, en *Camino de perfección:*

«... la limpieza le parecía bien siempre que no le ocasionase cuidados y molestias.»

José Ignacio Arcelu, en *El mundo es ansí:*

«... va vestido de una manera extravagante; no sé si es que tiene mal gusto para vestir o que es pobre y aprovecha mucho la ropa.»

Antonio Latorre, en *Un dandy comunista:*

«... vestía siempre modestamente...»

Silvestre, en *Aventuras e inventos de Silvestre Paradox:*

«... usted no puede estar solo; no es usted ordenado y hasta si bien se quiere, y perdone usted la frase, es usted un poco marrano. En vez de cinturón usa usted una corbata vieja, las camisas se las ata usted con bramante y ya he observado cómo al chaleco le ha abierto usted unos ventanillos...»

Procopio Pagani, en *El hotel del Cisne:*

«... no le concedía ninguna atención a su aspecto.»

O'Neill, en *El laberinto de las sirenas:*

«... como hombre despreocupado que era, no se cuidaba de su indumentaria, y así se le podía ver unas veces con la corbata arrugada y torcida y otras con el sombrero manchado de yeso...»

Luis Murguía, en *La sensualidad pervertida:*

«... ¿no se avergüenza usted de ir en compañía de un señor viejo y con un aire tan pobre y raído?...»

Si a esta inexplicable dejadez unimos su profunda antipatía por la luz, el agua y el aire —de la que haría gala en su tesis doctoral— y su avejentamiento prematuro llegaremos a la conclusión —contra lo que pensaba Paul Souday— que su figura debió resultar escasamente agradable y atractiva, sobre todo para las mujeres, tan propensas —lo mismo ayer que hoy— a dejarse impresionar por la prestancia y el porte masculinos. Y comprenderemos asimismo el que don Pío, consciente de tal limitación, escribiera en el prólogo de *Las noches del Buen Retiro:*

«Un hombre con barbas, zapatillas, antiparras y boina no tiene aire a propósito para besar la mano a las señoras, aunque sean viejas.»

Inhabilidad

Baroja no es, en absoluto, un animal social. En este sentido desconoce por completo las reglas del juego. Es sólo un *dilettante,* ajeno a las múltiples variaciones y sorpresas de su complicado reglamento. No sabe estrechar una mano con energía, engañar a una mujer con una frase equívoca, sonreír sin entusiasmo, reanimar una conversación languidecida, abandonarse al frenético ritmo de una polka con una dama entre los brazos, manejar los cubiertos con la habilidad de un *gourmet,* discurrir por la voluptuosa estela que deja tras de sí el champán... Por el contrario, es monótono, macizo, torpe, inhábil, meditabundo, tímido... y hasta sincero.

Esta sinceridad tan acusada habrá de servirle para reconocer tal restricción en uno de sus volúmenes —las *Rapsodias*— de mayor carácter autobiográfico:

«... yo he sido siempre un tanto pesado...; no he tenido demasiadas condiciones para lucirme ni destacarme...»

Y volverá a reiterarse en ella en otros varios momentos de sus autoconfesiones literarias:

«... pensé que no tenía vocación alguna y que era un joven inútil para la vida corriente» (*Familia, infancia y juventud*).

«... las muchachas que conocí en San Sebastián me miraban, sin duda, como a un pedante aburrido... (*Las horas solitarias*).

92   «... me hubiera gustado mucho saber bailar y no

tener que marearme al intentarlo» *(Final del siglo XIX y principios del XX)*.

«... a mí estos sitios de lujo me intimidan...; soy un poco aldeano...» *(Agonías de nuestro tiempo)*.

«... no he sabido moverme nunca con éxito en ningún medio social...; me han faltado habilidad y gracia...» *(Pequeños ensayos)*.

Sus coetáneos y comentaristas coincidirán en este punto con las impresiones del novelista. Veamos algunos de sus juicios:

« Baroja es un hombre primitivo, de todo punto inhábil para cualquier actividad social...» (Salvador de Madariaga).

«... no tenía aptitudes definidas...» (Eduardo Tijeras).

«... en cuanto a su inhabilidad, tenemos más de una prueba de ella...» (Sebastián Juan Arbó).

«... Baroja ignora ciertos convencionalismos sociales —en las maneras, en el hablar— más o menos agradables o desagradables...» (Azorín).

«... sus ademanes eran torpes, sus manos inhábiles...» (Julio Caro).

«... el escritor es hombre de talento, pero hay que reconocer que no tiene idea de la sociedad...» (Eduardo Martín Peña).

«... tiene la voz lenta y monótona..., habla sin inflexiones...; su charla resulta fatigosa en extremo...» (Carmen de Burgos).

«... invitar a Baroja es aguar la reunión...» (Alejandro Sawa).

Los trasuntos literarios barojianos se hacen eco también, en su reacciones cotidianas, de la falta de habilidad en el escritor y su escaso éxito social:

Fernando Ossorio, en *Camino de perfección:*

«... el otro día estuve en un baile, en casa de unos amigos, y me sentí molesto porque nadie se ocupaba de mí...»

Pepita a José Larrañaga, en *El gran torbellino del mundo*:

«... eres muy aburrido...»

Luis Murguía, en *La sensualidad pervertida*:

«... tocaron valses...; yo, como no tengo habilidad alguna, tuve que limitarme a fumar...»

Concha a Jaime Thierry, en *Las noches del Buen Retiro*:

«... no seas pesado, Jimmy; eres un pelmazo...»

Juan Dorronsoro a Elena, en *Locuras de carnaval*:

«... perdóneme usted...; yo soy un poco soso y, además, no se me ocurre nada que decirle o contarle...»

Miguel Salazar, en *Susana o los cazadores de moscas*:

«... yo quizá sea pesado e insensible...»

Sacha Savarof al Narrador, en *El mundo es ansí*:

«... yo pensé si la mayoría de la gente de España sería como usted, apática, meditabunda, gris...»

El *homo sapiens,* el *homo sensualis* también, pueden en don Pío al hombre social. Le faltan a Baroja aplomo, seguridad y confianza para triunfar en sociedad. Él será siempre el comensal que hace saltar la salsa en el transcurso del almuerzo, el *dandy* advenedizo que no sabe qué hacerse con las manos al enfundarse el frac, el seductor cartesiano que intenta aproximarse a la intimidad femenina por el camino de la razón, el hombre inadaptado que, hundido en un sillón del fondo de la sala, contempla, triste y solo, el discurrir de la alegría de los otros.

Por eso cuando Baroja triunfa, cuando se erige en epicentro de la conversación, cuando se ve mimado y requerido, cuando aglutina en torno a sí el interés y la atención de los demás, no es el hombre quien consigue el milagro, sino el escritor. Y es que, al margen de la opinión apasionada de sus más íntimos amigos, es necesario reconocer la manquedad que aqueja al novelista, su incapacidad para la vida de relación. A don Pío le sobraba vinagre y le faltaba apaño. Era demasiado tierno y demasiado sincero para hacer un papel de *bon vivant.*

Si el influjo del medio, la incidencia de la circunstancia, son siempre causas determinantes del comportamiento humano, en el caso de Baroja esta influencia se agudiza hasta el extremo de condicionar por entero la totalidad de sus actitudes, el conjunto de las motivaciones matrices de su proceder.

El carácter crepuscular y decadente del tiempo que le tocó vivir —en el que su figura adquiriría dimensión histórica— operó sobre él con tal incidencia, tan absolutamente, que no es exagerado advertirle como un tentáculo, como una ramificación de esa ideología *fin de siècle* que constituyó su entorno y con la que habría de identificarse, en obligada simbiosis, por más que su acusada independencia y su profundo sentido de insolaridad para con lo circundante le animaran en todo instante a rebelarse contra ella o a escapar, al menos, de sus imperativos y dictámenes.

A este respecto escribirá el novelista, en uno de los artículos integrados en sus *Divagaciones de autocrítica*:

«Yo soy uno de tantos españoles que, nacidos en el último decenio del siglo XIX, han vivido en un momento malo, confuso y de transición; en una época en que las pragmáticas de nuestros abuelos se acababan de descomponer y en la que, al mismo tiempo, el intento de ordenar y modernizar España fracasaba.»

Y en volúmenes siguientes explana los deprimentes síntomas que caracterizan el pulso finisecular del país:

«...¿dónde estaba la vida violenta?... En todo lo que veía a mi alrededor no había más que estancamiento y gusto por lo sedentario...»

En *Divagaciones apasionadas*:

«... pude observar cómo toda la vida española se iba desmoronando por incuria, por torpeza y por inmoralidad...»

En *El árbol de la ciencia:*

95

«... esta tendencia natural a la mentira, a la ilusión del país pobre que se aisla, contribuía a la fosilización de las ideas...»

En *La sensualidad pervertida:*

«... hay que respetar al rico, aunque sea usurero; al aristócrata, aunque sea un cretino; al militar, aunque sea un tonto, y al magistrado, pese a que desacierte constantemente... La sociedad debe tener una base firme, y que los cimientos se apoyen sobre roca viva o sobre un montón de cieno es igual...»

En *El tablado de Arlequín:*

«Triste país éste, en donde tiene uno que avergonzarse de todo lo que es sentimental y humano...»

En *Las horas solitarias:*

«Hemos sustituido la vida antigua por la moderna, hemos perdido nuestra fe y nuestras costumbres, y no hemos podido sostener prestigio alguno.»

Baroja, que hubiera deseado sustraerse a la influencia de ese clima y que pondría sus mejores esfuerzos en el intento de conseguirlo, terminará por claudicar, por someterse a las pragmáticas de su tiempo, por convertirse en una nueva víctima —como decía Ortega— de ese «histerismo nacional» que conmovía los cimientos del país. Un histerismo que aumentará aún más su natural propensión a la melancolía y al pesimismo y que terminará por conducirle a la adopción de una postura entre budista y estoica, que sólo con el paso de los años dará cabida a la benevolencia y al humor.

El novelista recogerá repetidamente en sus artículos y libros la marcada incidencia con que el ambiente opera en su carácter y la inadaptación a la que le conduce su resistencia a aceptarlo. Recordemos algunas de estas opiniones:

En su *Discurso* de recepción en la Academia:

«Algunas personas, cándidas y bienintencionadas de chicos, nos hemos ido agriando y haciéndonos esquinados y atravesados en el contacto con la vida nacional.»

96

En *Familia, infancia y juventud:*

«... un hombre que fuera un poco digno no podía ser en este timpo más que un solitario...»

En *Juventud, egolatría:*

«... si yo hubiera podido seguir mis impulsos, hubiera sido un hombre tranquilo... La moral de nuestra sociedad me ha perturbado y desequilibrado...»

En *Divagaciones apasionadas:*

«... inadaptado al ambiente, he vivido un poco solitario, lo que quizá ha exacerbado mi descontento...»

En *La sensualidad pervertida:*

«Todas las circunstancias de mi vida han tendido a hacerme un hombre aislado y disgregado del rebaño.»

En *Pequeños ensayos:*

«El credo ideológico del tiempo en que he vivido, su moral y sus normas, no me han dado opción a seguir otro camino.»

En *Los visionarios:*

«... los de mi generación hemos sido gente un poco insociable...»

¿Y la mujer? ¿En qué medida opera el medio en la actitud barojiana ante el amor? ¿Hasta qué punto le condiciona la moral de su tiempo en su extroversión afectiva? ¿Hubiera conseguido don Pío, de haber vivido en otra época cualquiera, encauzar y satisfacer sus impulsos?

A esta pregunta responderá el propio don Pío en *Familia, infancia y juventud* ofreciéndonos una visión de la mujer de su tiempo:

«En mi tiempo —dice— las muchachas eran como plazas fuertes atrincheradas y amuralladas... Si uno pretendía entrar en relación con uno de aquellos verdunes vivos, le contestaban varios días o semanas «sí» o «no», como Cristo nos enseña... Unicamente si podía uno presentar en el estandarte un sueldecito o una renta, bajaban el puente levadizo y se parlamentaba... Sin duda, 97

7

para ellas no había que fijarse en un joven si no era rico o elegante...»

Y en *El escritor según él y según los críticos* intentará consolarse de sus fracasos, escribiendo:

«... estoy convencido de que en otro medio, en otra época, hubiera tenido éxito con las mujeres...»

Fuera o no cierta esta intuición, lo que sí es indudable es que ante la mujer de su tiempo, realista, material, apegada a la tradición y la costumbre, poco podía esperar un hombre desarraigado y vacilante como él. Y es que el destino, hostil e implacable siempre, no iba tampoco en esta ocasión a estar a su lado.

PESIMISMO

Las limitaciones anteriormente expuestas, así como las que todavía tendremos ocasión de examinar, tenían, lógicamente, que operar sobre el ánimo barojiano, dejando en el fondo del mismo un poso de ulcerada tristeza, de amargo pesimismo, del que no podría desprenderse ya nunca. Un pesimismo, a veces desolado, a veces cáustico, que se traduciría en todas sus manifestaciones y que, desdoblado literariamente, iba a constituir el fundamento básico de toda su producción novelística.

Las alusiones a este rasgo de su carácter, que tan acusadamente había de condicionar sus actitudes, se repiten una y otra vez, con penosa y repetida insistencia, en la mayor parte de sus relatos y libros de opinión, y alcanzan, por otro lado, a la casi totalidad de sus personajes de ficción.

Valgan como prueba de la permanencia de tal sensación, que tantas satisfacciones abortaría en el escritor, los siguientes textos entresacados de su obra:

En *El escritor según él y según los críticos:*

«... soy, efectivamente, un pesimista teórico respecto al cosmos...»

En *Familia, infancia y juventud:*

«... tenía un pesimismo agudo..., me parecía que todo me iba a salir mal en la vida..., no tenía interés alguno por nada..., andar por la calle me fastidiaba..., todo me daba lo mismo...»

En *Juventud, egolatría:*

«... yo también tengo la sospecha de que no voy a ser nunca nada; todos los que me han conocido han creído lo mismo...»

En *Galería de tipos de la época:*

«... a mí me gustaría no ser pesimista; pero lo soy, tanto por instinto como por experiencia...»

En *La sensualidad pervertida:*

«... soy un hombre inútil, un hombre sin fundamento, un fracasado...»

En *Rapsodias:*

«... cuando volvía a casa, lo hacía siempre con un fondo de amargura; no sé si era la protesta moral de la vida ociosa o el exceso de ácido clorhídrico...»

En una carta a Ruiz Contreras:

«... no estoy animado; y es que lograr un puesto mediano en la vida es difícil; la lucha por la existencia se hace cada vez más ruda...»

En *Susana o los cazadores de moscas:*

«—¿Es siempre usted tan serio?

—No tengo ningún motivo para estar alegre.»

Y en uno de los volúmenes de sus *Memorias:*

«... la inacción, la sospecha de la inanidad y de la impureza de todo me arrastraba cada vez más a sentirme pesimista...»

Esta ausencia de optimismo será, igualmente, la tónica vital de sus contrafiguras literarias, abandonadas como su autor a una desolación estoica. Veamos, como final de este apartado, las actitudes de los más significativos de entre ellos:

«... no había en su vida nada sonriente, nada amable... Muchas veces, al pensar en el porvenir, le entraba un gran terror...» (Andrés Hurtado).

«... soy un pobre fantoche movido por el destino...» (Juan de Alzate).

«... el porvenir se le ofrecía totalmente negro y no veía la forma de modificarlo...» (Javier Olarán).

«... tengo el pensamiento amargo...» (Fernando Ossorio).

«... soy como uno de esos animales mal construidos, que parece que alguien los ha hecho por entretenimiento...» (José Ignacio Arcelu).

«... he pensado siempre que no soy nada...» (Miguel Salazar).

«... mi estado material y moral es lamentable..., no tengo posibilidad de sentirme contento...» (Procopio Pagani).

«... he pensado siempre que no soy nada...» (Luis Carvajal).

«... no tenía condiciones para la vida... Cuando me encontraba sólo, no tenía más que ideas pesimistas...» (Jesús Martín Elorza).

Salud

A la pregunta de si Baroja fue un hombre enfermo, creo que hay que responder diciendo que lo que no fue nunca es un hombre completamente sano. Y ello no tanto como consecuencia de sus propias afecciones físicas cuanto por la incidencia con que éstas operaron sobre su fondo psíquico, originando una especie de *patología artificial* que llegaría con el tiempo a convertirse en natural y crónica.

Dejando a un lado sus dolencias estrictamente somáticas —desde el reumatismo que se le presentara en los primeros días de su juventud hasta la arteriosclerosis aguda de sus últimos años—, conviene, a efectos de la intención de este trabajo, insistir en aquellas —la timopatía ansiosa y el neuroartritismo— que, por su singular entronque con lo anímico, habrían de condicionar no pocas de las más significativas reacciones de su comportamiento.

Por lo que a la primera de ellas se refiere, don Pío escribirá en uno de los primeros volúmenes de sus *Memorias*:

«... Creo que cualquier psiquiatra me hubiera considerado como a un maníaco-depresivo.»

Y, mucho más explícito, nos dirá en relación con la segunda, en el capítulo XX de *La caverna del humorismo*:

«... El artritismo, de origen nervioso, produce una intoxicación que, a su vez, influye en los nervios... El artrítico tiene un cuerpo incómodo. Sin estar enfermo, tampoco está sano... Comienza su vida por la timidez, la melancolía y el dolor de cabeza; sigue luego siendo violento, brutal, malhumorado, hipocondríaco... La dilatación de los vasomotores es grande, y es tímido y ruboroso... La obsesión erótica (que es también una causa de la enfermedad) deja, indudablemente, una serie de gérmenes de antipatía y odio, que no son más que venganzas disimuladas... También el artritismo podría explicar el ansia neurótica, el anhelo por cambiar de vida, la inquietud... Del artritismo a la neurosis y la neurastenia no hay más que un paso.»

De aceptar enteramente el diagnóstico barojiano, resultaría innecesario continuar escribiendo. Todos los rasgos de su personalidad están aquí y todos, según él, obedecen a una razón esencialmente patológica. Ninguno de sus caracteres escapa al dominio y el imperativo de la enfermedad. Baroja es tímido porque está enfermo, es inquieto porque está enfermo, es violento porque está enfermo, es erótico porque está enfermo... ¿Puede ser, sin embargo, me pregunto yo, tan absolutamente totalizadora la patología? ¿Es realmente imputable a ella la 101 desviación de tantos de los trazos constitutivos del carácter del 'novelista? ¿No será que don Pío, como he apuntado anteriormente, llegó a *inventarse* una imagen mórbida, mediante la que justificar sus actitudes, por más que hubiese en la misma un trasfondo de realidad?

Los biógrafos de Baroja no se extienden en demasiadas consideraciones a la hora de comentar este punto. Así, Eduardo Tijeras se refiere, sólo de pasada, a sus vértigos y a la arteriosclerosis que acabó con su vida. Arbó hace alusión a sus afecciones reumáticas —lumbago, sobre todo— y al insomnio que le aquejara en sus años postreros. Pérez Ferrero apenas apunta a su naturaleza patológica. Y ni siquiera Granjel, médico a la postre, pasa de recoger su ya aludida *timopatía ansiosa,* fruto de la que advierte las alternativas de su carácter que, siguiendo un natural curso fásico, le llevan desde la excitación más vehemente a la depresión más acongojada.

En cualquier caso, lo que sí es indudable es que sus enfermedades —tanto las que sufrió en su medida real como las que exageró, alentado por sus obsesiones— constituyeron serios condicionamientos en lo que a su sentido de la sociabilidad se refiere. Las de cariz somático, y de manera especial el reumatismo, porque acentuarían su natural propensión a la sedencia (no olvidemos que, pese a sus viajes y paseos, Baroja fue fundamentalmente hombre de mesa camilla); y las de naturaleza psíquica, porque, al someterle a continuas tensiones emocionales, propiciaron el desarrollo de algunos de los caracteres —excitabilidad, angustia, hipocondria, agriedad— menos positivos de cuantos conformaron el conjunto de su personalidad.

A tales limitaciones directas hay que añadir otra, no menos importante, cual es el pudor que sintió siempre el escritor por exteriorizar sus dolencias, restricción ésta que se desprende de un elevado número de sus reacciones y que, desdoblada literariamente, alcanza a las de varios de sus trasuntos de ficción —Fernando Ossorio, Jaime Thierry, Silvestre Paradox, Procopio Pagani— víctimas, como él, de la lógica introversión que la enfermedad suele habitualmente conllevar.

Baroja no quiso nunca «dar el espectáculo de un hombre rijoso y enfermo» y se dolió no poco cuando alguno de sus coetáneos —Salaverría, Dolly, Sawa— ironizó en torno a la precariedad de su salud. Educado en la filosofía de Nietzsche, consideró siempre humillante compartir con los demás su propia debilidad biológica. Y fiel a este principio, rechazó en todo momento cualquier ocasión de convivencia en la que aquélla pudiese jugar un papel restrictivo, como lo prueba la carta que a continuación reproduzco —uno más entre los innumerables testimonios al respecto— en la que don Pío rechaza una invitación de su amigo Camilo José Cela.

«Querido amigo Cela:

He recibido su amable carta, pero no voy a Cercedilla. Tengo el hígado que me molesta y un eczema en la tripa y en las nalgas, que me fastidia, y al que ahora pongo una pomada negra de enebro que ensucia la ropa y la cama. Así que no voy; porque aunque sea uno una vieja carroña, no le gusta que se le note demasiado.»

El novelista, genio y figura hasta la muerte, era así.

SENSIBILIDAD

De Pío Baroja pudiera muy bien decirse que fue el resultado de la adición de su sensibilidad y algunos otros caracteres más. Ninguna personalidad, al menos, más tierna que la suya, ningún temperamento más abierto a lo sentimental, ninguna otra alma tan dolorosamente adelgazada, tan en sangrante carne viva.

El mismo, sincero siempre hasta la exasperación, reconoce este rasgo, cuando escribe en su novela *La sensualidad pervertida:*

103

«... Yo creo tener una sensibilidad más aguzada que el hombre corriente y normal... Soy un ingenuo, un pequeño buscador de almas, un sentimental...»

Y sus comentaristas corroboran su impresión, alejando cualquier posible duda al respecto, a través de opiniones como éstas:

«Baroja es, en el fondo, un gran sensitivo» (Melchor Fernández Almagro).

«Pese a sus maneras, a su aspecto, era Baroja un ser delicadísimo... Cualquier cosa le hería, le trastornaba...» (Sebastián Juan Arbó).

«... su sensibilidad sutil, fina, vibrante...» (Azorín).

«El estudio de su sensibilidad es lo que nos da la clave para entender enteramente a Baroja» (Helmut Denuth).

«Baroja es un sentimental vergonzante» (Salvador de Madariaga).

«Ninguna sensibilidad como la de Baroja, tan abierta a la comprensión de todo lo entrañable» (Miguel Pérez Ferrero).

«En ocasiones, parecía tener la sensibilidad de un niño» (Julio Caro).

«Baroja es tierno, sencillo, afable, humano... Todo en él respira sentimentalismo» (César González Ruano).

¿Cómo se fraguó en el alma barojiana ese fondo sentimental? ¿A qué razones atribuir una sensibilidad tan enervada? ¿En qué sentido, sobre todo, le afectó como causa condicionante de su proceder?

Don Pío nos aclara, en *La intuición y el estilo,* los pormenores del proceso evolutivo de la misma:

«Mi fondo sentimental —escribe— se formó en un período relativamente corto de la infancia y de la primera juventud; un tiempo que abarcó un par de lustros aproximadamente, desde los diez o doce años hasta los veintidós o veintitrés... En este tiempo todo fue para mí trascendental: las personas, las ideas, las cosas, el aburrimiento; todo se quedó grabado de una manera fuerte, áspera e indeleble... Avanzando luego en la vida, la sensibilidad se calmó y se tranquilizó, y después se embotó, y mis sensaciones tomaron el aire de emociones pasajeras y amables, como de turista...»

Por lo que respecta a los motivos que la generaron, debieron influir no poco en ella, además de las leyes genéticas que se la transmitieran racialmente, sus circunstancias familiares ya comentadas; la gran receptividad que desde niño mostrara hacia el dolor; el levítico ambiente del medio en el que transcurrió su adolescencia; la práctica de la Medicina, tan angustiosa y sobrecogedora siempre; el matiz romántico de sus lecturas preferidas, que desorbitaron su lógica tendencia a la imaginación; los tempranos desdenes de que sería objeto por parte de la mujer; y la propensión que en todo momento tuvo por escaparse de la realidad, a la que nunca se logró adaptar, y refugiarse en los dominios oníricos de la fantasía.

Baroja, que arrastraría con esfuerzo el peso de tal sensibilidad, se queja con frecuencia de la magnitud de su volumen.

Así, en *Juventud, egolatría* escribe:

«El hombre debe tener la sensibilidad que necesita para su época. Si tiene menos, vivirá como un menor; si tiene más, como un enfermo.»

En la misma obra puede leerse unos párrafos más adelante:

«Yo estoy convencido de que la vida no es buena ni mala... Es mala para quien tiene una sensibilidad excesiva... Es buena para el que se encuentra en armonía con el ambiente...»

Y muchos años después, en *Familia, infancia y juventud,* vuelve a decir:

«Tenía como una especie de sensibilidad ética que me impedía entrar de lleno en lo sucio, tranquilamente.»

No fue capaz don Pío de evitar la descomposición de su fondo sentimental, que paulatinamente se iría transformando hasta constituir uno de sus mayores motivos de infelicidad. Impurificado por la sensualidad y dominado por la fuerza de la circunstancia, vivió siempre Baroja un poco a expensas de los embates de su emocionalismo, en una postura que determinaría, a la larga, la deformación de su temperamento.

A este respecto, nos cuenta el novelista en *La sensualidad pervertida:*

«En el medio ambiente en que yo me he desarrollado, esta blandura vagabunda y congénita, esta sensibilidad con su agudeza de los sentidos, no podía tener utilidad ni empleo, y se pervirtió, y se convirtió con el tiempo en una sensiblería, en un sentimentalismo perturbador... ¿Cómo y cuándo se convirtió en algo anómalo y puramente cerebral? No lo sé a punto fijo. Hay, sin duda alguna, cierta evolución inconsciente que se realiza de pronto en la oscuridad, y se da uno cuenta de ella cuando ya está realizada. Supongo ahora que mi ficción de insensibilidad era un débil comienzo de la misma, y que después se convirtió en algo más fuerte y habitual.»

La crítica barojiana apenas discrepa del escritor en este punto. Aun más bien refuerza su opinión. Veamos, si no, sus comentarios:

«... La inadecuación entre su sensibilidad y su expresión explica el carácter disperso de Baroja» (José Ortega y Gasset).

«... su sensibilidad casi enfermiza, al choque con el mundo exterior, le obligó a retraerse y a proteger su epidermis con una coraza» (Helmut Denuth).

«Esta sensibilidad fue el factor individual que, unido a otros, motivó, en buena parte, la incapacidad que siempre mostró Baroja en sus relaciones con la sociedad en la que le tocó vivir» (Luis Granjel).

«Su sensibilidad se fue pervirtiendo y limitando... Y de una sensibilidad sin piel pasó a la ficción de la insensibilidad, y —de lo fingido a lo real— a una insensibilidad irónica, crítica, decepcionada…» (Marta Portal).

«… En la infelicidad de Baroja —el niño, el hombre— había mucho de sensibilidad» (Sebastián Juan Arbó).

El sentimentalismo barojiano —«órgano sin revestimiento ni piel, al que cualquier pequeño contacto con la aspereza de la vida hacía daño»— había, pues, de suponerle una de sus más acusadas y dolorosas limitaciones.

SOLTERÍA

Si hay un tema manoseado en la bibliografía actual sobre don Pío, es el relativo a su impenitente soltería, a su casi legendario celibato. Quien más, quien menos, raro es el crítico que no se haya considerado en la ineludible obligación de explicar el porqué de esta limitación —para algunos, la más grave de entre las suyas—, estudiándola tanto desde el punto de vista de sus motivaciones como desde el de sus resultados y consecuencias, y apoyándose en ella para justificar, a veces un tanto alegremente, la casi totalidad de las insatisfacciones barojianas.

Por mi parte, creo que nada tan fundamental para la aclaración de dicho enigma como el intento de dar respuesta a las tres interrogantes siguientes: ¿Pudo y quiso casarse, realmente, Baroja? ¿Qué le impidió hacerlo, en el supuesto de que lo desease? ¿En qué medida afectó, en cualquier caso, esta inhibición a su carácter?

Con respecto al primero de dichos puntos, es necesario convenir en que al novelista no le disgustó nunca la idea del matrimonio, como lo demuestra el hecho (tendremos ocasión de comprobarlo en el capítulo próximo) de que aceptara siempre, gustosamente, cuantas 107 tentativas encaminadas al encuentro de una posible compañera le propusieran sus amigos en distintos momentos de su vida.

Ratificando esta opinión, escribe Arbó:

«... a él no le habría desagradado la idea de casarse; siempre lo deseó... Había soñado con ser dueño de un hogar confortable y esperar allí la vejez con su esposa y sus hijos, mirando la lluvia y el viento detrás de los cristales, con el fuego encendido en la chimenea...»

Y el propio don Pío nos dice en *Las horas solitarias:*

«... me hubiera gustado tener una gran familia viviendo en una granja, en América o en Australia, con una vida amplia, fácil...»

¿Por qué no pragmatizó, entonces, su deseo? ¿Qué razones le retrajeron en el intento de compartir su vida?

Varias son las causas mediante las que explicar su comportamiento. Examinémoslas, una a una, siguiendo los razonamientos del escritor:

Por su aversión a cualquier sometimiento:

«La cuestión es ser independiente; todo, menos convertirse en un animal doméstico... Eso de la domesticidad es cosa que me fatiga» *(La sensualidad pervertida).*

«Si quería vivir con una mujer tenía que casarse, someterse. Es decir, dar por una cosa de la vida toda su independencia espiritual, resignarse a cumplir obligaciones y deberes sociales, cosa que le horrorizaba» *(El árbol de la ciencia).*

Por su incapacidad para individualizar el amor:

«... cuando era joven y quise enamorarme, no llegaba a fijarme sólo en una muchacha... Una mataba la impresión de la otra y, así, no me decidía jamás» *(La ciudad de la niebla).*

Por su miedo a los riesgos de la procreación:

«Las mujeres llamáis egoísta al hombre que no se casa, como si el matrimonio y la procreación fueran unos
108 dioses a quienes hubiera que rendir culto... Yo creo que

la humanidad tiene que tener sus especialistas. Los hombres sanos, fuertes, al amor, a la familia; los hombres raros, al celibato» (*Los amores tardíos*).

« ¡Tener un chico malhumorado, descontento, que se pareciera a mí! ¡Qué cosa más desagradable! » (*Las horas solitarias*).

«... sólo la posibilidad de engendrar una prole enfermiza debía bastar al hombre para no tenerla... El perpetuar el dolor en el mundo me parece un crimen» (*El árbol de la ciencia*).

Por razones económicas:

«Lo único que he hecho es procurarme una pequeña renta. Para vivir una persona, sin grandes aspiraciones, está bien; para dos, en cambio, no sería nada» (*La sensualidad pervertida*).

«... algunos me decían que debía casarme, pero yo no tenía una buena situación para hacer un mediano efecto en una familia de la burguesía...» (*Familia, infancia y juventud*).

Por su ausencia de una auténtica pasión:

«... si yo hubiera sentido una gran pasión larga, me hubiera casado de haber podido hacerlo» (*Familia, infancia y juventud*).

«Mis entusiasmos son como mis constipados: comienzan por la cabeza, siguen por el pecho y después se marchan... Veo, por dentro, que no he querido nunca a nadie» (*Camino de perfección*).

«¿Has querido a alguien con un cariño largo?, me preguntó. No, le respondí, de ese cariño no he tenido nunca» (*La sensualidad pervertida*).

Por su cobardía:

«... si alguien me hubiese dicho: me entrego a usted, me hubiera puesto a temblar» (*Los amores tardíos*).

«El verme dominado por una pasión amorosa era algo que me alarmaba» (*Susana o los cazadores de moscas*).

Por su temor a la inseguridad:

«... no había seguido a la bella irlandesa porque comprendí que seguirla era emprender una vida insegura...» *(El cura de Monleón)*.

«He sido soltero, parte por aprensión y parte por cálculo» *(La busca)*.

«No, no; hay que esperar. Es fácil dejarse llevar por el instinto, pero luego sobreviene la catástrofe» *(El gran torbellino del mundo)*.

Por no haber encontrado nunca una mujer *a su medida*:

«... soy como el hombre que guarda unos duros en el bolsillo y entra en un bazar: lo que le gusta no lo puede comprar, y lo que puede comprar no le gusta. Al final, deja los duros en un cajón o los tira al río» *(La sensualidad pervertida)*.

«... no he encontrado una mujer que me gustara hablar exclusivamente con ella y a ella hablar conmigo» *(El escritor según él y según los críticos)*.

«... él se hubiera casado, pero ¿con quién?» *(El árbol de la ciencia)*.

En relación, finalmente, con la última de las interrogantes planteadas, cabe decir que Baroja lamentaría siempre, en el fondo, el no haberse casado, atribuyendo al destino, unas veces, y a su propia cobardía, otras, la responsabilidad de tal limitación, como puede deducirse de los textos siguientes, en los que no es difícil advertir la profunda tristeza del novelista:

Así, en *La sensualidad pervertida*:

«... mis intentos de llegar a ser un hombre de familia, un hombre de subordinación, me han salido mal.»

En *El escritor según él y según los críticos*:

«Muchos escritores fundaron una familia. Yo quedé solo, como era mi destino de individualista y de maníaco-depresivo.»

Y en *Aventuras, inventos y mixtificaciones de S. Paradox*:

«... le llenaba a veces de tristeza el pensar en su

existencia sin objeto, en el gran error suyo y en su gran cobardía de no haber constituido una familia.»

¿Es, sin embargo, la soltería barojiana sinónimo de castidad? ¿Tuvo el escritor en algún momento de su vida acceso a la mujer? ¿Cómo satisfizo don Pío sus más apremiantes exigencias sexuales?

No caben en este tema, lógicamente, las afirmaciones categóricas y, mucho menos aún, las dogmáticas. Baroja, tan explícito otras veces, no nos confirma, por otra parte, expresamente al menos, tan controvertido enigma. Parece ser, no obstante, por lo que se deduce de sus continuas alusiones y elusiones sobre el particular, que su castidad fuese total, aunque de la consideración de alguna de sus experiencias (relatadas en el capítulo siguiente) pueda advertirse una opinión contraria.

En *La sensualidad pervertida* escribirá:

«... Para mi ideal de independencia, la cuestión sexual era una imposibilidad. ¿Cómo resolverla? O hay que tener dinero, y yo apenas lo tengo, o sumisión, cosa ésta que me repugna...»

Antes, en *Camino de perfección,* protagonizaría en la figura de Fernando Ossorio el siguiente diálogo:

«—Es una casa de muchachas alegres. ¿Vamos?
—No.
—¿Has hecho voto de castidad?
—¿Por qué no?»

A Ruiz Contreras le contará en una carta, fechada en Valencia:

«... de mujeres, nada; parezco capado; tengo miedo a unas, por bacilo Lutsgarte; a otras, por *bacilus suegris coyundarum...*»

Y en *Juventud, egolatría* dirá finalmente:

«... hubiese preferido ser impotente... El sexo no es más que una fuente de miserias, de vergüenzas y de pequeñas canalladas.»

Sus críticos coinciden en señalar la más que pro- 111

bable autenticidad de la castidad barojiana. Recordemos algunas de sus opiniones:

«Don Pío nunca se divirtió, nunca se sintió gregario, y hasta creo que nunca conoció mujer en el sentido bíblico...» (Tomás Salvador).

«... con las varias mujeres que le ilusionan, le interesan o le atraen, se inhibe. Llegado el caso, no quiere franquear la frontera de la mujer: su físico... No sabe alcanzar ese universo íntimo y último de ella...» (Marta Portal).

«... prefiere renunciar y recogerse en una castidad forzosa, aunque ello —así piensa— pueda suponerle la enfermedad, el desequilibrio» (Luis Granjel).

Sólo le quedó, pues, a don Pío el recurso del amor sórdido y de la imaginación para responder a los imperativos de la carne. Por eso pienso que no es descabellado advertir en el onanismo y la fantasía parte de la base de su neurastenia.

TIMIDEZ

Continuando el orden alfabético que ha presidido esta relación, nos enfrentamos ahora con la última gran limitación de Baroja —la timidez—, sobre la que no existe controversia alguna, como no sea en orden a la duda que surge en torno a la averiguación de si su naturaleza procedía o no de una raíz patológica.

Don Pío fue un hombre tímido, vergonzoso, apocado y encogido. Nada hay en él ni en sus manifestaciones que nos hable de audacia, de valor, de decisión. En este punto puede asegurarse que es casi un enfermo, un ser sin energía, incapaz siempre de contener el rubor y vacío de la más mínima osadía.

La crítica no deja, en sus comentarios al respecto, 112 lugar alguno a la duda. Comprobémoslo:

«Baroja es un anarquista tímido y goloso» (Francisco Umbral).

«... es más bien un sentimental que se niega a dar salida a sus sentimientos, en parte por orgullo, en parte por timidez...» (Salvador de Madariaga).

«... decididamente tímido...» (Eduardo Tijeras).

«... es un hombre sensible, compasivo y hasta tierno; con una ternura tímida y vergonzante...» (Eugenio de Nora).

«... se sentía desvalido y tímido...» (Sebastián Juan Arbó).

«El ensayo ocasional de realizar en sí mismo el tipo ideal de *dandy* se estrelló contra su invencible apocamiento» (Helmut Denuth).

«... su timidez y su embarazo...» (Rafael Sánchez Mazas).

«Baroja es un tímido fisiológico, un hombre cuya capacidad de osadía no salió jamás de su cabeza» (Camilo José Cela).

«... es un tímido, algo muy melancólico...» (José Ortega y Gasset).

«... el amor (de Baroja) se exterioriza en timidez, en torpeza y en inmotivados sonrojos...» (Miguel Pérez Ferrero).

«... la hiena es tímida como Pío Baroja...» (Corpus Barga).

«... ese retraimiento, tantas veces oculto bajo su rebuscada hosquedad, nunca deja de aparecer como factor modelador de su personalidad» (Luis Granjel).

«... timidez sexual, envaramiento orgulloso...» (Marta Portal).

Convencido de tan desorbitada cortedad de ánimo, Baroja, sincero e impenitente portavoz de sus propias restricciones, no se recata de airearla, concretándola, como en otras ocasiones, en varias de sus contrafiguras literarias, en las que tanto gustó de desdoblarse. Veámoslas manifestarse:

Pepita a José Larrañaga, en *Agonías de nuestro tiempo:*

«¡Ah, esta timidez tuya, que te ha fastidiado a ti y nos ha fastidiado a los que te tratamos!»

Javier Olarán, en *El cura de Monleón:*

«... la irlandesa puso su mano sobre la del cura. Javier se puso rojo y luego palideció...»

Silvestre, en *Aventuras e inventos de Silvestre Paradox:*

«Tenía una mirada luminosa, de una sátira tan punzante, que Silvestre la miraba, sin verla, y cuando la sentía, se ruborizaba como un doctrino.»

Fernando Ossorio, en *Camino de perfección:*

«... recordaba a una muchacha de pelo rojizo y ojos ribeteados, a la cual no se atrevía a mirar...»

Miguel Salazar, en *Susana o los cazadores de moscas:*

«... soy un tímido... Si tengo algún entusiasmo, lo guardo o lo oculto cuanto puedo...»

Andrés Hurtado, en *El árbol de la ciencia:*

«—Me hace usted mucha gracia —dijo ella, de pronto, riéndose con una risa que le daba la expresión de una alimaña.

—¿Por qué? —preguntó Andrés, enrojeciendo súbitamente.»

Luis Murguía, en *La sensualidad pervertida:*

«... hay días que con la sola idea de cruzar ante la mirada de estas damas me entra una timidez...»

Y ya el propio Baroja, en sus *Memorias:*

«... quizá, a fuerza de timidez, hubiera sido capaz de hacer alguna barbaridad o algo de gran bravura...»

Yo, que no creo en la existencia de ninguna perturbación patológica mediante la que explicar dicho retraimiento, tengo que reconocer, sin embargo, que la timidez barojiana rebasa los límites naturales del mero embarazo. Porque si es cierto que el rubor que tan frecuentemente le colorea el rostro pudiera deducirse de la excesiva dilatación de sus vasomotores, la vacilación que preside la totalidad de sus contactos humanos —en relación, sobre todo, con las mujeres—, no es, en cambio, corriente en un hombre, como él, tan habituado al trato social y tan obligado, dada su dimensión pública, a desenvolverse con igual seguridad que confianza.

¿Orgullo? ¿Cobardía? ¿Desconfianza? ¿Pudor? Probablemente, la respuesta estribe en la adición de unos y otros sumandos, a los que habría, además, que añadir esa «puericia latente», de la que habla Ortega, y que hace de él, en tantos momentos, algo así como un colegial asustadizo, temeroso ante la proximidad de la primera cita.

Revisada ya la imagen psicofísica de Baroja y examinadas, siquiera brevemente, las limitaciones que determinaron los esquemas esenciales de su comportamiento, queda ahora por considerar la incidencia con que tanto aquélla como éstas actuaron sobre el subconsciente del novelista, modificando el tono de su naturaleza emocional y obteniendo de su alteración unas respuestas que, si positivas, habrá que entender como señales de equilibrio, y si negativas, como síntomas de acomplejamiento.

116 Tres son las preguntas de formulación obligada al

estudiar tan aristado punto. La primera de ellas —¿llegó don Pío a conocer sus propias restricciones?— nos situará en disposición de saberle plenamente consciente de su inmusculatura. La segunda —¿cómo hubiera, por el contrario, deseado ser?— mostrará al descubierto el hondo abismo existente entre sus ideales y la realidad de su vida. La tercera —¿afectó realmente al escritor su natural limitación?— ayudará a desentrañar la duda nacida en torno a la posible presencia en Baroja de un complejo de inferioridad.

Está fuera de toda duda —comencemos por anotarlo— que el novelista fue un hombre pendiente en todo momento de sí mismo, tanto en lo relativo a la observación de su físico como en lo referente al estudio de su carácter.

Así, en *Las noches del Buen Retiro* puede leerse:

«... una de sus manías mal disimuladas era la de mirarse en los espejos y en los escaparates de las tiendas. En las lunas de los cafés se estaba estudiando constantemente. Llevaba también un espejito en el bolsillo para verse...»

Y en *La sensualidad pervertida* escribe:

«... me examinaba mucho, física y moralmente...»

¿Cómo se vio, no obstante, en sus continuas prospecciones? ¿Cuál fue exactamente la imagen que le devolvió el espejo?

«Cuando me miraba en el espejo —nos dirá— torcía el gesto. No se podía decir de mí que fuera un hombre desagradable, pero sí que era borroso y sin ningún carácter... No tenía nada de donjuanesco ni de byroniano, nada en mi aspecto de agudo, de cortante, de decidido. Al revés; era un tipo indeciso, vacilante, de aspecto cansado... Reconocía, mal de mi grado, que no era un tipo de los que impresionaban a las mujeres y sobre todo a las españolas.»

Y ya desde el recuerdo —en el epílogo de *La sensualidad pervertida*— revivirá así su figura juvenil:

«... no tengo una opinión clara sobre mi físico de entonces, pero parece que la opinión femenina no era muy favorable...»

No menos que su figura preocuparían al escritor su personalidad y su carácter, sobre los que tampoco pudo nunca emitir una opinión demasiado optimista:

En *El escritor según él y según los críticos* nos dice:

«... no me he creído jamás un buen tipo moral...»

Este juicio lo ampliará en *El mundo es ansí,* al escribir:

«... yo me quedé avergonzado... Era el convencimiento de mi falta de gracia, de interés y de amenidad...»

Y en *La sensualidad pervertida* apuntará finalmente:

«... de creerme un tipo interesante, como me creía en la infancia, pasé a pensar que era un personaje sin ningún carácter...»

El convencimiento de sus limitaciones y la desilusión crecida en torno al mismo agudizarán en don Pío, por efecto de un sencillo mecanismo de compensación, el deseo de ser interesante. Y así, contra la opinión de algunos de sus críticos —Cela, entre ellos—, buscará Baroja, al menos en su juventud, el modo y la forma de llamar la atención, la manera de concitar sobre sí el interés de los demás, abundando en el juicio de Madariaga, según el cual el escritor «gustó durante mucho tiempo de asombrar a las gentes».

A este respecto, escribirá en sus *Rapsodias:*

«... mi preocupación era escapar a las condiciones corrientes y vulgares de la vida..., mostrarme diferente...»

Y en *La sensualidad pervertida* pondrá en boca de Luis Murguía la tan significativa confesión:

«... me asaltó una verdadera enfermedad de amor propio y de egotismo: la aspiración de ser interesante a toda costa; pensaba grandes extravagancias y si no las
118 realizaba, era porque no me decidía a ello; pero estaba

siempre cavilando algo con el solo fin de llamar la atención... Hubo día que anduve cojeando; suponía, sin duda, que la cojera era un gran procedimiento para atraer las miradas hacia mí...»

No logrará, sin embargo, sus propósitos. Y esa figura idealizada, por la que tantos éxitos hubiese sacrificado, pasará a convertirse para él en un martilleo obsesivo, generador de su rebeldía, primero, y su amargura, luego. Martilleo éste al que únicamente los años apagarán el eco, mudándolo en silente resignación.

¿Cómo hubiera querido entonces ser don Pío? ¿A qué patrones, físico y moral, habría deseado acomodar su imagen, concretar su retrato?

En uno de los volúmenes de sus *Memorias* detallará así sus ambiciones espirituales y humanas:

«... tener un poco más de energía y una sensibilidad menos acusada...»

Sus preferencias en cuanto a la elección de un posible modelo físico las expondrá, a su vez, en *La sensualidad pervertida*.

«... me hubiera gustado ser un tipo flaco, moreno, esquelético y esquinado, porque las mujeres que conocía tenían como una gran cosa al tipo cenceño, con el pelo y los ojos negros...»

La inadecuación entre la realidad y el sueño, entre lo imaginado y lo advertido, llevará al escritor a una profunda y completa decepción, que exteriorizará, según las circunstancias, con amargura, rabia o conformismo.

En *El mundo es ansí,* escribe:

«... mi falta de atractivo me avergonzaba..., en algunos momentos llegó a constituir mi mayor desilusión...»

Dirá en *La sensualidad pervertida:*

«... me sentía humillado por mi figura..., me fastidiaba no ser esbelto y no tener un aspecto acusado...»

A Granjel le confiesa en una carta:

«... me hubiera gustado ser muy distinto a lo que 119

soy..., pero está en uno en el final y hay que aceptarlo con serenidad...»

Y en *Canciones del suburbio* versificará, ya al filo del ocaso, la insolidaridad sentida hacia su imagen:

> «... *Yo quisiera abandonar*
> *mi nombre, mi cuerpo y tipo;*
> *quisera olvidar mi cara,*
> *quisiera cambiar de oficio,*
> *no conservar ni los restos*
> *de este endemoniado físico,*
> *ni de mi sustancia interna,*
> *ni de moral ni de estilo,*
> *Y Canto o Cantón quisiera*
> *ser, mejor que Cantillo...»*

Esta íntima insatisfacción adquirirá en él proporciones desoladas al considerar la impresión que su figura produce en la mujer. Comprobémoslo.

En *Las horas solitarias:*

«... el que no es rico ni guapo, no es nada..., no se le acepta ni siquiera como mero comparsa...»

En *Galerías de tipos de la época:*

«... aquellas muchachas se burlaban de mí..., me llamaban calvo, viejo y nariz de porra...»

En *Familia, infancia y juventud:*

«... no tenía ningún éxito con las mujeres..., carecía de todo lo que a ellas puede interesarles en un hombre...»

En *La sensualidad pervertida:*

«... ¡no tengas cuidado!, le aseguré..., ¿quién crees tú que va a enamorarse de una persona como yo...»

En *Agonías de nuestro tiempo:*

«... se quiere tener prestigio entre las mujeres, pero las mujeres no sienten como uno..., ellas estiman casi siempre en el hombre lo que él no estima...»

En *Pequeños ensayos:*

«... como no era apuesto ni tenía habilidad ninguna, tuve que conformarme con estar en un discreto segundo término...»

En *El nocturno del Hermano Beltrán:*

«... ¿tengo yo acaso el tipo de un conquistador?, le pregunté... No, me contestó ella.»

En *Camino de perfección:*

«... las mujeres —y me señaló unas muchachas que pasaron riendo y hablando a nuestro lado— no nos miran... Somos tristes, somos viejos también, y si no lo somos, lo parecemos...»

Baroja concretará la filosofía del triunfo en la apostura, en la fuerza, en el carácter abierto y acusado. La inteligencia apenas cuenta, según él, en el amor. Las mujeres exigen petulancia, osadía, temperamento, sensualidad... Fuera de eso, todo les da igual, todo les resulta una nimiedad.

Es por eso que escribirá en sus *Memorias:*

«... la receta para que las mujeres hagan caso de un hombre es sencillísima: consiste en ser joven, fuerte, guapo y bien plantado. Todo lo demás, hablar o no hablar, galantear o no galantear, es accesorio...»

Careciendo, sin embargo, de tales caracteres y viéndose en la imposibilidad de conseguirlos («no hay gimnasia ni procedimiento capaces de cambiar el espíritu del hombre»), no le quedará ya al novelista otra solución como no sea el conformismo. Una resignación, nacida de la toma de conciencia de su debilidad, que le hará escribir en *Camino de perfección:*

«Unos nacen para búhos, otros para canarios. Nosotros somos búhos o cornejas, y no debemos, por tanto, intentar cantar.»

Y que poco tiempo antes le había hecho ya poner en boca de Silvestre Paradox la siguiente confesión:

«... mi filosofía es la propia de un hombre que se resigna...»

¿Podemos, sin embargo, entrever en esta sensación 121

de nimiedad, en esta postura de resignación, en esta incapacidad para superar sus propias limitaciones, la sombra de un auténtico complejo de inferioridad? ¿Responden, realmente, sus exabruptos, sus displicencias, su malhumor, su tendencia al dogmatismo, su *vinagre* a una necesidad de encubrir la desconfianza que le impone su misma debilidad? ¿Fue, en cualquier caso, don Pío un verdadero acomplejado?

La bibliografía barojiana no alumbra demasiada luz al respecto. La patología del escritor es, hoy por hoy, la gran laguna de su crítica. A Baroja lo hemos contemplado desde el prisma de la anécdota, desde la óptica de la exégesis literaria, pero nunca desde un punto de vista clínico. Psíquica y fisiológicamente es todavía un desconocido, un misterio por descubrir. Lo poco que sobre su alterada naturaleza psicosomática conocemos nos ha llegado a través de sus opiniones, de su constante y continua voluntad de introspección. Sus biógrafos, devotos hasta el apasionamiento, se han quedado en lo afectivo, en lo entrañable, en lo convencional; nos han dado la imagen de un hombre sano, normal y casi han olvidado —¿distracción, respeto?— la existencia de la Medicina en el trance de analizar sus más íntimas reacciones.

Las valoraciones críticas sobre este punto carecen, por consiguiente, de cualquier tipo de rigor científico. Son puras deducciones hilvanadas al hilo de una visión panorámica de su figura. Y ni Ortega cuando niega el complejo, Owens cuando lo afirma, o Granjel y Dolores Medio cuando lo sugieren pasan de ofrecernos un juicio personal, sin otra apoyatura que la de su propia reflexión, condicionada, además, por la distinta posición en la que se colocan al juzgarlo.

Mientras llega ese estudio que contemple al microscopio la totalidad de los latidos psíquicos del novelista y deduzca de los mismos el conjunto de sus *proyeccio-*
nes más significativas (no creo necesario insistir en se-

ñalar que esta monografía apenas rebasa los propósitos de una aproximación a su imagen), bueno ha de ser resumir los sucesivos pasos que configuran el proceso de su *concienciación* personal, relación en la que ya se advierten los fundamentos básicos que han de regir la involución progresiva de su sensualidad. Son estos:

1) Voluntad de desarrollar su *yo* mediante el normal encauzamiento y la correlativa satisfacción de su masculinidad.

2) Manifiesta decepción ante el escaso eco despertado por su dimensión varonil, lo mismo a nivel social que sexual.

3) Frustración espiritual tras sus fallidas pretensiones por acomodar su imagen a las exigencias del entorno.

4) Vivencia cerebral de lo erótico, condicionada por su irreversible temor al goce físico y sensorial.

5) Utilización del improperio como mecanismo de compensación con el que satisfacer el desdén que le procura su inadaptación.

6) Nacimiento de una filosofía resignada, de corte estoico, en la que se disfrazan las ilusiones perdidas.

Estoy plenamente convencido de que, a la luz de los citados datos, cualquier psicoanalista clásico —desde Adler a Joung, pasando por Freud— no dudaría ni un instante a la hora de advertir como patológica la naturaleza barojiana. Pero pienso, también, que muy pocos de sus apologistas encontrarían serias dificultades por lo que se refiere a demostrar su perfecta higiene mental. Los caminos del alma son todavía inescrutables. Y es posible, en verdad, que resulte tan fácil —e incluso tan demostrable— encorsetar a don Pío entre las varillas de un probable complejo de inferioridad, como liberarle de sus servidumbres y limitaciones.

No obstante —y con independencia de que el lector extraiga sus propias deducciones— quiero abundar en la presencia, dentro de la contextura espiritual del novelista, de tres constantes nítidamente definidas —la 123 impotencia, la rebeldía y la resignación— con las que, indudablemente, será preciso contar en orden a dejar visto para sentencia el presente dilema.

En relación con la primera de ellas —la impotencia— escribirá Baroja en sus *Canciones del suburbio:*

> «...*Soy como el agua del río,*
> *que como nunca se para,*
> *no deja más que rumores*
> *por los sitios donde pasa.*
> *No fertiliza los campos*
> *ni produce en su oleada*
> *más que parásitas hierbas,*
> *jaramagos y espadañas...*»

Sobre la segunda —la rebeldía— le hará decir a Luis Murguía en un pasaje de *La sensualidad pervertida:*

«... Si el mundo hubiese sido una bola de cristal, muchas veces la hubiera roto de un puñetazo o de una patada...»

Y aludiendo finalmente a la tercera —la resignación— puede leérsele en uno de los volúmenes que componen su trilogía *Agonías de nuestro tiempo:*

«... Pronto pensé que mi vida no tenía ya remedio y que había que ir pasándola malamente entre el fastidio y la tristeza... Nada cabía hacer sino resignarse y aceptar los designios del destino... Mi vida ya tenía su etiqueta, una etiqueta que decía: ¡Se acabó! ...»

NOTAS PARA
UNA APROXIMACION
SENTIMENTAL A BAROJA

Desde Pfander a Fromm, pasando por Ortega, prácticamente todos los tratadistas del Amor han coincidido en reconocer el valor minimizador que el uso del plural confiere a tal concepto, desvalorizando su sentido hasta el extremo de que entre los términos *Amor* y *amores* haya no tanto una diferencia cuantitativa o numérica como una efectiva disimilitud de calidad.

Dicha teoría, comprensible de otro lado por estricta y simple lógica, atribuye, así, al vocablo *Amor* —en singular y con mayúscula— el alcance de *razón primera* 127 *y base privada de toda acción positiva en nuestra vida* y sólo concede, en cambio, a la noción *amores* —en plural y con minúscula— la estimación de *leves anécdotas afectivas* que, si bien pueden llegar a alterar los esquemas sentimentales del individuo, en absoluto condicionan su esencialidad misma.

Referida ahora la antinomia a las relaciones *hombre-mujer,* entenderemos fácilmente que cuando ésta se constituye en motor íntimo del ser de aquél, el hombre está enamorado o, lo que es igual, reintegrado a su primitiva entidad bisexual, en tanto que cuando la mujer únicamente supone una ilusión deseable y no existe, consecuentemente, la necesidad de la reintegración, el *yo* masculino permanece inalterable, sin fundirse en la otra mitad de su totalidad, sin identificarse en plenitud con el objeto deseado, limitándose a vivir una experiencia, una aventura, por muy vivo, sano y firme que sea su deseo de posesión.

¿Y Baroja? ¿Cómo entendió realmente el amor? ¿Cómo un fin en sí mismo? ¿Cómo un medio a través de cuyo cauce satisfacer su masculinidad? ¿Cómo una terapia con que combatir ese egoísmo suyo que acabaría condenándole al ostracismo? ¿De qué modo, por qué caminos y mediante qué sistemas se acercó a la mujer? ¿Llegó a estar, en verdad, enamorado? ¿Qué signo, o signos, presidieron el discurrir de su biografía sentimental? ¿Fue, en fin, un amador monolítico, al modo unamuniano, o, por el contrario, un simple «amante» como la gran mayoría de sus contemporáneos, fieles tan sólo a lo que Ramón Gómez de la Serna denominó —probablemente mientras se contemplaba en el espejo— «su absorbente y celoso amor propio»?

Quien conozca las confesiones sentimentales de don Pío convendrá en su escaso valor aclaratorio. El novelista, tan explícito en otras ocasiones, no nos alumbra en ésta los recovecos más oscuros de su intimidad. Falta en el relato de sus *encuentros,* si no la sinceridad, la

128

inducción psicológica, el autoanálisis, la disección del propio sentir. Y sobra, en cambio, el pintoresquismo, la anécdota, el detalle superfluo y marginal. Sin mentir, no cuenta toda la verdad. Y el Amor —*su* amor— queda, como concepto y como vivencia, un tanto ensombrecido, desdibujado, impreciso, sumido en una etérea y difusa ambigüedad, como si el escritor temiera rebajar su valor, desvirtuándolo, al tener que aplicárselo a sí mismo.

Con las mujeres sucede algo parecido. Como si de puras ensoñaciones se tratase, desfilan por su vida —o, mejor, por su vista— sin abonar apenas un indicio que permita fijar su valoración individual. ¿Cuál, si no, de entre ellas dejó en el alma de Baroja un rescoldo de afecto o de pasión? ¿Cuál, con su negativa o su desdén, hirió con más hondura la sensibilidad del novelista? ¿Cuál pudo, finalmente, sustraerlo de su destino errabundo y solitario? Ni él nos lo dice ni nosotros podemos advertirlo. ¿Todas? ¿Ninguna? Casi imposible adivinarlo. Sólo son sombras y, como tales, se escapan de la interpretación real a que pudiéramos someterlas.

Y ya en la consideración de su biografía emocional, ¿no es su postura inhibitoria ante el amor, su renuncia al disfrute de la vida compartida, más una justificación de su indomable independencia que un resultado de sus continuas decepciones? ¿Hubiera sido capaz don Pío de trasmutar el *mío* por el *nuestro?* ¿No es demasiado frágil pretender achacar su inadaptación a los condicionamientos del medio, a la poco elástica moral del ambiente, cuando otros hombres con una sensibilidad parecida a la suya, e incluso más hiperestésica, consiguieron acomodar sus sentimientos? Y en cualquier caso ¿no estructuró el novelista los diagramas de su felicidad sobre la base de su robinsonismo voluntario?

Si bien mi tesis acerca de su talante emocional casi no alberga duda alguna (Baroja fue un tímido fisiológico, temeroso del goce sensorial, víctima de un indudable complejo de inferioridad y lo suficientemente 129 egoísta como para negarse cualquier ilusión afectiva, que pagó con la soledad su independencia), no quiero negar al lector la posibilidad de que sea él mismo quien, leyendo entre líneas, deduzca por sí solo el conjunto de matices que conforman el esqueleto sentimental barojiano. Y, para ello, no acierto a ver otro camino que el de retrotraerlo a su andadura y aproximarlo a su palabra, proyectándole, a la manera de las modernas diapositivas, la colección de instantáneas que iluminan su vida sensorial, desde aquella primera ilusión que le agitó en Pamplona hasta la última nostalgia que sintiera, ya a las puertas del adiós definitivo, en su pisito de Ruiz de Alarcón.

Sirvan, pues, estas *notas,* espigadas de entre sus innumerables confesiones, como un intento de aproximación a la imagen sentimental de don Pío, además de como una base en la que poder apoyarnos a la hora, ya próxima, de dilucidar la evolución continua y progresiva de su sensualidad.

Baroja va a vivir entre los doce y los veintiocho años su etapa más esperanzada, sus días de más viva, profunda y espontánea ilusión. Curioso y tierno, sincero y generoso, rebelde y soñador, todo tiene a sus ojos el aliciente de lo desconocido, el poderoso apelativo de lo *por descubrir*. De su padre ha heredado un alma idealista y bohemia, un regusto por la acción en sí misma, unos sueños de empedernido e incansable andador. De su madre, un espíritu limpio y reservado, una sinceridad sin límites y una acusada y esquiva timidez. De su 131 pasado racial, un sentido de la independencia refractario a todo tipo de vasallaje y servidumbre. Y con ese bagaje, al que su adolescencia pone una nota de ingenuidad amable y confiada, emprende una andadura de la que aguarda multitud de vivencias, sorpresas y emociones.

La mujer adquirirá muy pronto, ante él, inesperadas y sugerentes dimensiones. La cristalización de las facetas sentimental y erótica de su carácter la han traído al primer y más urgente plano de sus apremios personales. Le seducen su ritmo y su figura; le asombran sus fáciles y poderosas intuiciones; le conmueven su delicada ternura y su apariencia etérea, y, sobre todo, le electrizan las suaves insinuaciones de sus gestos, la sencilla mecánica que imprime a sus acciones, ese efluvio sensual que desprende y que él, sin entender aún, ya siente. Rota súbitamente su hasta entonces tranquila somnolencia, la sensualidad se le despierta inundándole de una inquietante desazón que tira de él para acercarlo a ella.

Pero también, casi en seguida, tendrá ocasión el joven Pío de advertir la falta de atracción que le acompaña, el escaso interés con que se acoge su presencia. Y sus *encuentros,* salpicados de burlas y desdenes, irán paulatinamente desmontando aquellas esperanzas de pocos días antes y sembrarán en él una desconfianza que, unida a su timidez fisiológica y su desmedido orgullo, le impedirá la consumación de cualquier empresa sentimental y terminará por abocarle a ese estado de insolidaridad y misantropía que le será ya propio durante el resto de su vida.

De ese tiempo de esperanza y decepción conjuntas, en el que la emocionalidad barojiana intentará inútilmente hallar un cauce por el que vaciarse, son claro testimonio las siguientes confesiones del novelista, que, ordenadas al hilo de su biografía, he creído oportuno reunir para facilitar la comprensión del mismo:

1885. PAMPLONA.

«A pesar de no haberlo previsto, me entusiasmé cuando tenía trece o catorce años con una chica de la vecindad, Milagritos, una muñequita rubia con unos rizos y unos tirabuzones dorados, a la que encontraba en la escalera y saludaba confuso, mientras ella me contestaba riendo.

Milagritos tenía doce o catorce años y solía mirarme en el paseo de una manera muy burlona. Una amiguita suya me preguntó por qué no me atrevía a acompañarlas por el Paseo de Valencia; pero lo cierto es que, aunque lo deseaba con fervor, no me decidía.»

1886. PAMPLONA.

«También estuve semienamorado de otra muchacha de más edad que yo, con los ojos ribeteados, que se asomaba a un balcón de una de las calles por donde yo iba al Instituto.»

1886. PAMPLONA.

«El último año de mi estancia en Pamplona tuve, asimismo, un gran entusiasmo por una señora joven, que se mostraba muy coqueta y, al mismo tiempo, muy indiferente.»

1888. SAN SEBASTIÁN.

«Solían ir a visitar a mi tía Cesárea dos o tres muchachas que, según ella, habían sido compañeras de mis juegos de infancia. Una era muy bonita, y las otras, si no guapas, tenían al menos la frescura de las muchachas en los albores de la juventud.

Estaba yo en esa edad en que todas las mujeres gustan a uno: las bonitas, las feas, las solteras, las casadas, las niñas y las viejas.

Las chicas aquellas, compañeras de la infancia, me manifestaron un desdén que, a la larga, me produjo indignación. Si les hacía una pregunta, me respondían por compromiso y con aire fastidioso: "sí" o "no", como si no valiera la pena ocuparse de lo que se les decía.

Sin duda, no creían que mereciese la pena el fijarse en un joven si éste no era rico o elegante.

Como en San Sebastián ya no tenía amigos y las chicas que conocía desde hacía tiempo se mostraban tan desdeñosas conmigo, la estancia comenzó a serme aburrida y empecé a acariciar la idea de regresar a Madrid.»

1889. MADRID.

«Ruidavets y yo íbamos todas las noches al Retiro. Oíamos cantar óperas antiguas y operetas, interrumpidas por los gritos de las gentes que pasaban dentro del vagón de una montaña rusa que cruzaba el jardín; seguíamos a las chicas y, a la salida, nos sentábamos algunas veces a tomar horchata en uno de los puestos del Paseo del Prado.»

1890 (?). MADRID.

«Una noche, Bustamante, Coll y yo, con la blusa de internos recogida hasta la cintura, fuimos a una buñolería de la calle de Santa Isabel. Estábamos sentados, cuando se presentaron dos muchachas elegantes. Eran dos cómicas del Teatro de Variedades.

De estas dos cómicas, una tendría cerca de los treinta años; la otra era una niña. Bustamante, Coll y yo comenzamos a hablar con ellas y a hacer alarde de nuestra vida de internos y de que hacíamos autopsias en la sala de disección.

Yo charlé por los codos de operaciones cruentas, sin duda un poco excitado por el alcohol, y en esto, la muchachita, Pilar, me dice con su lengua de trapo: "Llevas una vida muy dura. Si quieres, deja el trabajo y ve a mi casa; vivo en la calle de la Libertad, número tantos. Ahí tienes la llave de la casa. Espérame." Y me entregó la llave.

Yo me quedé asombrado. Un momento después, la de más edad de las dos cómicas me dijo en un aparte: "Deme usted la llave que le ha dado ésa. No le haga usted caso. Con las novelas que lee está chalada".

Desde entonces, nunca ha vuelto a ocurrirme nada parecido.»

1890. MADRID.

«Al comenzar el cuarto año de carrera, se le ocurrió a Venero que asistiéramos a un curso de enfermedades sifilíticas y de la piel, que daba el doctor Cerezo en el Hospital de San Juan de Dios. Venero nos invitó a Ruidavets y a mí a que le acompañáramos.

Para un hombre excitado e inquieto como yo, el espectáculo tenía que resultar deprimente. Las mujeres eran de lo más caído y miserable. Ver tanta desdichada sin hogar, abandonada en una sala negra, en un estercolero humano, comprobar y evidenciar la podredumbre que acompaña a la vida sexual, produjo en mí una angustiosa impresión.»

1890 (?). MADRID.

«Yo, en Madrid, miraba como tipo de la mujer inútil, haragana, embustera, erótica y ansiosa a una señorita de la vecindad que se llamaba Lola. Lola era una mujer morena, verdosa, con la cara llena de polvos de arroz; inmediatamente que veía algún joven y hablaba con él, se derretía y perdía el decoro; siempre estaba en el balcón mandando una carta a uno y a otro. A su padre y a su madre los trataba mal, con una aspereza y un des- 135 dén tales, que sublevaban. Tenía un entusiasmo por los ricos que llegaba a la vileza.

Yo creía entonces que este tipo de Lola era una excepción del género femenino; después, pensaba que era una variedad, y hoy creo que es casi el género entero.»

1890 (?). MADRID.

«Lulú era una muchacha graciosa, a quien conocí siendo yo estudiante, con un condiscípulo de esos que al mismo tiempo son amigos y enemigos.

Tenía los ojos verdes oscuros, sombreados por ojeras negruzcas; la frente pequeña; la boca grande, de labios finos, y la cara pálida, de mal color. Tenía una cierta gracia, picardía e ingenio; pero le faltaban la ingenuidad, la frescura y la candidez.

Yo hablaba bastante con Lulú. Y ella se reía de lo que le contaba.»

1893. VALENCIA.

«Al anochecer, pasaban unas muchachas que trabajaban en una fábrica y me saludaban con un "adiós" un poco seco y sin volver siquiera la cara para mirarme.»

1894. VENTA DE BAÑOS.

«Había salido en un vagón de tercera, en el cual los departamentos estaban separados unos de otros por los asientos, como en algunos tranvías, y que dejaban un espacio de medio metro entre ellos y el techo. Marchaba yo en compañía de unos criados de alguna casa aristocrática que iban a Las Fraguas, pueblo de la provincia de Santander, donde, sin duda, los amos tenían posesiones.

Entre los criados había una doncella que era de Azcoitia, una muchacha muy rubia y muy bonita.

A medianoche, el departamento de al lado se vació en una estación. Yo me asomé, vi que no había quedado nadie y pasé a él saltando por encima del respaldo del asiento. Después invité a la chica azcoitiana, y la ayudé para que pasara al otro lado. Nos quedamos en este departamento los dos solos. Debía de ser el trozo de viaje entre Burgos y Venta de Baños, y al amanecer. El tren corría sin pararse apenas en las estaciones.

Permanecimos en el departamento durante dos o tres horas. Por las ventanillas del vagón se veía la luz de la Luna, que iluminaba el campo. Yo le canté a la chica una canción vascofrancesa:

«*Eres encantadora, bonita y joven. Mi corazón no te quiere más que a ti.*»

Ella contestó con otro zortzico cantado con gracia, llamado *Nere sanarra,* con una pronunciación como de pájaro:

«*Mañana hace un año entero que me casé; quitando un día sólo, el resto del tiempo me ha pesado.*»

Yo tenía veintiún años y ella dieciocho o diecinueve. Hablamos de muchas cosas, recordamos otras canciones y llegamos sin malicia, con ingenuidad y con romanticismo desbordado, hasta pensar en casarnos. Ella me contó su vida y yo le conté la mía. Yo estaba entusiasmado.

En esto, llegamos a una estación. Uno de los criados abrió la portezuela del departamento y le dijo a la muchacha que no estaba bien que siguiera tanto tiempo allí y que fuera donde los demás.

Yo, naturalmente, no tenía autoridad ninguna para oponerme, y me quedé solo, y me tendí en la dura madera del banco.

Al poco tiempo, oí que uno de los criados hablaba, 137

sin duda, con la muchacha y la recriminaba. Quizá era su pretendiente. Por su acento, parecía asturiano.

Oí decirla que aquél tipo —sin duda, se refería a mí— no había hecho más que contarle mentiras; que no era lo que decía, es decir, que yo no era médico, ni vasco ni joven, sino, seguramente, un rata de Madrid que había querido embaucarla para averiguar quiénes vivían en la casa de Las Fraguas, e ir por allí a robar cualquier día.

Yo estuve a punto de levantarme y de interrumpir la charla; pero comprendí que el asturiano me podía contestar, en broma, que no hablaba de mí, y me callé, rabioso.

Al detenerse el tren en Venta de Baños, bajé yo con intenciones aviesas. Los criados se quedaron allí para esperar un enlace del tren.

Sin hacer caso de ellos, me dirigí a la muchacha:

—Se va usted, ¿verdad?

—Sí —respondió ella con la voz un poco apagada.

—Si va usted a Azcoitia, yo estaré en Cestona; avíseme usted y nos veremos.

—Así lo haré —contestó la chica.

Nos dimos la mano. Yo miré fijamente al asturiano que había hablado contra mí en el tren, y estuve a punto de increparle; pero no dije nada.

El más viejo, que era, tal vez, el mayordomo, pareció comprender que yo no era ningún rata, y me saludó con una ceremoniosa inclinación de cabeza.

Después, en Azcoitia, pregunté por aquella chica; pero no estaba en el pueblo, y suponían que seguía con unas gentes de la aristocracia.»

1894. Cestona.

«Cuando se cumplió el primer mes de mi estancia en Cestona, el alguacil me entregó ciento y tantas pesetas de mi sueldo. Me pareció casi una fortuna.

Convidé a pasteles y a vino rancio a unas chicas,

a quienes había prometido este modesto festín, y que me lo reclamaban.

Las chicas del pueblo me decían, medio en broma, medio en serio, que yo era *multizarra* (solterón), y tenía entonces veintiún años.»

1894. Cestona.

«Era esto por septiembre, por las fiestas de Cestona. Se celebraba en la plaza del pueblo una corrida, y lidiaban dos o tres toros de la ganadería de Lastur, uno de ellos de muerte. Habían venido dos novilleros, unos pobres maletas miserables, no se sabe de dónde, que se exhibían en la calle y se daban mucho tono.

A mí me invitaron a ir, y fui; pero, como no me gustan los toros ni en grande ni en pequeño, me puse en un rincón, al lado de una pared, desde donde no se veía nada de la fiesta, a filosofar y a contemplar a la gente.

A poca distancia de mí, en el mismo banco, había una señora joven que retiraba la vista de la plaza cuando hacían alguna barbaridad con el toro o parecía que éste cogía a algún torero.

Yo la miraba, y ella me miraba a mí, que estaba aparte y como castigado. Al notar sus movimientos repetidos de desagrado, le dije con cierta petulancia, disimulo de cortedad:

—Se ve que le molesta a usted lo que hacen con ese pobre bicho.

—Sí; y parece que a usted también —me dijo ella rápidamente, mirándome a la cara.

—¡Psch! A mí, no mucho. No soy muy sentimental.

—Pues a mí me ha parecido que se ha puesto usted pálido.

—Es que tengo una neuralgia que me está fastidiando. Y he tomado unas drogas y estoy flojo.

—¿Es cosa mala una neuralgia?

139

—Sí, porque le achica a uno el espíritu. En estado normal, lo mismo me da ver matar un toro que a una persona.

—Sí, usted debe ser terrible —dijo ella con ironía.

Me acerqué un poco a la dama.

—No pretendo ser terrible —añadí—, pero ha visto uno operaciones...

—¿Es usted el médico del pueblo?

—Sí señora.

—¿Y no le gustan a usted los toros?

—Nada.

—A mí tampoco.

—Lo celebro.

—Alguno nos podía preguntar a usted y a mí: si no les gustan los toros, ¿por qué han venido?

Esto de que hubiera algo de común entre ella y yo me pareció muy agradable, y acorté disimuladamente la distancia que nos separaba en el banco.

Aquella señora tenía una voz de timbre muy bonito, muy cálido. Debía de ser casada, porque iba sola y llevaba alhajas. Tenía esa sencillez y esa naturalidad que tiene muchas veces la gente de la clase alta, que está acostumbrada a ser respetada y no necesita defenderse ni mostrar desdén a un extraño. Yo la miraba con gran curiosidad y entusiasmo. Era una mujercita muy rubia, muy fina, muy inteligente.

En esto hubo un griterío entre el público y vimos, aun sin querer, cómo el novillero principal acababa con el torete de una manera miserable, a fuerza de pinchazos.

—¡Qué horror! —dijo la dama.

—Sí, es francamente repugnante.

Acabó la corrida, la música comenzó a tocar un fandango y la gente joven invadió la plaza y comenzó a bailar.

—Esto es más bonito —dijo la vecina rubia. Y usted ¿baila?

—No, no sé bailar. Yo he sido de esos estudiantes

de Madrid que no saben bailar ni les gustan los toros ni los paseos.

—Un desastre.

—Completamente un desastre.

La bella señora me miró con cierta lástima, mixta de ironía.

Los dos novilleros subieron poco después al balcón del Ayuntamiento y recogieron en las gorras algunas monedas de cobre y plata. Yo, por echármelas de rumboso ante la amable señora vecina mía, les tiré dos duros desde mi banco.

Ella se rió, y me preguntó con ironía:

—¿Habrá usted empleado en esto todos sus ahorros de médico?

—Casi, casi —le contesté yo—, pero si le ha divertido a usted, no lo siento.

Ella tuvo en los ojos un relámpago de coquetería y de malicia, que a mí me hizo olvidar la neuralgia y la antipirina. Me dio la impresión de que me miraba como a un hombre que sabe burlarse de su vida, no como a un palurdo que se cree alguien.

Se levantó para marcharse, y yo me levanté también. Bajamos, y salimos de la plaza a mi calle. Yo fui junto a la dama. Como íbamos en grandes grupos, era disimulado.

—Esta es mi casa —le dije al pasar por delante de la casucha de "La Sacristana".

—¡Ah! ¿Aquí vive usted?

—Sí señora.

Le debió chocar una casa tan pobre, tan pequeña y tan negruzca.

De la calle Oquerra salimos a la carretera, donde había algunos coches elegantes y algunas cestas. La dama rubia se separó de mí, se acercó a un landó, en donde acababan de entrar una señora y un señor viejo. El lacayo abrió la portezuela, la dama subió al coche, el laca- 141 yo subió al pescante y el carruaje desapareció, camino de Zumaya.

La dama rubia me miró y sonrió. Quizá fuera una ilusión mía. Pregunté a dos o tres del pueblo si conocían a aquellas personas. No les conocían, no estaban en el balneario. Quizá habían venido de Zarauz.

Me fui a cenar a casa de "La Sacristana", muy triste. La calle Oquerra estaba negra como un carbón. Tocaban en la torre las campanas del Angelus.

Me pareció que la neuralgia me volvía. "Es uno un necio —pensé—; se cree uno algo, y no es nada, más que un médico de pueblo." Hasta las monedas que llevaba en el pantalón, restos del primer sueldo que cobraba, sonaban a lo que eran: a monedas de cobre.

Pensé que tenía poca suerte con mis galanterías.»

1895. BARAMBIO.

«Hallándose mi padre en Cestona, cuando yo todavía desempeñaba el cargo de médico, hice con él uno de los viajes que me dejaron más gratos recuerdos en la vida. El motivo fueron unos trabajos de demarcación de minas en la provincia de Alava.

El primer día marchamos a Orozco, pueblo severo, con casas antiguas, una iglesia muy curiosa, y de Orozco, llevando una mula que transportaba el trípode y el taquímetro, a Barambio, por el camino del monte Altube.

En Barambio encontramos, en la casa de la mina, a un gallego ya viejo y con el pelo pintado, que no ocultaba con sus amabilidades el carácter de aventurero un tanto petulante y antipático. El hombre éste vivía con dos mujeres hermanas. Una, en la raya de la madurez, guapísima, y otra, bastante más joven, también muy bella.

Sentí desde el mismo instante de conocerlas una
142 gran atracción por la primera, con la que charlé larga-

mente. Se trataba de una mujer a quien la suerte no había favorecido, empujándola por el derrotero que seguía, y que, sin duda, no la colmaba ni de alegrías ni de serenidad. Acaso, a su condición podía aplicarse una de esas frases manidas de que era una flor en el fango.

Si las cosas de la vida fueran fáciles, yo le hubiera dicho a esta mujer: "Deje usted a ese viejo repulsivo y farsante, y véngase usted conmigo, que, al menos, soy joven, y si no quiere usted mi compañía, tendrá usted libertad".

Pero pronto pensé: "¿Y cómo? ¿Dónde tiene uno dinero para eso? ¿Cómo abandona su plaza de médico? ¿Y de qué se vive después?".»

1895. Abornícano.

«En la posada de Abornícano había dos muchachas encantadoras. La madre, la posadera, me pareció un tanto entrometida y embrollona. Decían en el pueblo que había tenido sus líos. Se expresaba con una libertad de lenguaje extraordinaria.

Durante el corto tiempo que permanecí en Abornícano no dejé de observar a las hijas de la posadera, que creo se llamaban Marina y Blanca, y sus figuras y caracteres se me quedaron grabados en la memoria.»

1895. Aizarnazábal.

«Uno de los veranos que estuve en Cestona, no recuerdo si fue el primero o el segundo, fui a las fiestas de Aizarnazábal con unas chicas de San Sebastián, y hasta bailé y me divertí como pocas veces.»

1896 (?). Madrid.

«Alloza venía con frecuencia a buscarme a la panadería. Su hora favorita era después de medianoche. 143

Acostumbraba a llamar a una ventana baja con rejas, de la calle de Capellanes, que daba al sitio donde estaba la cocina del horno. Pedía la llave, se la entregaba el ayudante o el mozo, volvía la esquina, abría y se colaba dentro de casa, dispuesto a no salir solo.

—¡Eh, tú, ché!, vamos —me decía.

—Pero es muy tarde —contestaba yo.

—No importa.

—Claro que no importa para ti, porque tendrás tiempo para dormir; pero yo no.

—Anda, ché. Vámonos.

Y nos lanzábamos a la calle.

Como la noche solía estar muy avanzada, concurríamos, naturalmente, a los puntos de cita de los trasnochadores, cervecerías, cafés cantantes, etc., y por Carnaval acudíamos a los bailes de máscaras de medio pelo. Conocía yo, por la panadería, a muchas criadas y modistas que se dejaban convidar sin remilgos.

La verdad es que ni mis amigos ni yo teníamos con ellas ningún éxito. Se veía que nos consideraban, como dicen los americanos galicistas, candidatos *negligibles.*»

1896 (?). MADRID.

«También nos dedicábamos por entonces algunos amigos y yo a hacer la corte a las muchachas al estilo madrileño, nunca con gran éxito.

El estilo madrileño consistía en dirigir tiernas e insistentes miradas a la belleza elegida, en seguirla luego hacia su casa, aunque la muchacha habitara en el último extremo de la villa, y, por fin, escribirle una carta llena de lugares comunes donde uno declarase su atrevido pensamiento.

Era de rigor que la respuesta, de haberla, se hiciese esperar varios días.

Yo, la verdad, era para estas cosas bastante torpe, y
144 el acierto no me acompañaba gran cosa. Por esta causa,

alguna vez me sentía irritado. No me paraba a reflexionar sobre el espíritu de las damiselas a quienes había escrito ni de la moral que podían tener sus familias. Iba teniendo la sensación de ser un extranjero ignorante del idioma que hablaba la gente de al lado.»

1897. MADRID.

«No cambiaba yo con mis pequeños fracasos, lo que ocasionó que varios obreros de la panadería quisieran protegerme. Me recomendaron que desdeñase a las señoritas de pan pringado, buenas para los relamidos galanes, y llegaron al punto de buscarme una novia rica, a gusto de ellos, hija de una panadera de una tahona próxima a la calle Ancha de San Bernardo. Según afirmaban, la chica era la más guapa del barrio. Yo la encontré un poco sobrante de tejido adiposo.

El proyecto de la boda lo habían hecho dos o tres panaderos. Una noche me llamaron a una taberna de la plaza del Carmen, donde había otros panaderos de la tahona de la presunta novia. Bebimos, unos cerveza y otros vino.

Un panadero de casa, un gallego sentimental, hizo mi elogio:

—El patrón —dijo, señalándome a mí— aquí está. Es muy buena persona. Se bebe un bocoy de cerveza. Es médico; pero no tiene orgullo por eso, y suele andar entre nosotros. Le decimos que debe casarse con esa panadera rica, y no quiere. ¡Mi madre! Preferiría arrimarse a cualquier prójima.

Cuando salimos de la taberna, yo le dije:

—Vaya elogio de casamentero que ha hecho usted de mí.»

1897. MADRID.

«Yo conocía, por entonces, una señora, amiga de una de las chicas de la panadería. Su marido era un perso- 145 naje de alguna importancia y yo solía obsequiarla a lo panadero, asando patatas y castañas en el horno y trayendo después un frasco de vino blanco.

En la trastienda solía devorarse esta merienda, que era muy solicitada y celebrada.

Con esta y otras señoras fui alguna vez al teatro, a algún palco, y a ellas y a mí nos hacía gracia el contraste de la merienda en la cocina del horno o en un despacho pequeño y pobre con la solemnidad del teatro, en que tomábamos una actitud de personas serias e importantes.»

1898 (?). MADRID.

«También estuve a punto de tener una intriga un poco novelesca. Pepita Hinojosa, la cómica, quería arreglarme un matrimonio con una señorita rica que conocía.

—¿No tiene usted novia? —me preguntó.

—No.

—Si usted quiere, yo le caso con una chica rica que heredará un título.

—¿Una muchacha sola?

—Ahora vive con una tía segunda; pero es huérfana de padre y madre.

—Eso hay que pensarlo bien —dijo otra amiga que escuchaba la conversación, con cierta sorna.

—¿Y es agradable?— pregunté yo a la Hinojosa.

—Sí; es una chica ilustrada.

—Y ¿cómo es posible que una muchacha agradable, huérfana, que va a ser rica, no tenga alguien que la pretenda?

—No todo el mundo sabe la situación de esa chica. ¿Usted quiere conocerla?

—¿Por qué no? Con eso no se pierde nada.

—Pues espéreme usted mañana, a las cinco de la tarde, delante de la iglesia de San José, en la calle de Alcalá.

146   —Bueno, esperaré.

—Yo pasaré con la chica y entraré en la iglesia con ella.

Al día siguiente fui a la cita. No estaba mal la muchacha de aspecto; era alta, gallarda, aunque con cara dura y aire de mal genio.

Ella, por lo que me dijo mi amiga, no me encontró desagradable.

Viéndola sólo una vez no tenía idea clara de cómo era mi posible futura, y quise observarla de nuevo. La Hinojosa me dijo que podía encontrarla en una mercería de una calle próxima a la Puerta del Sol. Me indicó el número. Fui, y estuve contemplando a la muchacha de noche, por el cristal del escaparate, sin que ella lo notara.

No me hizo mucha gracia. Me dio la impresión de que era una mujer de genio dominador y agrio.»

1898. MADRID.

«En la época del desastre colonial, cuando yo iba a los cafés de noche, era partidario de entablar conversación con las mujeres que estuvieran cerca de mi mesa.»

1899. PARÍS.

«Un día, en el bistró que frecuentaba, y al que igualmente acudían a comer los Machado, fue objeto de una discusión la impresión que diera Baroja.

Solía ir allí también una muchacha morena, con aire de española, a la que saludaban los franceses como si lo fuera, llamándola:

— ¡Olé, ya!

Ella se reía. Pero, a pesar de su aire y del agrado con que recibía tales saludos, los españoles le eran muy antipáticos. Los juzgaba agrios, desdeñosos e insociables.

Baroja se atrevió a preguntarla:

—¿Yo como todos?

Ella contestó:

147

—Usted parece un *voyou de la banlieu* (un randa de las afueras).

Entonces el joven que la acompañaba, con frases nada amables, pero empleando un tono de sinceridad amistosa, dijo que no parecía exactamente eso, pero que su cara era pesada y brutal.»

1899. BURDEOS.

«A la vuelta a España iba yo desfallecido y hambriento. Me acompañaban en el vagón dos mujeres que marchaban a Burdeos. Debían ser modistas. Yo no tenía ninguna gana de entablar conversación con ellas porque estaba cansado. Me preguntaron qué era y a dónde iba. Les contesté que era español y que volvía de París a Madrid. Me volvieron a preguntar qué me parecía París. Les contesté que era un pueblo admirable, sobre todo para los ricos.

—¿Y para los pobres no?

—Para los pobres todos los pueblos son malos.

—Es un filósofo —dijo una de ellas, con más o menos sorna, refiriéndose a mí.

Y la otra replicó en voz baja y como si estuviera enfadada:

—Es un idiota.»

1899. IRÚN.

«Llegué en un tren de mercancías a Irún. Tomé café con leche, me senté en un banco de la estación y me quedé dormido.

—Ese pobre, ¿de dónde vendrá? —oí que le preguntaba una señora a otra con una voz suave.

Le agradecí la compasión, y estuve por decirla:

—Señora, muchas gracias por su piedad, aunque no sea digno de ella.

148   Al volver de Francia tenía veintiséis años; pensaba

que ya no era joven, y veía también que no tenía ni buena suerte ni condiciones para hacerme rico.»

1900. MADRID.

«Bargiela era un tipo pintoresco y fantástico. Varias veces hablamos de las mujeres, con las cuales no teníamos ningún gran éxito.

Bargiela me decía que si quería tener éxito con ellas debía quitarme la barba, dejarme el bigote a la borgoñona, como él; ponerme una chalina azul, como él, y andar con un aire decidido y marcial, también como él.»

Ha pasado ya, como escribía Worswordt, el tiempo del esplendor en la yerba y el color en las flores. Baroja, al menos, lo considera así, luego de haber acumulado en sus años mozos una no escasa dosis de desengaños y fracasos. La vida no le ha sido hasta ahora, en verdad, pródiga en satisfacciones y vivencias. Ha discurrido, por el contrario, en tonos grises, monótonos, menores. En todo y en todos ha encontrado hostilidad, desdén, desconfianza. Y aquellas viejas ilusiones que tan ardientemente alimentaran los primeros latidos de su temprana adolescencia son hoy sólo nostalgias, acalladas por la implacable realidad de su sombrío presente.

Abandonada la esperanza de un nuevo verdor, de otra floración de sus sueños, inicia el todavía joven escritor una etapa de íntima ensimismación, de encontrado aquietamiento. A tal efecto reduce sus prácticas sociales, orienta lo mejor de su afectividad hacia sus seres más queridos y busca en el trabajo el cauce por el que acceder a su más completa realización personal. «Es el momento, piensa, de empezar a tomar salicilato y cultivar el jardín.» Y fiel a tal consigna (en la que la aventura no tiene sitio, por utópica), se cala la boina vasca, anuda al cuello la bufanda y, arropado en las faldas de la mesa camilla, juega a vivir literariamente cuantas empresas y experiencias hubiera, personalmente, deseado protagonizar.

Este casi completo ostracismo no va a impedir, sin embargo, que nuevos conflictos sentimentales pongan aún varias veces cerco a su tranquilidad emocional. La mujer, lo mismo como género que como individualidad, continúa interesándole y sólo por ella es capaz de abandonar, siquiera momentáneamente, la paz de su retiro. Pero, maduro ya y perdidas las ilusiones de antaño, asume aquéllos con la calma de quien, desarraigado y crítico, no arriesga nada de sí mismo; con el reposo del que se sabe lo bastante viejo como para poder tutear al propio Eros sin miedo a su venganza. Y así sus *escapadas* tienen un matiz melancólico, advirtiéndose como *sustitutivos* mediante los que conseguir saciar el apetito de convivencia que siente.

Y, como en el apartado anterior, ningún documento mejor para conocer las sensaciones de este período que el deducido de la relación de sus *encuentros,* en los que ya se advierte cómo la sensualidad ve declinar su fuerza en beneficio del sosiego del espíritu, por más que todavía le asalten esos esporádicos ramalazos de sentimentalismo, que aparecen como el último engaño de su carne: 151

1904. Málaga.

«Por la noche, en el tranvía de la Caleta, he visto dos mujeres verdaderamente sugestivas y las dos de tipo completamente distinto. Iban al teatro, a la última función de la compañía de la Guerrero.

Una de ellas, la que más me ha llamado la atención, era alta, morena, de más de treinta años. Tenía una cabeza clásica, de una arquitectura romana, el color pálido y los ojos y el pelo muy negros. Sobre estos rasgos de belleza comunes tenía una expresión endiablada al hablar. Los ojos, la boca, todos los músculos de la cara se movían, se iluminaban, con una expresión tan acusada de risa, de alegría o de sorpresa, que era una espectáculo contemplarla. Quizá iba un poco maquillada. Una que iba con ella le indicó la atención con que yo la contemplaba, y ella me miró con su mirada penetrante y burlona. Me debió de tomar por un extranjero. La otra mujer era también guapa, un tipo germánico, una rubia un tanto tostada por el sol.

Todas estas señoras pararon cerca de la Aduana y fueron por unas callejuelas hacia el teatro. Al llegar a la parte de calle iluminada por las luces del teatro vi que la dama morena me miraba con cierta sorna. Yo me decidí a entrar. Me acerqué a la taquilla; no había localidades. Se trataba de una función en beneficio de la Guerrero.

"Bueno. Sin duda, mi sino no es ser un don Juan —me dije—; no lo he sido de joven y no lo voy a ser de viejo."

Y me volví al hotel.»

1905. Madrid.

«Habíanle presentado a Baroja una damisela que paseaba con su señora de compañía. Habló varias veces con ella y le pareció que no le dispensaba mala acogida.

152

Además, un día encontrose por la plaza de Oriente a la señora de compañía, que le alentó, comunicándole que a la muchacha no le disgustaba él como pretendiente. Díjole también que a la mañana siguiente saldrían ambas y que podría verlas.

Por entonces, la librería de San Martín acababa de colocar sobre el escaparate de la tienda un anuncio, en letras llamativas, de *La busca,* novela de Baroja recién aparecida.

En la parada del tranvía de la Puerta del Sol, donde conviniera con la señora de compañía, Baroja hízose el encontradizo. Cambiando los saludos de rigor y las primeras palabras de conversación con la damisela, a Baroja se le ocurrió decir, con un poco de petulancia y con el ingenuo deseo de despertar un mayor interés:

—Ese libro que se anuncia ahí lo he escrito yo.

Contra lo que esperaba, la damisela volvió el rostro hacia el letrero y terminó haciendo un gesto indiferente.

Los días sucesivos la damisela no se dejó ver y Baroja fue renunciando a las entrevistas.»

1906 (?). MADRID.

«De la tertulia del café Levante, a quien más recuerdo es a la Dora. Esta Dora, de un pueblo próximo a Medina del Campo, era una mujer morena, de buen tipo; vivía sola. Tenía un aire castellano clásico. Podría haber servido de modelo para una Virgen de Montañés. Se mostraba muy enemiga de todo lo que fuera bohemia y desorden. Había sido modelo del pintor Ricardo Canals y éste la llevó al café. La Dora daba un aire de paletismo a todo, algunas veces desgarrado y pintoresco.

A mí, la Dora me estimaba como a hombre trabajador; sentía cierta compasión porque creía que yo trabajaba para poder vivir al día, y me indicaba:

—Usted no va a ganar nunca nada porque lo que escribe no le gusta a la gente; pero como usted es terco 153 y se empeña en ello, le va a pasar como a las caballerías débiles, que les ponen demasiada carga y se les doblan las piernas y se caen.»

1908. Roma.

«En Roma me instalé en un hotel medio pensión de la plaza Esedra di Termini, hotel que, aunque no muy grande, era muy pomposo y decorativo.

La gente que estaba en mi hotel no me hacía a mí mucho caso ni yo tampoco me ocupaba de ella. Había algunas señoras muy decorativas; dos muchachas del norte de Italia, muy bonitas, con su madre; dos "contessinas", una de ellas que tocaba el violín, y una señora de Milán con una hija muy guapa y de aire un poco germánico.

De pronto, entre los huéspedes apareció una señora francesa, muy elegante, muy llena de joyas, que había estado casada con un americano de apellido español. Esta señora tenía un hija bonita, de tipo aguileño, y llevaba dos doncellas y una institutriz.

La dama francesa se daba mucha importancia, y como, sin duda, pensaba conquistar y someter a su influencia a todas las gentes del hotel, empezó su conquista por la persona que tenía menos importancia y menos dinero allí, y ésta fui yo.

Quizá con tal idea mostró cierto afán de protección. A menudo me invitaba a salir en coche con ella, con su hija y con un abate francés, muy académico y muy culto.

Yo disfrutaba ahora de la benevolencia de aquellas damas, me encontraba en el centro de las reuniones nocturnas que se celebraban con frecuencia y por la mañana iba en coche a sitios famosos de los alrededores de Roma, algunos de ellos bastante antihigiénicos.

Del favor que disfrutaba yo no dejaron de protestar algunos jóvenes envidiosos, y un diplomático llegó a preguntar con impertinencia a las señoras francesas qué me encontraban a mí para tratarme con tantas atenciones. Sin duda, aquel señor se creía una alhaja, y pensaba que todos los demás, a su lado, éramos insignificantes y despreciables.

Frente a mí se sentaba en el comedor una señorita italiana, con la cual llegué a tener cierta amistad.

En una de las veladas que la señora francesa dirigía y en la que colaboraban todas las damas, excepto una marquesa siciliana, muy desdeñosa y muy agria, durante el baile se puso un jarrón lleno de bombones colgado del techo, que había que romper con un bastón y con los ojos cerrados.

La fiesta se hizo entre grandes risas y carcajadas. Después de varias tentativas, el joven diplomático, que quizá no tenía los ojos muy cerrados, dio un bastonazo al jarrón del techo, lo rompió y uno de los cristales fue a dar en la frente de la siciliana, y aunque la herida que le causó fue pequeña, le produjo una mancha de sangre que alarmó a todo el mundo.

La señorita italiana que solía sentarse enfrente de mí quedó muy impresionada y fue a un cuarto inmediato, donde estuvo sentada en el sofá. Yo la pregunté cómo se encontraba, y estuvimos hablando largo rato, hasta que terminó el baile. Ella me pareció una mujer muy amable y muy sentimental.

Hablé varias veces con esta señorita. Había nacido en Venecia y era hija de un militar, al parecer hombre de fortuna. Llegamos a tener cierta confianza, y un día ella me dijo que la acompañara a Nápoles, donde pensaba pasar el invierno.

Me preocupó la invitación, pero ¿cómo acompañarla? No tenía dinero. Confesarle esto me parecía muy peligroso. Todas aquellas señoritas sentían un entusiasmo por la fortuna y por el rango extraordinario.

Después de pagar la pensión de Roma no me quedaría casi nada. No conocía tampoco a nadie que me pudiese prestar algo. Tenía un billete circular de una agen- 155 cia con el que hubiese podido viajar por algunas ciudades del norte de Italia; pero no había ido a ninguna parte y el plazo del billete se acababa. Tras de muchas cavilaciones decidí que no había más remedio que marcharse; y una mañana, sin despedirme de nadie, después de abonar la cuenta de la pensión, y con el equipaje unas veces en la mano y otras al hombro, me marché a tomar el tren.»

1909. Madrid.

«Un día marchaba yo por la Carrera de San Jerónimo, con boina y gabán, cuando pasó una mujer elegante en un "milord" que se paró delante de mí, y me habló. Al pronto no la reconocí, y luego vi que era "la Fornarina". Me pareció una prueba de inteligencia, porque a un escritor o a un pintor no se le saluda porque lleve un terno elegante o un sombrero a la moda. Casi da más tono el que vaya mal vestido. "La Fornarina" me habló de Alemania.»

1913. París.

«A los quince días de llegar a París pensé si sería ocasión de visitar a una señora rusa que había conocido en San Sebastián.

Tomé un tranvía; llegué a un barrio lejano, a una especie de ciudad-jardín; pregunté al portero; la señora no estaba, y le dejé mi tarjeta. Pensé que la rusa no se acordaría ya de mí, lo que no me preocupaba mucho. A los tres o cuatro días recibí esta carta en francés:

"Querido señor: He estado unos días en el campo; por eso no le he escrito a usted antes. ¿Quiere usted venir a casa mañana, de cuatro a cinco de la tarde, a tomar el té? Tendré mucho gusto en verle. Le estrecha la mano, *Ana.*"

Al día siguiente me elanticé en lo posible, fui a la

ciudad-jardín; el portero me señaló la entrada de un edificio moderno. Subí al entresuelo, llamé, y la criada me hizo pasar a un saloncito, donde apareció no la señora pesada y hombruna, sino su amiga.

—Pero ¿usted es la señora rusa?

—Sí.

—Yo había creído que la señora rusa era la amiga que estaba con usted en San Sebastián; si hubiera sabido que era usted, hubiera venido a verla mucho antes.

Ella se rió.

Ana me recibió como si fuera un antiguo amigo suyo. Hablamos mucho, me presentó a su madre y a una amiga suya, tomamos el té, y al despedirme de ella me dijo:

—Me gusta hablar de España.

—Si no le molesta a usted —le indiqué—, vendré a verla alguna otra vez.

—No; yo le escribiré cuando esté libre. Si usted puede venir, viene; pero si no, no venga ni me escriba.

A los cuatro o cinco días me volvió a invitar a su casa.

Ana sentía gran curiosidad por todo. Varias veces hablamos de cuestiones sociales y semifilosóficas. Sabía lo bastante para leer un libro técnico. Tenía también un agudo sentido musical; tocaba el piano con mucho sentimiento: a Beethoven, a Mozart y a Schumann. Ese mérito de los grandes pianistas de meter mucho ruido y de ejecutar piezas complicadas ella no lo sentía. Ana no aspiraba a lucirse; quería saturarse, envenenarse con algunas melodías.

Al principio, Ana me invitaba cada cuatro o cinco días; luego, ya con más frecuencia. Nunca quería que fuese sin que ella me avisara. Yo desconfiaba, porque pensaba que tenía otras combinaciones sentimentales en las cuales, seguramente, yo no tomaba la menor parte.

Algunos días compraba un ramo, que me costaba cuatro o cinco francos, y se lo llevaba. Ella solía cogerlo y lo ponía en un jarrón; muchas veces lo deshacía porque no le gustaba la combinación de colores de la florista.

Yo tomaba la actitud de un hombre ya no joven, un poco romántico, que a mí me parecía que no me cuadraba mal.

Ana se manifestaba aguda y penetrante. Le gustaba analizar el espíritu de los demás y registrar en los cajones secretos. Era difícil saber si en ella había coquetería. Si la había, estaba muy envuelta, muy disimulada. Era una mujer a veces enérgica y a veces amable, con un ansia de ilusión amorosa que iba y venía en ella como por oleadas.

Al final siempre había en su actitud algo de ironía y de burla; pero una ironía melancólica, que a mí me daba la impresión de algo felino. Se veía que deseaba entusiasmarse, pero que no podía.

Yo la miraba atentamente; ella contestaba a mi mirada; sus ojos tenían un resplandor de viveza extraña y parecían decirme: "Ya noto que me observa usted, pero yo también le observo."

A veces su mirada me decía: "Le considero a usted como a una persona agradable y discreta, pero no tengo una inclinación de otra clase."

Yo sentía por ella atracción y curiosidad. Una atracción un poco como la que dan los abismos.

Un día, Ana me preguntó qué vida hacía yo. Le dije donde comía y a qué café iba. Al día siguiente pasó ella por el bulevar Saint-Michel, por delante del café que yo le había indicado. Me levanté, la seguí un rato y me acerqué a saludarla. Vestía aquel día un traje gris perla y una capa de seda color malva. El sombrero era también entre gris y morado. En el pecho llevaba un ramito de heliotropo. Estaba la rusa verdaderamente encantadora; tenía un aire otoñal; parecía una figura que no tuviese líneas, sino color, y un color tenue.

—Perdone usted un cumplimiento banal, pero está usted deliciosa.

—¿Le gusta a usted mi traje? —me preguntó ella.

—Muy bonito; pero me gusta principalmente usted —le respondí yo.

—Tengo una modista de mucho gusto y que me hace lo que le digo —advirtió ella. ¡Así que estoy bien!

—Maravillosamente bien. Me recuerda usted algo de Schumann, de lo que usted toca al piano.

Ella sonrió satisfecha. Verdaderamente estaba encantadora, con su aire un poco audaz, los rizos rubios, la manera de andar decidida, que acentuaba el movimiento de la capa, y su aire, siempre un poco ambiguo y gatuno.

—¿Puedo acompañarla a usted?— la dije.

—Sí, sí.

—¿No va usted a alguna visita?

—No; voy de paseo.

—¿No se avergonzará usted de ir en compañía de un señor un poco viejo y un tanto raído?

—No me avergüenzo de mis amigos.

—Voy a parecer un caracol al lado de una rosa.

—Hoy está usted muy galante, más galante que de costumbre.

Ana se rió cuando yo le dije:

—Usted también está más bonita que de costumbre.

Había tenido la veleidad de buscarme a mí, no me cabía duda. Bajamos uno y otro, juntos, hasta el río y seguimos por el bulevar Sebastopol. Me habló de que quizá pronto tendría que dejar París; su marido la escribía con frecuencia diciéndola que se reuniera con él.

—Lo comprendo —dije yo.

—¿Por qué?

—No le puede gustar que esté usted aquí, separada de él.

—¿A usted no le gustaría eso si fuese mi marido?

—Claro que no. Si yo fuera su marido, pretendería que estuviese usted cerca de mí el mayor tiempo posible.

—Sería usted celoso.

—Sí. Completamente.

—¡Ah, claro! ¡Es usted español!

159

—Español y enamorado de usted.

— ¡Bah!

Charlamos largo tiempo, marchando por en medio del gentío de los bulevares. Ella me indicó que creía que se marcharía pronto de Francia.

—Ya me avisará usted.

—Sí.

Al hacerse de noche, Ana me dijo que iba a tomar un automóvil para ir a casa. Me habló luego con volubilidad de los peligros de París.

—¿No sabe usted lo que me pasó el otro día? —me dijo—. Tomé un coche, y el cochero me quiso engañar y me llevó al bosque de Bolonia. Iba internándose en el bosque, cuando yo saqué mi revólver y me impuse.

—¿Iba usted con ese traje?

—Sí, ¿por qué?

—Porque yo, siendo cochero, hubiera hecho lo mismo.

Ella se echó a reír.

—¿Quiere usted que la acompañe en el auto?

—No, no; de ninguna manera.

—Dígame usted, Ana...

—¿Qué?

—¿No ha tenido usted hoy, al salir de casa y venir por aquí con un vestido tan bonito, la idea de encontrarme y hacerme perder la cabeza?

—Es usted un poco brujo —me replicó ella, riendo.

—Y luego, al verme y al hablar conmigo, ¿le ha entrado una ligera desilusión?

—Quizá sí, quizá no.

—Enigmática y mudable, como la pluma al viento.

—Así somos las mujeres, en general, y las rusas, en particular. ¡Pobres de nosotras! Todavía nos tenemos que defender con el misterio y la volubilidad.

—Pero a mí, que no soy tan mudable y tan voluble
160 usted...

—¡Hum!... ¿Qué sé yo? No me fío mucho de usted.

—Por lo menos a mí me gusta usted siempre, sin momentos intermedios.

—Ahora cree usted eso.

—Y siempre.

—Habría que someterlo a prueba.

—Sométame a las que quiera.

Ella se calló.

—Ya que no quiere usted que la acompañe a casa —dije yo—, me dejará que le dé a usted un beso de despedida.

—No, no.

—Al menos en la mano.

—¡Que llevo el revólver!

Le tomé la mano, que no me retiró, y me la llevé a los labios.

—Vamos, como si fuéramos usted una modista y yo un empleado de almacén que salen del trabajo —dije.

—¿Le gustaría que fuese así? —me preguntó con coquetería.

—Daría…, no sé lo que daría, porque no tengo nada que dar… Sería un sueño.

—Sí, un sueño.

De pronto mandó ella parar un automóvil, abrí yo la portezuela, y ella, antes de entrar, me acercó la cara. Yo la besé en los labios, y casi me dio un vértigo. Ella cerró la portezuela, y el automóvil huyó.

A mí me llenó la cabeza de melancolía el pensar que podía haber encontrado a aquella mujer cuando yo era más joven y ella estaba libre.

Luego la escribí, y no me contestó. Unas noches después se me ocurrió tomar el Metro y acercarme a su casa. Pensé que estaría cerrada y triste. Entré en la ciudad-jardín donde vivía. Los balcones de sus habitaciones estaban iluminados. Aún seguía en París. Muy entristecido volví a mi hotel a pie, y al pasar por un puente del

161

11

Sena estuve mirando las oscuras y lentas aguas del río durante largo tiempo.»

1915 (?). MADRID.

«Algunas mujeres extravagantes me escribieron y no las llegué a ver. Una de estas se firmaba en sus cartas "la Naumona". Naumona es la protagonista de un cuento en verso de Alfredo de Musset, en donde se trata de una mujer que quiere conquistar a un príncipe árabe seductor llamado Hassan.

"La Naumona" de Madrid, a quien yo no vi nunca, me escribía cartas largas y retóricas, me enviaba corbatas hechas por ella, me decía que al día siguiente aparecería en mi casa, y no apareció nunca.»

1917. MADRID.

«Salgo de Teléfonos, tomo el coche, y a la estación de Mediodía.

El tren está lleno; en un departamento encuentro al pintor López Mezquita. Le saludo y le digo:

—¿No habrá un asiento vacío?

—Sí, el mío. Yo me quedo aquí.

—¡Hombre! Muchas gracias.

Mezquita me presenta a dos señoras, una casada y otra soltera, que van a Barcelona. Estas señoras son muy amables y muy inteligentes y hablamos de arte, de literatura, de la vida. El viaje me resulta rapidísimo.»

1917. SAN SEBASTIÁN.

«Vamos al Casino. El marqués se brinda a servirme de cicerone y me presenta a varias *cocottes* que bullen por allá.

La mayoría son inteligentes como mulas, tienen una mirada puramente animal, sonríen porque su oficio es sonreír; pero se ve que fuera de ganar dinero, de comer, de beber y de dormir no tienen ningún otro deseo.

Le hago observar al marqués que el nivel estético de esta coquetería cosmopolita es inferior al de los años anteriores. Mi cicerone lo reconoce. La razón, según él, es la entrada de los americanos en la guerra y el prestigio de su dinero, que hace de bomba aspirante con todos los artículos de comer, beber y arder, incluyendo en este último las *cocottes*.

Mi amigo el marqués me presenta a una mujer inteligente: la señorita Dahlmann. Como me interesa su conversación, la invito a entrar en el bar. Está lleno.

Le invitamos a que tome algo, y la Dahlmann bebe cerveza y pide bocadillos.

—¡Aj! Siempre tengo hambre y sed.

Es una mujer muy leída; sabe cinco idiomas. Tiene un cinismo sentimental, extraño. Habla de su padre y de su familia con un acento grande de verdad.

Dice que no le divierte mentir; debe de ser verdad. Cuenta sus amores, y dos abortos provocados, con una sangre fría terrible. Sabe de memoria algunas poesías de Goethe. Es perfectamente materialista.

Estamos hablando los tres, y se presenta una francesa.

—Le estaba buscando a usted —le dice a la Dahlmann.

—Aquí estoy.

—Siéntate, Fifine —le indica mi amigo.

Fifine tiene aire de gran dama; parece una avispa. Es de cerca de Angulema, según ha dicho la Dahlmann. No es bonita, tiene la cara cuadrada y huesuda, pero sí muy distinguida.

Habla de una manera tan redicha y tan remilgada que parece que debía ser abadesa. Esta heroína de Racine ha sido institutriz. Es la discreción personificada; tiene una de circunloquios elegantes para decirlo todo que a mí me impacientan.

Una palabra que emplea mucho es la palabra *sen-* 163

sualité, que pronuncia con un aire de satisfacción y de regodeo: *sensualité.*

Mientras hablamos entra en el bar y se acerca a la mesa una mucha española: Blanca.

Blanca es de un pueblo del Ebro, entre Navarra y Aragón. Es una muchacha preciosa: pequeña de cuerpo y morena, con una corrección de líneas y un aire virginal. Cara de Dolorosa, raza iberosemítica, producto de algún resto de judaizantes, que abundan en la orilla del Ebro.

Blanca viste bien, pero fijándose en ella se ve que su elegancia es algo postizo. Está muy pálida. Tiene una manera de hablar de carretero: iracunda y violenta. Se la invita a sentarse, y se sienta.

¿Qué opinión tienen de su estado, profesión o como quiera llamársele estas tres mujeres?, pienso al ir a casa. La alemana tiene un cinismo cándido; supone que ejerce un función social, como la de un barbero o la de un callista, y como, además, cree que marcha a su *développement,* no parece que la idea de la deshonra le preocupe; la francesa tiene una idea literaria de la vida, se considera algo así como una aventurera romántica: la española se encuentra, finalmente, aplastada por la deshonra.»

1920. PARÍS.

«No ha podido por menos de venir una vez más a París. Baroja ha pasado después, con la fontanela cerrada, por el París viejo y se ha ido a comer al hotel Ritz. Estaban allí varias bellas damas vestidas en parte con su piel propia y en parte con las pieles de otros animales. El gran Baroja ha entreabierto la fontanela y las ha admirado.

Asimismo se le ha visto a Baroja en el cabaret de moda, titulado "La Urraca que Canta". La urraca en cuestión es un viejo *cabaretier* calvo, y le ha felicitado a Baroja públicamente, estrechándole la mano, por no tener ni un solo pelo sobre la fontanela.

En fin, Baroja ha aparecido en el comedor del Regina con una señorita. Pío Baroja tiene una admiradora más.

Y aquí viene lo gordo: la señorita es esbelta; es una señorita francesa, católica y nacionalista. No es una dama errante; es una estudiante recogida, que traduce *La dama de
Urtubi*. Y, sin duda, tiene la fontanela abierta.»

1920. PARÍS.

«Un día que me habían convidado a cenar en un hotel
de los Campos Elíseos, como tenía la sensación de haber
bebido demasiado, volví a pie a mi casa para despejarme.

Volví por la orilla del Sena. Crucé por el puente de
Alma y pasé por entre los Inválidos y la Escuela Militar,
sitios tristes y solitarios. Tomé luego la calle de Babilonia
y llegué al hotel donde vivía.

Me metí en el ascensor, apreté el botón y subí. Al
llegar a mi piso y entrar en el pasillo encontré entornada
la puerta de mi cuarto, y pasé. La alcoba estaba con luz
y en la cama había una mujer rubia, pálida, de ojos azules, vestida de negro, que me contempló con aire impasi-
ble. Había algo de humo perfumado en el cuarto.

Yo miré a derecha y a izquierda y tuve un momento
de miedo, pensando si tendría una alucinación. Pronto
comprendí que aquel no era mi cuarto, y murmuré confu-
samente:

—Perdone usted, señora... Perdone usted —y salí.

Al salir vi que aquél era el piso tercero, y yo vivía en
el quinto. No lo había notado por efecto del alcohol.

Al día siguiente no vi a la señora, pero tres o cuatro
días después la encontré en el salón del hotel, muy elegante; la saludé y la expliqué lo que me había pasado
y le pedí mil perdones. Ella no le dio importancia a la
cosa y se rió. Hasta tal punto me pareció que tomaba a
broma mi equivocación que le dije que si quería la con-
vidaba a cenar en un restaurante del barrio donde vivía-
mos, no muy lujoso, pero bueno, el día que ella quisiera.

—Bien. No tengo inconveniente.

Esta mujer, por su aspecto, por su risa triste y bur- 165

lona, me hacía pensar en Hedda Gabler, el tipo de una comedia de Ibsen.

El restaurante adonde fuimos no era lujoso, pero sí bueno. Estaba en una de las calles que marchan de la orilla izquierda perpendicularmente al Sena, no recuerdo bien si la del Bac, la de Saint-Peres o la de Bonaparte.

Nos sentamos la vecina del hotel y yo en un rincón, cerca de una gran chimenea. Yo pedí un vino de marca. Mi Hedda Gabler no quería beber.

—Pero beba usted un poco —le decía yo.

—No; no me gusta el vino. Bébalo usted.

—¿Todo? Es demasiado para mí, pero, en fin, lo beberé y me emborracharé un poco con el alcohol y mirándola a usted a los ojos. Un día es un día, ¡qué demonio!

Como uno no es un hombre decidido, yo pensé que había que intoxicarse un poco para tener alguna audacia. Cenamos bien, y por la influencia del alcohol me puse a charlar por los codos. Como yo había bebido más que de costumbre, estaba más locuaz que de ordinario. Ella, de una manera extraña, me miraba.

Recité unos versos de Paul Verlaine que recordaba. Ella se mostraba silenciosa. Me miraba con una cara de gato, enigmática y burlona. Yo tenía curiosidad por saber de dónde era. Lo único que saqué en limpio es que había sido educada en Viena.

—Por los versos que le gustan veo que es usted un melancólico y un desesperado —me dijo ella.

—Sí, es verdad. Usted tampoco parece muy optimista; pero usted no puede tener motivos de desesperación.

—¿Por qué?

—Porque con los ojos que usted tiene la vida debe ser más fácil.

—Una misma se estropea la vida —dijo ella—. Usted ¿no ha tenido suerte? —añadió.

—Creo que no.

—¿No lo sabe con seguridad?

166   —No.

—¿Qué es usted?

—Soy escritor.

—¿Y qué le pasa a usted?

—Que no gano.

—¿Qué escribe usted?

—Escribo de todo: artículos, novelas...

—¿No tiene usted éxito?

—Muy poco.

—¿Así que está usted un poco rabioso?

—Sí, un poco.

—Todos llevamos nuestra herida que duele.

—¿Usted también?

—Sí; yo también.

—Hay que olvidar. La vida es una pobre miseria.

—Sí; yo también creo lo mismo. Lo malo es que el olvidar dura poco.

—Es verdad... Pero, en fin, si se coge la ocasión, aunque sea por los pelos, no hay que dejarla escapar.

—No me parece que usted debe ser muy audaz.

—Es verdad; pero si usted lo permite, haré ejercicios de audacia.

—Bien. Se lo permito.

Ella iba perdiendo su aire frío y aburrido e iba acentuando su sonrisa gatuna.

Bebimos, charlamos por los codos, y cuando no quedó nadie en el restaurante nos fuimos.

Yo iba muy alegre, tarareando, cantando. A ella le había comunicado un poco mi alegría. A mí me daba la impresión de que no era yo el que marchaba con esta mujer desconocida, sino otro; que yo iba como recitando un papel.

Ella también iba alegre, con los ojos brillantes y las mejillas sonrosadas. Yo me hacía la ilusión de que le había comunicado mi animación y mi optimismo; pero quizá en ella también, como en mí, eran efectos del alcohol.

Al subir en el ascensor le dije a la dama:

—Mire usted: una de las cosas que yo más desprecio **167**

es el ser ventajista, el ser *tricheur,* como se dice aquí. Si le molesta a usted mi presencia, me lo dice usted y me marcho.

—No me molesta. Me he distraído esta noche como hacía mucho tiempo que no me distraía.

Ella pasó a su cuarto y yo pasé tras ella. Si me hubiese dicho: "No; usted no pasa", no paso; pero no dijo nada, y pasé.

Los días siguientes la vecina no apareció en el salón. Yo estaba preocupadísimo. La telefoneé a su cuarto varias veces y no contestó.

A los ocho o diez días me dijeron que ya no estaba en el hotel, que se había marchado.»

1922 (?). MADRID.

«En este tiempo asistía en Madrid a reuniones de tono. Una de sus amistades mejores, en el mundo de sus nuevas relaciones, la halló Baroja en la marquesa de Villavieja. El novelista asistía infaliblemente a las reuniones que la dama daba en su palacio. Figuraba allí entre los primeros y la marquesa tenía para con él todas las atenciones. Ella, la marquesa, nunca dejaba de invitarle; él nunca dejaba de asistir. Allí se sentía tratado con respeto, obsequiado y admirado.»

1923. MADRID.

«La carta no tiene fecha; al menos, del año. Está escrita en francés. Pone "viernes, 27 de febrero". Por la estampilla del sello de correos parece que es de 1922 o 1923. Dice así:

"Señor:

Tengo un gran deseo de conocerle y de hablarle. Odio la etiqueta y las conveniencias sociales. ¿Para qué tantos requisitos inútiles? La vida, en general, es bastante pobre
168 y mezquina para añadirle dificultades.

Tengo ganas de hablar con usted. ¿Quiere usted ir al baile de máscaras de Bellas Artes, que se celebrará el lunes próximo en el teatro Real? Yo estaré vestida de pierrot, de blanco, en la tercera platea entrando a la izquierda, y podremos hablar. Para mí será un momento feliz. Soy entusiasta lectora de sus libros.

No sé si hago mal o bien en escribirle. A usted no le parecerá atrevimiento, pero a las pocas personas que me conocen en Madrid, sí.

Aunque paso por norteamericana, soy circasiana de nacimiento, de familia de antiguos jefes rebeldes, enemigos de Rusia y de Turquía.

Una circasiana y un vasco es un poco, como en la ópera de Bizet, Carmen y don José. Yo cantaré, como ella:

L'amour est enfant de bohême.

En fin, hablaremos. Yo le conozco de vista, y alguna vez he tenido el impulso de acercarme a usted para hablarle; pero me ha faltado el valor. Espero que en el baile el valor me lo dé el antifaz.

Una circasiana tímida es un poco ridículo, ¿verdad? Pero ¿qué voy a hacer? ¿Irá usted? No tema usted hacer de don José. Hay que tener audacia. Vaya usted. Se lo ruega la más apasionada de sus lectoras.

S. W."

¡Qué prólogo de aventuras más clásico! ¡Qué lástima! ¡Es mala suerte! ¡Quién sabe lo que le hubiera pasado a uno si llega a leer esta carta a tiempo! Claro que yo no era joven en la época; pero aun así... ¡Qué miseria de suerte! Es lo que más me indigna: no tener suerte.

Sin duda, el destino no ha querido que uno fuera aventurero...»

1923 (?). PARÍS.

«En París me sucedió algo con una estudiante hispano- 169

americana, de Medicina, que andaba con una chica conocida mía, medio rusa, llamada Olga.

La americana tenía fama de tener unas manos muy finas. Yo dije que, efectivamente, tenía las manos muy perfiladas.

—Hay que emplearlas bien siendo médica.

—Sí; las emplearé cuando tenga usted un tumor en el vientre y yo le opere.

¡Qué brutalidad! ¡Qué época la nuestra, que no tiene ni siquiera un poco de cortesía! »

1924. NÁPOLES.

«El tren marchaba por la campiña romana en dirección al norte. Era invierno, al caer la tarde, ya oscuro. Llovía. Después de un largo recorrido por el pasillo del tren, al entrar en el vagón restaurante quedé inmóvil y perplejo al verlo, al parecer, completamente lleno.

Me senté donde me indicaron. Enfrente de mí había una señora alta, decorativa, vestida de negro, a la que seguramente no hacía gracia la idea de tener un comensal delante.

Conocía yo a aquella dama de verla en Nápoles, en el hotel donde me había hospedado, en compañía de una institutriz francesa y dos niños. Habíamos coincidido varias veces en el comedor del hotel, y me había mirado siempre con tal desdén que pensé si le recordaría a alguna persona antipática de su conocimiento.

Pasamos largo rato esperando la cena. Yo pensaba: "Si yo conociera a esta dama y tuviera alguna benevolencia conmigo, el permanecer delante de ella tanto tiempo en silencio me perturbaría y me parecería encontrarme en una situación humillante; pero como no la conozco y además me mira desdeñosamente, no tengo obligación de mostrarme amable con ella."

Con el movimiento del tren, que marchaba entonces
170 a gran velocidad, inclinándose de cuando en cuando igual

que un buque, la lámpara eléctrica que nos alumbraba iba deslizándose una y otra vez hacia el centro de la mesa.

—¡Qué pesadez! —dijo la señora, y puso un libro y el bolso delante de la lámpara para impedir que ésta se moviera.

—¿Me permite usted? —le dije.

Saqué un papel del bolsillo, le hice varios dobleces y lo puse como una cuña en el pie de la lámpara.

Al parecer, el hecho sirvió para romper el hielo.

—¿Viene usted de Roma?

—No; de Nápoles.

—¿Ha estado usted allí de turista?

—Sí; a descansar un poco.

—¿Qué es usted?

—Médico —dije yo, un poco sorprendido de este interrogatorio de presidencia de Audiencia.

—¡Ah, médico!

—Sí; y también escribo algunos libros.

—De ciencia, claro es.

—De ciencia... Más bien de literatura.

—¿Qué clase de literatura?

—Novelas.

—¿Qué tipo de novelas?

—Así..., de observación de la vida.

—¿Realismo?

—Sí... Realismo y algo de romanticismo también. Poco más o menos, como todas las novelas.

—No me gustan esas novelas realistas. A mí me gusta algo que sea como una melodía, una historia de amor con un fondo bonito, algo que distraiga, que divierta, que haga olvidar las cosas feas de la vida vulgar. ¿Usted sabe hacer algo así?

—No. Creo que no.

—Pero ¿lo intentará usted alguna vez?

—¿Qué quiere usted?... La imaginación es tan pequeña, tan escasa...; pero probaré.

—Si lo hace usted, ¿me mandará usted ese libro? **171**

—Sí, señora; con mucho gusto.

La dama abrió su bolso y sacó una tarjeta.

—Estas son mis señas. Si hace usted ese libro, mándemelo usted.

—¿Quiere usted que le ponga mi nombre en un pedazo de papel?

—No. ¿Para qué? Mientras no llegue ese libro no pensaré en su autor.»

1924. GÉNOVA.

«Había unos pocos viajeros que habían llegado en algún tren de la mañana, y entre ellos una mujer muy coqueta y muy llamativa, con un gorrito gracioso y pequeño.

Aquella mujer tan atractiva del gorrito preguntó en el buró del hotel si no había alguna carta o algún telegrama para ella. El empleado le dijo que no.

La señora se sentó en un diván y tomó en la mano un periódico que le dio un camarero. Yo cogí otro periódico y me senté a un lado, y cuando vi que me miraba le pregunté:

—¿Es usted francesa?

—Sí.

—¿Parisiense, seguramente?

—Cierto.

—¿Casada?

—Sí.

—¿Y quizá divorciada?

—También.

—Ha venido usted a Génova a alguna cita con algún pretendiente.

Ella se rió.

—¿Es usted adivinador de circo?

—No. La adivinación es una mentira ridícula. La deducción, no; puede tener un acierto pequeño.

—Pues usted ha acertado. ¿Cómo lo ha hecho?

172   —Por curiosidad. Usted ha preguntado en la oficina

con mucha prisa si había carta o telegrama para usted. No es difícil pensar que se trataba de un hombre.

—¿Tengo aire de mujer interesante?

—Mucho.

—No creo que lo soy. Ni curiosa tampoco.

—¡Bah! No será usted curiosa para lo que no le interesa, pero para lo demás...

—Y usted quisiera que yo le dijera qué era lo demás.

—No pretendo tanto. Debe usted de ser una mujer muy conquistadora y muy atractiva.

—¡Bah! Usted es un exagerado.

—No.

—¿Cómo ha adivinado usted que tenía aquí una cita?

—No tiene nada de particular. Una mujer joven, atractiva, elegante, que el primer día que llega al hotel pregunta en el buró si no ha habido una carta o un telegrama para ella, es señal de que espera a alguien.

—Es verdad; tiene usted razón. Y ¿por qué una cita con un hombre?

—Me parece más lógico que espere con ansiedad a un hombre que a una mujer.

—Tiene usted contestación para todo.

—Sí, pero no tengo suerte para nada. ¡Qué tristeza me produce esto!

—Exigirá usted demasiado a las cosas.

—No sé; creo que no. ¿Me permite una pregunta indiscreta?

—Hágala usted.

—¿Qué le pasaba a su marido con usted? ¿Era torpe?

—No; tenía fama de listo. No nos entendíamos bien.

—Entonces era torpe y pedante, aunque usted no lo quiera confesar.

—Eso es decir demasiado.

—No la conocía a usted, sin duda.

—Y usted, ¿me conoce?

—Creo que sí; algo más que su ex marido.   173

—Es una pretensión absurda.

—No, porque hay personas a quienes desde que se las ve se las conoce.

—¡Bah! También se engaña mucho en eso.

—Sí, quizá; pero el interés acentúa la penetración.

—Es posible.

—¿Usted no tiene nada de vasca?

—Sí. Mi madre era de Ascain.

—¡Ah, de Ascain! ¡Qué pueblo más bonito! Tengo un gran entusiasmo por Ascain, tan pequeño, tan humilde..., y por Sara, y por los alrededores del monte Larrun.

—No creo nada de lo que dice usted.

—¿No cree usted?

—No.

—¡Qué pena! Yo puedo ser incomprensivo y bruto, pero siempre he sido sincero.

—Sí; sincero en el momento. Luego sería otra cosa.

—Creo que no.

—¿Quién era el autor que hizo un libro que se llamaba *Humano, demasiado humano?* —me preguntó luego.

—Nietzsche. ¿Lo ha leído usted?

—No.

—¿Le parece a usted mal el enunciado?

—Sí. Muy, muy mal.

—¿Por qué?

—Porque creo que pronto se ve las orejas al lobo, y el lobo se disfraza muchas veces de cordero.

—Yo no tengo nada de lobo.

—¡Quién sabe! ¡Adiós!

—¿No me da usted la mano?

—Sí. ¿Por qué no?

Yo se la besé.

—Ahora dígame usted su nombre; no el nombre de familia, sino el de pila.

174   —Me llamo Margarita.

—Margarita de Ascain... Así la recordaré a usted. Es muy bonito. ¿No se habrá usted incomodado conmigo?

—No. ¿Por qué?

En esto entró el encargado del hotel y le anunció que ya estaba el cuarto preparado para ella. La parisiense me saludó con aire un poco irónico y se fue.

No la volví a ver más. Dos días después se había marchado. No tenía yo más que el pobre recurso de apencar con el turismo y de leer a sir Arthur Conan Doyle.»

1924. AMSTERDAM.

«Encontrándome en Amsterdam, les dije a unos amigos holandeses que me gustaría ver de noche un barrio de gente maleante que había entre canales.

Se conoce que la gente correcta no solía ir nunca por allí, y un profesor me recomendó a un amigo suyo policía para que me acompañara.

El barrio era muy curioso. Vimos unos cafés chinos pintados de negro, con unas letras blancas en las paredes, y gente que dormía amontonada, intoxicada por el opio.

Vimos también algunas casas con dos o tres mujeres que jugaban a las cartas; y una en donde había una mujer sola, bonita, en un cuarto lleno de muebles; una muchacha con una cara de gato muy inteligente.

El policía presentó su carnet, y la muchacha, señalándome a mí, dijo:

—Y éste, ¿por qué viene aquí? Este no es del pueblo. ¿Tiene derecho a entrar en mi casa?

—Sí.

—Que presente su carnet.

—Es un médico —contestó el policía.

La mujer siguió mirándome a mí con extrañeza y me dijo algo que yo no entendí.»

175

1924 (?). PARÍS.

«Habíamos ido al restaurante Prunier, invitados por la duquesa, hacia el año veintitantos del siglo, varias personas. El piso bajo y el principal del restaurante estaban llenos de público distinguido.

Estábamos tomando café cuando una señora americana se acercó a saludar a la duquesa. Nos levantamos todos y me presentaron a la dama.

—Este señor es Pío Baroja —dijo la duquesa.

—¡Ah!... Nuestro enemigo —exclamó la americana—, que ha hablado tan mal de nuestro país y de nuestros autores.

—Eso de nuestro enemigo es un poco cómico —repuse yo.

—Pues así es.

—Me tendré que batir con el Chimborazo o con el Pichinvha para demostrar que soy un enemigo verdadero de América.

La americana venía a hablar a la duquesa, a invitarla a su hotel, donde tenía por la tarde, al anochecer, un té. Iban a ir algunos diplomáticos y dos escritores franceses de nombre.

La duquesa aceptó, y la americana se sentó a su lado. Al concluir el almuerzo yo pensé en escabullirme en la puerta, pero no me resultó fácil la retirada.

—Le voy a llevar a usted en automóvil —me dijo la americana—, y le pediré cuentas de lo que ha dicho de nosotros.

—No creo que sea usted un juez muy severo —le contesté yo.

—Ya veremos.

Subimos al automóvil, que echó a andar hacia el centro.

—¿Sabe usted lo que he notado, señor Baroja?

—¿Qué?

176   —Que es usted un poco farsante y ceremonioso.

—¿Yo?... No lo creo. Explique usted por qué piensa eso de mí.

—Porque le veo hacer la comedia como todos. Se levanta usted si viene cualquiera... No se sienta usted si no se ha sentado el último... Es decir, que hace usted la farsa como todos.

—Pero eso creo yo que es el protocolo corriente... Yo no lo voy a vulnerar por capricho. Es como si en una estación en donde vea que dice: "La salida, por la izquierda", intentara salir por la derecha. No voy a ir tropezando con todos para nada.

—No me convence usted. Creo, además, que los vascos son ustedes hipócritas.

—Eso lo dirá usted, seguramente, porque su marido tiene apellido vasco.

—No, señor; no lo digo por mi marido. Lo digo por usted. Es usted un poco impertinente.

—Yo no dudo de que estemos todos llenos de defectos.

—¿Qué hace usted en París? —me preguntó de pronto.

—Poca cosa: pasar el tiempo.

—¿No tiene usted nada que hacer?

—No.

—¿No le entretiene el pueblo?

—Ya muy poco.

—¿No va usted a conferencias, reuniones, etc.?

—No.

—¿Ni a teatros tampoco?

—Tampoco.

—¿No mira usted los escaparates de las tiendas?

—¿Yo? ¿Para qué? Hay pocas cosas para mí. Yo no he de ir a comprar joyas para mí ni para ninguna señora: no tengo dinero para ello.

—Pero no todo son joyas.

—Sí; hay corbatas, paraguas, bastones, boquillas...

—¿Y teatros y cines?

—Ya no me interesan.

—¡Ay, viejito! Le encuentro a usted muy poco animoso. Allá, en América, somos más optimistas. Los españoles son tristes.

—No todos; hay algunos que se creen reyes.

—¿Dónde quiere usted que le deje?

—Aquí, en los muelles. Daré un paseo al sol mirando libros y estampas. Me entretendré, o haré como que me entretengo.

—Muy bien. ¡Adiós, viejito!

—¡Adiós! Y que conserve usted su optimismo.

—Y que a usted se le cure el pesimismo.

—¡Muchas gracias!

—Muy bien. ¡Adiós, viejito! Y no nos desdeñe usted tanto.

—Si yo fuera un chino y tuviera su cortesía, le diría que soy un pobre gusano de tierra al lado de usted.

Ella se echó a reír.

Se detuvo el automóvil, saludé a la americana y vi cómo se alejó su coche.»

1927 (?). PARÍS.

«Una arquitecta inglesa, a quien conocí en París, que tenía aire de mujer avispada y lista, me dijo una vez:

—Una mujer inteligente no creo que le hará a usted caso.

—¿Por qué? ¿Porque soy viejo?

—No.

—¿Porque no tengo un cuarto?

—Tampoco.

—Entonces, ¿por qué?

—Porque comprenderá fácilmente que un hombre que se burla de sí mismo se burlará también de ella. La amistad y el amor son cosas serias; si no, no son 178 nada.»

1928. Behovia.

«Recuerdo una conversación que tuve con una cómica joven, Amelia Muñoz, muerta prematuramente. Filmaban una novela mía y los cómicos estaban en una fonda de Behovia. Yo fui una tarde allí y estuve hablando largo tiempo con Amelia Muñoz, que me dijo que no le gustaban mucho mis libros, porque en ellos el amor no aparecía como iluminado por una luz gloriosa.

—¿Qué quiere usted? —le decía yo—. Yo únicamente he escrito lo que he visto.»

1930 (?). Vera.

«Luego, al atardecer, se hacía tertulia en el jardín, donde se reunía la familia, con la madre, y donde nunca faltaban invitadas y visitantes. Unas veces eran conocidas de Carmen, la hermana; otras, viejas amigas de Baroja, como la marquesa de Villavieja; otras, muchachas llegadas de cualquier lugar a la sombra de la fama del novelista.»

1934. La Mancha.

«En una excursión que hice desde el norte hasta el sur de España, siguiendo la ruta del general Gómez, al pasar por un pueblo de la Mancha, en una casa en donde había un señor con dos muchachas, les pregunté algo, no recuerdo qué, sobre el camino que tenía que seguir, y el señor me contestó amablemente, y entramos en conversación.

Luego me dijo:

—¿Qué le parecen a usted estas muchachas? Son mis hijas.

—Son muy guapas, y puede usted estar contento de tenerlas.

Entonces una de ellas dijo, con voz agria:

179

—Parece mentira que hable usted así siendo un viejo.

— ¡Qué cosa más rara! —le dije yo al padre.

—Pues ¿por qué?

—Porque yo creo que hasta las mulas agradecen los halagos; pero las hijas de usted, no. Se conoce que son como mulas, que tienen que contestar con una coz.»

En 1936 es ya don Pío un anciano triste y solitario que, presa del artritismo y la melancolía, aguarda paciente la última campanada del implacable reloj que mide las horas del tiempo. Su memoria ha naufragado «como un barco de papel» y la incertidumbre del porvenir pone en su ánimo notas de angustia y de zozobra. Débil, enfermo, achicado, sufre de vértigos e insomnio y pasa las noches sin apenas conciliar el sueño. Todo le agobia y le atormenta todo. Y en este estado, advirtiéndose sin fuerzas para protagonizar su presente, decide 181 abrigar el espíritu (en París primero y luego en Madrid) en un distanciamiento emocional que logre aislarle de las dificultades que le crean, sumergiéndose en la inconsciencia propia de quien ya nada espera de la vida.

¿Qué papel juegan las mujeres en ese postrer trance de su biografía? ¿Continúan interesándole como en los viejos tiempos? ¿Ha disipado la vejez aquel deseo de comunicación que le animó a buscarlas, cuando joven? ¿Disponen, en cualquier caso, de dimensión y entidad suficientes dentro de su contexto espiritual como para justificar, al menos, una alusión a su presencia?

A ser justos, habremos de convenir en que es éste el tiempo en que Baroja obtiene sus mejores triunfos con ellas. Requerido, adulado incluso por sus admiradoras, que buscan en su compañía el trato con el novelista de nombre, goza don Pío de atenciones y mimos que en otra época apenas pudo sospechar. Son quienes le visitan y acompañan mujeres jóvenes, inteligentes, estudiosas, que vienen hasta él deseosas de completar su admiración barojiana con la voz y los gestos del maestro; mujeres que, conocedoras de su vieja leyenda de solterón misógino, intentan descubrir por sí mismas cuanto de verdad existe en ella; mujeres que, de cualquier forma, humanizan con su turbadora feminidad el oscuro y cerrado horizonte cernido sobre la vida del escritor. Y éste, que puede ya acercárseles sin que la sensualidad enturbie el diálogo ni la compenetración amistosa, siente una especie de sensación fáustica, de ilusión renovada, que, además de animarle a plasmarlas literariamente —recordemos a Susana, Laura y Lola Arias—, alienta los más recónditos rincones de su intimidad y llega —me atrevería a asegurar— a constituir la única luz que alumbra su declinar biológico.

Sigamos ahora, de su mano, el corto itinerario de estos postreros *encuentros,* en una última contribución al descubrimiento y la interpretación de su patética y breve biografía sentimental:

1937. París.

«Conocí en París a una norteamericana, a la que llamo Harrisson en una de mis novelas, a pesar de que no se llamaba así.

Era una mujer guapa, un poco corpulenta, de ojos azules, rubia, cara larga, nariz pequeña y mentón muy pronunciado. Su prognatismo le daba un aire un tanto voluntarioso. Hablaba con una gracia un poco disparatada.

Había estado cerca de dos años en Méjico, sabía español, pero se explicaba con dificultad en este idioma y con grandes confusiones. Cuando comprendía que no la entendían se echaba a reír.

La americana me contó su historia. Ella se consideraba como una mujer enérgica y aventurera.

En varias ocasiones oí defender a la Harrisson proposiciones extraordinarias y absurdas, entre carcajadas estentóreas. Pensaba ir primero a Montecarlo; luego, a España; lo mismo le daba a un lado que a otro. La cuestión para ella era encontrar el hombre, si es que el hombre por antonomasia existía en alguna parte del mundo.

Me mandó versos en castellano, disparatados. Me decía que yo hacía una vida estúpida, por lo humilde.

—Yo no sé de nadie que haga una vida fastuosa con trescientos francos al mes, en esta época, por mucha audacia que tenga —le contestaba yo.

Al despedirse de mí para ir a la Costa Azul me dijo cándidamente:

—¿No me besa usted?

—No; aquí, entre la gente, no me atrevo. Si quiere usted, la besaré en su cuarto.

Después me escribió algunas cartas desde Montecarlo, con una letra desigual y de aire caprichoso.»

183

1937. Basilea.

«No lejos de la casa vivía un matrimonio, el ingeniero Haas y su esposa, amigos de los Schmitz. Este
matrimonio había pasado una larga temporada en Navarra y habían estado en Vera. Un día, la señora Schmitz
invitó a su casa a los señores Haas, y los presentó al
novelista; algunos días después el ingeniero y su esposa
invitaron a su vez a Baroja a su casa; en esta ocasión,
la esposa del ingeniero presentó al novelista a dos hermanas suyas; simpatizaron con él y estuvieron charlan-
do animadamente, quedando buenos amigos.

Con los días, las relaciones se fueron estrechando;
Baroja hizo algunas excursiones con sus nuevos amigos,
sobre todo con las cuñadas del ingeniero, una de las
cuales se le mostraba, al parecer, bastante aficionada.»

1939. París.

«A Dolly, hija de un norteamericano y de una inglesa, la conocí en la Casa de los Estados Unidos, de la
Ciudad Universitaria, de París, en 1939.

Luego se me acercó con la traducción de un libro
mío, hecha en Nueva York, para que le pusiera la firma.
Después me invitó a su casa, hacia el Bosque de Bolonia,
a una reunión o fiesta.

Al buscar la casa me trabuqué y no di con ella. Luego
vi que había dos calles con el mismo nombre y no muy
lejanas, una dentro del radio de París y otra en los alrededores. Esta última pertenecía a un municipio distinto
y en ella vivía Dolly.

Después, la muchacha americana venía con alguna
frecuencia a la Ciudad Universitaria a charlar conmigo,
y salíamos juntos. Hablaba francés, inglés y español.
Era rubia, delgada, esbelta, con aire decidido y audaz.

Dolly era muy atrevida, andaba sola por la noche,
e iba a cafés y a *music-halls*.

Dolly me vino a buscar varias veces y me agarraba del brazo.

—Hala —me decía—, vamos a ver lo que hay curioso por ahí, viejito.

—¿Qué quiere usted que haya de curioso en esta época? Nada.

Dolly era una chica atractiva y coqueta. Su padre, sin duda, se ocupaba de negocios y la dejaba sola, y ella hacía lo que le daba la gana.

La chica tenía afición a los peligros e iba a visitar a escritores y cómicos, y a artistas que la tomaban por una aventurera, por una presa fácil, y la querían conquistar; y Dolly, en peligro, sacaba el revólver.

Me contaba las escenas ridículas de viejos conquistadores y la impresión que producía su revólver.

Yo le decía:

—¿Para qué hace usted eso? Si no vale la pena.

—Yo quiero conocer la vida.

Como cuando le hacía reflexiones serias se emperraba en sus fantasías, una vez le dije:

—No juegue usted con los viejos.

—¿Cree usted que es peligroso para mí?

—Quizá sea más peligroso para ellos.

La chica se echó a reír.

Cuando salíamos a la calle, Dolly solía agarrarse del brazo y me llamaba *mon vieux* o me decía viejito. Algunas veces, cuando encontrábamos a algunas personas conocidas, decía:

—Este señor es mi abuelo; no tiene más que cincuenta años.

—No le hagan ustedes caso —decía yo—; yo tengo ochenta y nueve y ella tiene cuarenta y tres. Pero los dos tomamos un elixir de juventud y así vamos sosteniéndonos.

Esta broma no le hacía ninguna gracia, y me apretaba el brazo con fuerza para hacerme daño.

—Tiene usted algo de sadismo —le decía yo.   185

—¿Qué es eso?

—Ganas de hacer sufrir.

—Sí, es posible.

Dolly había estado en todos los teatros y sitios de espectáculos de París, sola o con una amiga suya casada, y no tenía ninguna inocencia. A mí algunas veces me divertía; pero otras me parecía que se pasaba de la raya. Ella ya lo notaba, y aunque yo fuera demasiado viejo, esa resistencia mía a la seducción no le hacía ninguna gracia.»

1940. PARÍS.

«Gabriela era muy amable, muy ingenua, con un fondo de bondad y de gracia. Después de largos estudios tenía a veces la sospecha de que había perdido el tiempo y de que por el camino que llevaba no iba más que a una vida atareada y mediocre.

Gabriela era del Mediodía, de una familia antigua y aristocrática, y había nacido en un pueblo pequeño.

Sentía un gran entusiasmo por el campo, por el sol y por el aire.

En la adolescencia, la convencieron los profesores de que tenía condiciones para estudiar, y comenzó el bachillerato y luego una carrera; llegó a hacer oposiciones y las ganó.

Ya con un cargo oficial de alguna importancia, pensó que hubiese sido mejor para ella no estudiar nada y dejarse vivir en el campo sin preocupaciones ni disgustos, casarse y ser madre de familia.

El ambiente de París, la oscuridad, la humedad, le molestaban mucho. Se sentía como un pájaro enjaulado y recordaba con nostalgia su aldea y el paisaje con sol.

Vivía con su madre en una casa nueva del *faubourg* Saint-Germain, adonde yo iba con frecuencia a visitarlas. Con la guerra tuvo que abandonar París.

Las cartas que me mandó, ya comenzada la guerra, estaban escritas en un pueblo del sudeste. No tenían fecha, sino solamente indicaban el día de la semana: lunes, martes, etc.

Al leer estas cartas me siento sorprendido y emocionado al ver que una muchacha joven ha podido interesarse por un hombre como yo, viejo, sin porvenir y sin posición.

Si la hubiera conocido años antes, hubiera sido para mí algo confortador; pero el conocimiento fue en una época inquieta, en la que le queda a uno como una especie de recuerdo que debe ser parecido al experimentado por la hormiga cuando le destruyen el hormiguero.»

1942 (?). Madrid.

«Esta carta de mujer, de Madrid, firmada —supongamos que firme Soledad— he tenido que descifrarla y transcribirla. Está escrita con una letra ligera, casi ilegible. A primera vista forma como madejas. Da la impresión de nerviosidad, de inquietud, de algo de pájaro. No tiene fecha, y dice así:

"Distinguido señor:

No sé si le parecerá tonto que le escriba esta carta sin conocerle. Sin embargo, yo sé bastante cómo es usted para sentir la necesidad de comunicarme con un amigo del alma, por medio de estas líneas, mejor que con cualquiera de mis conocidos.

Cuando me siento defraudada, pienso en usted, y envidio a los seres que le rodean y que tienen la dicha de comprenderle y de ser comprendidos por usted.

Estoy segura de que me querría si me conociese, y eso que soy una mujer nerviosa, cambiante, y a veces quizá un poco incómoda para los demás.

Me encuentro tan sola espiritualmente, tan desambientada, tan a disgusto con lo que constituye mi vida actual; me parece todo tan endeble, tan hueco, tan al 187 aire, tan poco mío, que tengo necesidad de decírselo a alguien, y no a cualquiera, sino precisamente a usted.

¡Cómo me hubiera gustado conocerle a usted de joven, aunque hubiera ido mal vestido y con boina!

Ya veo que es usted un hombre que se basta a sí mismo y hasta se sobra; pero comprendo que no tiene usted energía, que es usted tan débil como yo o más, y que toda su defensa es aislarse. ¡Pobre defensa!

Estoy convencida de que dentro de veinte o treinta años, en España le leerán las mujeres. Pero comprendo que esto no le consolará ya. Hay un momento de suerte en la vida…, cuando lo hay. Pasado éste, se acabó.

Le escribiré en otra ocasión, cuando tenga de nuevo el deseo de comunicarme con un hombre sencillo como usted.

¡Adiós!

Soledad.»

1947. MADRID.

«Letra de trazos fuertes y un poco hombruna, de una mujer que, sin duda, escribe bastante:

"Muy señor mío:

He leído su libro *Galería de tipos de la época;* me lo ha dejado una amiga, y me ha dicho: 'Mira a ver qué te parece eso. Me han asegurado que es una cosa interesante.'

Me ha sorprendido la lectura de la obra suya. Es un libro curioso, agrio y mal intencionado.

Unos días después de leer su libro he preguntado a mi amiga:

—Y ese Baroja, ¿quién es?

—No sé. Vamos a ver en la Enciclopedia Espasa si dice algo de él.

Hemos pasado al despacho del marido de mi amiga
188 y mirado en el diccionario al principio de la letra B,

y después en el apéndice. Nos hemos enterado que hace cerca de cincuenta años que escribe usted.

Yo había oído citar alguna vez el nombre de Pío Baroja y pensaba que sería un periodista, uno de tantos; ahora me entero de su fecundidad un tanto monstruosa.

¿Sabe usted la impresión que me produce su libro? Se me figura que llego a una ciudad y me preguntan: '¿Ha visitado usted ese barrio al otro lado del río o detrás de la catedral? ¿No? Pues hay un barrio antiguo bastante curioso, y, efectivamente, hay una barriada con sus casas y sus rincones, con una población un poco rara, distinta a la habitual por su traje y por su aspecto.'

Como usted vive en ese barrio, le parece raro el pueblo moderno y la manera de ser de la gente que habita en él.

Su actitud me hace sospechar que es usted un hombre desconfiado y suspicaz.

Si no es así, si alguna vez quiere venir a mi casa, se lo dice usted al señor G, que le conoce a usted y alguna vez va a verle, y vienen los dos, y les ofreceré una taza de té o un refresco, y hablaremos y nos explicaremos.

C. N."

Yo le contesté dándole las gracias por su amabilidad y diciéndole que me marchaba de Madrid. Ir como un pájaro raro a que me examinen otras personas, no me hace mucha gracia.»

1948. MADRID.

«Los amigos de Baroja —los íntimos nada más— se reunieron anoche alrededor de don Pío, en la terraza de un restaurante, para conmemorar sus "bodas de oro" con la literatura. Como no se había hecho pública la noticia, asistieron solamente unas tres docenas de personas.

En la fotografía obtenida durante la comida los lec- 189

tores pueden ver a don Pío Baroja rodeado de señoras; es decir, desmintiendo la idea de solterón huraño y misógino que el público se ha formado de él. Baroja ha tenido siempre muchas admiradoras, a pesar de la leyenda que él mismo hizo correr, y según la cual nunca le han hecho caso las mujeres.»

1950 (?). Madrid.

«Los asiduos a la casa se habían incrementado con la presencia de algunas mujeres jóvenes, que con su afecto iluminaban el declinar de don Pío.

El carácter de Baroja fue haciéndose de una dulzura extremada. Dijérase que contribuían a ello aquellas mujeres jóvenes, muy bellas algunas, que le rodeaban consagrándole largas horas mientras él rebuscaba en su mente, con inseguridad, antiguos recuerdos, imágenes propias, familiares y del mundo que antaño le rodeara.»

LA PERVERSION
DE LA SENSUALIDAD

Revisando, desde la objetiva atalaya de los setenta años, su propia vida (cuyo discurrir sentimental acabamos de examinar en las páginas precedentes) e intentando encontrar una explicación convincente mediante la que justificar el proceso evolutivo de su personalidad psíquica, escribirá Baroja en el quinto de los volúmenes *(La intuición y el estilo)* que constituyen sus *Memorias:*

«... Desde un punto de vista fisiológico, pienso que se podrían advertir en el hombre tres tipos diferentes: el tipo *visceral* del hombre vegetativo, en el que predo- 193 minan las funciones digestivas y musculares; el tipo *sensual,* en el que dicho predominio debe encontrarse en el sistema medular; y el tipo *cerebral,* en el cual lo más acusado ha de ser la función ideológica... Estos dos últimos procederían de un origen casi común: el desarrollo exagerado del cerebro y de la médula... Y se concibe que un tipo *sensual,* en un ambiente de insatisfacción, pueda fácilmente convertirse en un tipo *cerebral,* en un escritor o en un místico...»

Así planteada, la tesis barojiana no ofrece, en su intención, dificultad interpretativa alguna. Su contextura silogística la reduce a los simples términos de la exposición de dos premisas y su inmediata conclusión, cuyo enunciado puede muy bien concretarse en los siguientes puntos:

a) El novelista se reconoce adscrito a los esquemas que determinan la configuración del tipo *sensual* antes expuesto.

b) Entiende, correlativamente, que la insatisfacción de los apremios sensoriales conduce a la *cerebralización* del sentimiento.

c) Luego, debe admitir como lógico que la imposibilidad de consumar sus impulsos provoque en él la mutación de la sensualidad.

¿Hasta qué punto es, sin embargo, válido el razonamiento de Baroja? ¿Obedece, en verdad, la perversión de su sentimentalismo a una insatisfacción genésica? ¿Qué otros condicionantes o supuestos pudieron, con independencia del ya citado, influir en tal involución? Y en última instancia, ¿cómo se opera la transformación de su primer *amor-impulso* en un posterior *amor-sentimiento?*

La respuesta a tales interrogantes sólo puede buscarse en el examen detenido de la biografía sensual del escritor. Como el resto de los hombres, Baroja se «coció» en su propia historia. Y así, no indagar el *cómo,* el *cuándo* y el *por qué* de dicha evolución en el análisis de los sucesivos latidos de su complejo psiquismo, es algo parecido a intentar desentrañar el proceso de desarrollo de una comunidad sin atender sus caracteres socio-culturales y económicos.

Convencido, pues, de la exigencia de ese estudio, he pensado en la necesidad de parcelar la vida sentimental del novelista en tres etapas o fases arquetípicas (que denomino *concupiscente, diatrófica* y *ataráxica*) a través de cuyos «síntomas» caracterológicos pueda el lector seguir sin demasiadas dificultades el discurrir deformativo de la sutil emocionalidad barojiana.

Contempla el período *concupiscente* aquella etapa de la biografía del escritor en que la cristalización del erotismo polarizó por entero su existencia en torno a los apetitos de la carne, por más que su timidez patológica, de una parte, y su desmedido orgullo, de otra, le impidieron la normal realización de los mismos, abocándole a un singular régimen de castidad que, aunque voluntario y consciente, contribuiría con el tiempo a *destemplar* por completo su sensualidad.

Examina el apartado *diatrófico* (término éste debido a Spitz y utilizado ya por la casi generalidad de los sexólogos) la segunda fase del curso emocional de Baroja, a partir del momento en que, excluida de las vías naturales de satisfacción, su sexualidad precisó emprender el camino de las satisfacciones sustitutivas, originando una especial perversión que habría de traducirse, desde el punto de vista del comportamiento, en una agresividad compensatoria, y, en orden a la afectividad, en una acción sublimada y tutelar del sentimiento.

Resume, finalmente, el capítulo *ataráxico* la última época de la vida del autor, en el trance en que la serenidad colma su espíritu y la andropausia le exime de desazones y dolorosas continencias, en esa hora suprema en la que sólo la nostalgia y los recuerdos son capaces de dulcificar el instante de la llegada de ese adiós postrero, al que Baroja ya no teme y casi desea.

195

Y apuntados ya los tres *estadios* en los que se fraguó el enviciamiento del espíritu de don Pío (perversión que procura a su figura un tono entre patético y entrañable, y a la que, de coincidir con José Pla, hay que responsabilizar de su prolífica fecundidad literaria), pasemos de una vez a su consideración detallada, en un intento por descubrir su íntimo sentido. Y hagámoslo recurriendo a un sencillo ejercicio de adición que aune en un todo la relación de sus caracteres respectivos, el recuento de aquellas impresiones que uno y otros fijaron en su ánimo, y el resumen de los juicios con que la crítica ha buscado interpretarlos.

En un orden mera y personalmente estimativo, es la concupiscencia el primero de los capítulos que configuran la biografía sensual del novelista, y ello no sólo por su condición de punto de partida de aquélla, sino, lo que es más importante, por su carácter de *base* sobre la que se apoya, explica y argumenta la totalidad del cosmos físico y psicosensorial barojiano.

Los caracteres

Entre las constantes más características y determi- 197

nantes de la personalidad del joven Baroja a lo largo de este período merecen destacarse, dado su singular valor testimonial, las siguientes:

— Temperamento impresionable y abiertamente receptivo.

— Presencia de un fondo romántico, turbulento y quimérico, que le empuja a la búsqueda de la emoción intensa y extraordinaria.

— Polarización de la existencia en torno a los deseos sensoriales.

— Sensibilidad hiperestésica, impurificada por un sensualismo acuciante, exacerbado e imaginativo.

— Timidez fisiológica, en contraste con su necesidad de extroversión.

— Impotencia para procurar satisfacción tanto a los apetitos de su carne como a las vivencias de su espíritu.

— Nihilismo espiritual y panteísmo cósmico.

— Susceptibilidad casi enfermiza al choque con el mundo exterior e inadaptación a todo tipo de formulismo social.

— Insolidaridad con los presupuestos morales de su tiempo.

— Nacimiento de un desequilibrio emocional, producto de su renuncia a saciar las necesidades fisiológicas a espaldas de la sensibilidad.

LOS LÍMITES CRONOLÓGICOS

La etapa concupiscente de la sensualidad barojiana tiene una duración aproximada de dieciséis años: se inicia en 1884, con el comienzo de la adolescencia del escritor, y se prolonga hasta 1900, fecha en que, frustrados sus anhelos sentimentales, decide Baroja disciplinar sus impulsos, poner freno a la líbido y recogerse en la
198 difícil, pero segura, paz de su mundo interior.

Tanto el desasosiego y la intranquilidad propios de este período como las características de la circunstancia ambiental que lo circuye van a suscitar en Baroja una serie de impresiones y comentarios que constituirán, a la larga, el mejor testimonio psicobiográfico del novelista en estos años cruciales de su adolescencia y juventud, y que, revisadas desde la óptica de la crítica, posibilitarán un más amplio, profundo y exhaustivo conocimiento del mismo.

En estas confesiones, lo mismo en las dictadas *in situ* que en las rememoradas desde el recuerdo, nos ofrecerá el escritor la más íntima radiografía del clima de ansiedad y desequilibrio que le acompañó en aquel tiempo y que de manera tan decisiva iba a influir en sus actitudes posteriores, modificando la dirección de su sensualidad y conduciéndole, bien que contra su voluntad, «desde el valle de Dyonisios hasta el templo de Apolo».

Refiriéndose, así, a la formación de su estructura emocional y a la naturaleza específica de su sentimentalismo, escribirá:

«... Respecto a mí, yo he notado que mi fondo sentimental se formó en un período relativamente corto de la infancia y de la primera juventud, un tiempo que abarca un par de lustros aproximadamente: desde los diez o doce años hasta los veintidós o veintitrés... En ese tiempo todo fue para mí trascendental: las personas, las ideas, las cosas, hasta el aburrimiento... Mi sentimentalismo fue, durante mucho tiempo, completamente absurdo y casi siempre ridículo: me dolían las despedidas, el dejar un hotel desconocido en donde había pasado unas horas perfectamente monótonas; me angustiaba el abandonar un pueblo; me parecía que iba dejando trozos del alma por los sitios por donde pasaba, y que sentía un gran dolor por dejarlos allá lejos...»

De sus caracteres sensoriales de entonces nos dejará, a su vez, un singular y valioso documento literario: 199

«... Mi facultad de impresión es tan psíquica como
sensorial... En aquella época no poseía, ciertamente, una
inteligencia fuerte ni una voluntad tenaz; pero, en cambio, era un muchacho de sentidos perspicaces... Mi vista
ha sido casi siempre perfecta; el oído bueno, aunque no
excesivamente dotado para lo musical; y el olfato finí-
simo, como de perro... Mi sensibilidad era como un órgano sin revestimiento, sin piel; y así, el más mínimo
contacto con la aspereza de la vida me hacía daño...
Como temperamento individual, soy dionisíaco... No me
siento un *homo sapiens,* de Linneo, sino más bien un
homo sensualis, de Epicuro... Debo reconocer que me
he advertido siempre tentacular, completamente tentacular...»

El ambiente levítico de las ciudades españolas de su
tiempo, a cuya sombra iba a crecer y desarrollarse su
sensualidad, lo verá de esta forma:

«... El despertar de la pubertad en una de nuestras
capitales levíticas era algo muy grave... La sensualidad
en la capital de provincia, un tanto clerical, vibraba en
el ambiente; se oían historias eróticas terribles y se
creía el mundo más sucio, más libidinoso de lo que en
realidad era... Había allí como una atmósfera de cantárida; lo que hablaban los amigos, lo que se murmuraba
y se veía en la calle, las mismas conversaciones de las
criadas contribuían al ambiente de erotismo... La ini-
ciación en la vida erótica resultaba repulsiva y triste...
Pamplona era como un gallinero, donde el fuerte, el
grande y el audaz vencían...»

Sobre la rígida moral que regulaba el comportamiento sexual en su época —y por lo tanto el suyo— opi-
nará:

«... En moral sexual, la calle vencía a la casa, y al
joven apacible no le quedaba otro remedio sino convertirse, a veces, en un animal rijoso como un mono...
Pienso que esta obsesión del erotismo nunca se hubiera
200 producido sin la exageradísima represión de que fue ob-

jeto... A los de nuestra generación, la moral de este tiempo nos estropeó la vida...»

Las mujeres tampoco parece ser que colaborasen demasiado, a tenor de sus impresiones, en la domesticidad del erotismo:

«... La vida de la mujer española era realmente triste. Sin sensualidad y sin romanticismo, con la religión convertida en costumbre, perdida también la idea de la eternidad del amor, no le quedaba a la española sostén espiritual ninguno... Las mujeres que conocía tenían una moral muy severa; eran como plazas fuertes atrincheradas y amuralladas... Llevarse a una mujer resultaba mucho más difícil que raptar a la Giralda... Todas aquellas a las que yo traté sentían además, paradójicamente, una notable preferencia por los hombres sensuales...»

A la inquietud generada en tal ambiente va a unirse la ausencia de una vocación definida en el joven escritor:

«... Yo sentía curiosidades; pero, en definitiva, vocación clara y determinada, ninguna. Fuera de que me hubiera gustado tener éxito con las mujeres y correrla por el mundo, ¿qué más había en mí? Nada. Vacilación... Todo lo que no fuera tenderme en la yerba con una mujer al lado, no me interesaba en absoluto...»

Acunada en esa abulia existencial, su sensualidad adquirirá proporciones exageradas, de la que nos habla al escribir:

«... Estaba yo entonces en una constante exasperación erótica. Todas las mujeres me gustaban: las bonitas, las feas, las solteras, las casadas, las niñas y las viejas; a todas las miraba como presas deseables... La preocupación por ellas no me dejaba vivir tranquilo... Un flujo de pensamientos mórbidos me perturbaba a todas horas... Del amor, de ese amor de las novelas, no había nada en mí; sólo tenía una fiebre sexual, como hubiera podido tener viruelas, pero una fiebre continua y perpetua... Pensaba, con envidia, en el derecho de pernada de los antiguos... Vivía en un alucinamiento erótico, en una erupción constante...»

La insatisfecha excitación de la carne propiciará en el novelista la visión de la vida sexual como algo sombrío, amargo y descompuesto:

«... El mundo comenzó a ser para mí un inmenso lupanar disimulado... Yo creía en aquella época que la vida era un estercolero disfrazado con algunas florecillas retóricas envueltas en papel de estraza. No me parecía que se diferenciara gran cosa de una pocilga, en donde la mujer hiciera de gamella y el hombre de cerdo... En mi tiempo había que ir al vicio con más vocación, más energía y más constancia que al trabajo... Todo en la vida sexual estaba inundado de fango, miseria y tristeza... El erotismo juvenil era algo terrible, que se veía en una perspectiva de gasas, yodoformo y disoluciones de permanganato... Comprobar y evidenciar la podredumbre que acompaña a la vida erótica produjo en mí una angustiosa impresión...»

Este pesimismo, unido a su sensibilidad hiperestésica y su temor a cualquier sometimiento, van a impedirle la normal realización de sus instintos:

«... Para mi ideal de independencia, el problema sexual era una imposibilidad. ¿Cómo resolver esta cuestión? O hay que tener dinero, y yo apenas lo tengo, o someterse, cosa que me repugna... Pagar, no; casarme, tampoco; no existía ninguna solución para el dilema... Por otra parte, a mayor instinto sexual y a mayor delicadeza, más dificultad para resolverlo... Tenía, además, como una sensibilidad ética que me impedía entrar de lleno en el vicio tranquilamente...»

De sus inútiles intentos por remediar tal situación nos hablará el escritor en los siguientes términos:

«... Hubiera dado cualquier cosa por emanciparme de la preocupación erótica, que no sólo me impedía hacer algo serio, sino también vivir tranquilamente... Decidí limitar la alimentación, tomar sólo vegetales y no probar la carne, el vino ni el café... Sólo me acercaba a aquellas muchachas que podían pacificar mi erotismo... Todo fue inútil... Esta preocupación de ver en todo malicia y erotismo me quedó mucho tiempo, y únicamente cuando, ya hombre, pude hablar con las mujeres sin buscar siempre en las frases segundas intenciones lascivas, tuve una gran tranquilidad...»

En este clima de pugna y controversia, la sensualidad barojiana tenía, forzosamente, que modificarse, perdiendo su anterior sentido concupiscente:

«... Si yo hubiera podido seguir mis impulsos libremente en esa edad trascendental de los quince a los veinticinco años, hubiera sido un hombre tranquilo, quizá un poco sensual, quizá un poco cínico, pero seguramente nunca un hombre rabioso... No fue así, y las excitaciones constantes, las preocupaciones, las lecturas y los paseos solitarios fueron pervirtiendo mi sensualidad y haciéndola patológica... En el medio ambiente en que yo me he desarrollado, esta blandura vagabunda y congénita, esta sensibilidad con su agudeza de los sentidos, no podía tener utilidad y empleo, y se pervirtió, y convirtióse, con el tiempo, en una sensiblería perturbadora...»

LOS DESDOBLAMIENTOS

Igual que hiciera en innumerables ocasiones al considerar otros aspectos de su personalidad, Baroja desdobló literariamente estas impresiones sensoriales, transfundiéndolas a varios de sus personajes de ficción, a través de cuyas reacciones puede seguirse, de igual modo, la simpar coyuntura psicosomática por que atravesara el escritor en este tiempo de adolescencia y mocedad.

De estas contrafiguras en que, a lo largo de su obra, decidiera don Pío reencarnar tales sensaciones, una —Fernando Ossorio— sería concebida por el novelista en el momento mismo de experimentarlas, en tanto que a las restantes —Andrés Hurtado, Jaime Thierry, Luis 203

Murguía y Javier Olarán, sobre todo— las recrearía *a distancia,* desde la perspectiva de la madurez, vencido ya el período de la concupiscencia y afincada su emocionalidad por entero.

Veamos ahora cómo el conjunto de las vivencias de dichas criaturas refuerza más, si cabe, los anteriores juicios de su creador.

En Fernando Ossorio, protagonista de *Camino de perfección,* nos da Baroja, en 1902, el primer autoboceto de su acusada sensualidad, en la que deja ver, no obstante, un vago fondo de malestar y remordimiento tras la erupción sexual:

«... De cuando en cuando, un detalle sin importancia reavivaba sus deseos: un vestido nuevo, un escote más pronunciado. Entonces, andaba detrás de ella por la casa como un lobo, buscando las ocasiones para encontrarla a solas, con los ojos ardientes y la boca seca; y cuando la cogía, sus manos nerviosas se agarraban como tenazas a los brazos o al pecho de Laura... Por la mañana, sin embargo, cuando volvía a su casa, cuando por el frío del amanecer se disipaba su embriaguez, sentía un remordimiento terrible, no un dolor de alma, sino un dolor orgánico en el epigastrio y una angustia brutal que le daban deseos de echar a correr...»

Nueve años más tarde, en 1911, volverá a dar cuerpo literario a su naturaleza erótica, así como a su incapacidad para encauzarla, en la figura de Andrés Hurtado, personaje central de *El árbol de la ciencia:*

«... Estaba constantemente inquieto y excitado... Si quería vivir con una mujer, tenía que casarse, someterse... De no casarse, podía transigir e ir con los perdidos del pueblo a casa de la Fulana o de la Mengana, a esas dos calles donde las mujeres de vida airada vivían como en los antiguos burdeles medievales; pero esta promiscuidad era ofensiva para su orgullo... No; prefería estar enfermo... A los ocho o nueve meses de vivir 204 así, excitado y aplanado al mismo tiempo, empezó a padecer dolores articulares; además, el pelo se le caía muy abundantemente... Decidió limitar su alimentación y no tomar carne ni vino ni café. Varias horas después de comer y de cenar bebía, también, grandes cantidades de agua...»

Estas mismas constantes personales —erotismo, asepsia, frustración— las desdoblará, a su vez, don Pío en Luis Murguía, en torno a cuya imagen reconstruirá, en 1920, el proceso involutivo de su sensualidad:

«... Hablábamos de las mujeres como salvajes o pieles rojas, y pensábamos que el robo, la violación o el estupro no nos hubieran detenido si se nos hubiese presentado la ocasión... Yo vivía en una continua excitación... La preocupación por las mujeres no me dejaba vivir tranquilo... Pero la idea de la domesticidad me fatigaba... Mis intentos por ser un hombre efusivo fracasaron y no tuve otro remedio sino meterme en mi concha... Tenía, y he tenido siempre, un sentimiento de pájaro que no quiere ensuciarse las alas... Así, mi sensualidad se fue pervirtiendo, al mismo tiempo que se perfeccionaba y alimentaba mi gusto estético... Soy un sátiro degenerado por la filosofía y el vegetarianismo...»

La imposibilidad de conciliar el impulso de sus apetitos sexuales con una acompasada paz espiritual volverá a patentizarla el escritor en Jaime Thierry, héroe de *Las noches del Buen Retiro,* fechada en Itzea en 1933:

«... Sentía una pasión del cerebro y de todo el cuerpo, como un vendaval que hiciera rugir con sus ráfagas de viento el interior del bosque... La marquesa le había enloquecido por completo... El hubiese querido apoderarse de ella, tomarla, dominarla en todos los actos de su vida... De la tormenta sensual de aquellos amores, ella salió sonriente y tranquila; él, en cambio, quedó vencido, irritado y triste..., con un aplanamiento lleno de intervalos furiosos...»

Javier Olarán, cura de Monleón, será, en 1936, el último de sus trasuntos literarios víctima del sarpullido 205 erótico, al que opondrá, igual que sus predecesores, un régimen aséptico limitador de su actividad seminal:

«... Con la práctica del confesonario, las obsesiones sexuales atormentaban a Javier. Una inflexión de voz, una frase de mujer, le hacían el efecto de un aguijón. No podía pensar que estas obsesiones eróticas tuvieran ventaja para nadie, y creía que eran inútiles y perjudiciales, porque en vez de purificar su espíritu lo envilecían... Muchas veces, las preocupaciones le quitaban el sueño... Preguntó a Basterreche qué podía recomendar a los enfermos erotómanos. Basterreche le dijo que no había nada eficaz, pero que quizá sirviera el bromuro de alcanfor. Javier comenzó a tomarlo. Además, empleaba el baño frío por la mañana, ayunaba y andaba mucho...»

La crítica

Sobre la base, unas veces, de las propias confesiones de don Pío, y apoyándose, otras, en el conocimiento directo que del escritor tuvieron, los biógrafos y críticos barojianos han estudiado con manifiesto interés esta tan decisiva etapa de su vida, en la que advierten ya los gérmenes primordiales que habrían de gobernar su existencia posterior, y a cuyos caracteres se remiten con no poca frecuencia cuando de explicar las distintas reacciones del novelista se trata.

En lo fundamental, todos ellos coinciden con el espíritu que inspira los anteriores textos de Baroja, lo mismo en lo referente a reconocer el acusado acento sensual que le dominara en ese tiempo, como en advertir el giro experimentado por su sensibilidad en el transcurso del mismo.

Recordemos, como testimonios significativos al respecto, los juicios de Helmut Denuth, Eduardo Tijeras, José Ortega y Gasset, Luis S. Granjel, Corpus Barga, Marta Portal y Sebastián Juan Arbó:

De Eduardo Tijeras:

«... Comienza una pubertad de turbulencia teórica y de melancolía real. Las muchachas tienen una presencia vaga; no existe en la levítica ciudad española vida sexual salvo la prostibularia... Baroja siempre terminaba por salir defraudado de este ambiente... Le hubiera gustado tener éxito con las mujeres y correrla por el mundo; pero, aparte de esta elucubración romántica, no tenía aptitudes definidas... Vivía bajo la penosa sensación que le causaba la inmoralidad...»

De Helmut Denuth:

«... En una naturaleza decididamente sensitiva como la suya —mejor diríamos, determinada por los sentidos—, las conmociones de la pubertad habían de manifestarse intensamente... De joven, Baroja anhelaba hacer un papel en sociedad, imponerse al otro sexo; pero los inocentes propósitos de realizar en su persona el ideal de un *dandy* se agostaron sin éxito en sus ensayos amorosos... Sólo existía para él una posibilidad de mantener la libertad: la limitación, la restricción voluntaria, el remordimiento... Y el joven Baroja, que se sentía absolutamente dionisíaco, debió considerar esta limitación como la más acerba de las imposiciones...»

De Luis Granjel:

«... A medida que su infancia lo acerca a los años de la pubertad, toda su existencia va polarizándose en torno a los apetitos, las inclinaciones e idealizaciones que despierta este suceso tan decisivo en la vida de todo muchacho en trance de hacerse hombre... La lectura de *Werther* desorbita su tendencia imaginativa; la idealización erótica, teñida de sentimentalismo, se contrapone a los apetitos, brutales, que electrizan su cuerpo; y estas opuestas inclinaciones consumen por entero sus días... Consiguió Baroja salvar su vida del encanallamiento tan propicio en esta edad, sobre todo en quien, como él, no se contraponía a la turbación erótica una fe religiosa viva y operante; le libró de ello un oscuro impulso ético 207 siempre evidente en su vida, y también su facilidad para idealizar sus sensaciones... Pero no pudo evitar que aquellos anhelos sexuales, sin cauce por el que discurrir, le saturasen todo y acabaran por provocar esa nota amarga, irónica, descontenta y resentida que en él se advierte.»

De José Ortega y Gasset:

«... Al presentársenos ciertos deseos, nuestras convicciones morales o estéticas nos obligan a dejarlos insatisfechos. Pero un deseo que permanece insatisfecho es una condensación de afectividad que pugna por expandirse, por actualizarse, gastándose en forma de movimientos musculares o inyectándose en el resto de nuestros quereres. Esa lucha es dolor para el alma y resulta a menudo insoportable... En Baroja, encuentro una manifestación superior de ese dolor... Su ideal era el de ser "un carnívoro voluptuoso errante por la vida"... El gran drama íntimo de don Pío hay que buscarlo, de ahí, en esta sensualidad insatisfecha...»

De Marta Portal:

«... Entre las aspiraciones de este tiempo sólo recuerda una: le hubiera gustado tener éxito con las mujeres... Tenía una fiebre erótica tal que todas le resultaban presas deseables... Este alucinamiento sexual coincide con un perfeccionamiento del gusto estético que, unidos a su gran sensibilidad, van a ser los obstáculos más graves a la solución del problema erótico juvenil... De esta manera, su sensibilidad se iría limitando y terminaría por pervertirse...»

De Sebastián Juan Arbó:

«... En sus sueños se mezclaba, ya en esos días, otra preocupación más honda, un más grande misterio: la sexualidad, con sus inquietudes, sus turbulencias, sus tristezas, a veces inconfesables... Es éste un hecho importantísimo en su vida, dada la inclinación marcada que sentía por las mujeres, su sentimiento casi faunesco...

208 Los desdenes que sufriera por parte de ellas le hicieron

pensar que no agradaba a las mujeres, que carecía de atractivo; empezó a pensar que esto, con el dinero, era lo único que, en general, les interesaba, y que él carecía de uno y otro... Este fue el origen de toda su filosofía amarga; en esta decepción empezó a mostrarse mucha parte de su misantropía... Así, su sensualidad fue, poco a poco, transformándose... A los veinte y pocos años se consideraba ya en todo un fracasado. Era la edad en que, para naturalezas como la de él, si no se ha conseguido sentar el pie en algo sólido, se da casi todo por acabado...»

De Corpus Barga:

«... Baroja es profundamente sensual, pero también profundamente tímido... Cualquier mujer le atrae y con ninguna se abandona... Esa manera de inhibirse le va a estropear la vida...»

A la ya examinada etapa de la concupiscencia barojiana va a suceder en el ánimo del autor, sin apenas intermedio alguno, una fase de afincamiento emocional y
lúcido quietismo, de consideración imprescindible a la
hora de interpretar la evolución de su sensualidad, tanto
por producirse en su transcurso la mutación del antiguo
amor-impulso en un nuevo *amor-sentimiento,* cuanto por
cristalizar el *clímax* en el que un sentimentalismo tan
hiperestésico y desgarrado como el suyo se viera en el
210 inevitable trance de deformarse y pervertirse.

Igual que hiciera en el apartado anterior, detallo a renglón seguido la relación de las peculiaridades más significativas del carácter del escritor a lo largo de este tiempo de sensualidad diatrófica:

— Tendencia a imprimir al sentimiento una dirección tutelar, buscando procurar su intemporalización y perdurabilidad.
— Predominio de la reflexión sobre los impulsos sensoriales.
— Aparición de la ternura como subproducto resultante de la disociación del anterior instinto genésico.
— Exacerbamiento de su natural propensión al pesimismo y la melancolía.
— Concentración del afecto en los seres queridos y con más honda intensidad en la figura de su madre.
— Convergencia de sus ambiciones espirituales al entorno más próximo.
— Búsqueda de la ataraxia como terapia a aplicar al sentimentalismo perturbador que aún le conmociona.
— Absoluta renuncia por cualquier tipo de acción.

Los límites cronológicos

Este período de paz espiritual e íntimo ensimismamiento es, considerado cuantitativamente, el más extenso de los tres en que, a efectos de síntesis, he parcelado la biografía sensual del novelista. Abarca algo más de treinta y cinco años y se extiende desde 1900, momento en que Baroja traspone el umbral de la madurez, hasta 1936, fecha ésta que marca, además de la muerte de su madre y el comienzo de su voluntario destierro, la aparición de los primeros síntomas de una prematura 211 vejez que, en su caso, lo es tanto del cuerpo como del espíritu.

LAS IMPRESIONES

Si los años de adolescencia y juventud fijaron en el ánimo de Baroja multitud de impresiones sensoriales, los correspondientes a su madurez van a dejarle una huella igualmente profunda que, traducida en sensaciones, resumirá el contexto de una época no menos rica que aquélla en reflexiones y vivencias.

Del resumen de tales visiones introspectivas no será difícil deducir el decidido espíritu de renuncia con que el novelista asumió dicho período de su vida, así como el afincamiento emocional a que le llevaría la imposibilidad de *realizar* su masculinidad por unas vías naturales de satisfacción.

Queriendo consignar la sensación de prematuro envejecimiento que le perturba, comenzará por confesarnos en un tono de disimulada abstracción, que no alcanza, sin embargo, a ocultar su carácter autoalusivo:

«... Me parece que desde los veinticuatro o los veinticinco años, el hombre no cambia ni se desarrolla espiritualmente; se defiende, eso sí, pero no conquista nuevos terrenos... La formación de la conciencia, linterna que sirve para proyectar luz sobre las cosas del mundo y examinarlas, termina en esa edad... A partir de ella, desde un punto de vista biológico, todo es decaer...»

Su manifiesta incapacidad de adaptación al entorno nos la patentizará, asimismo, el novelista con matices entre sombríos y resignados:

«... Toda la vida social no es más que un reflejo de la vida inmediata, individual e instintiva; de lo colectivo ya no se cuida nadie... Y en una vida social así, ¿qué podemos hacer los que no tenemos dinero ni juventud y nos gusta fantasear sobre las cosas y sobre las ideas? No podemos hacer más que retirarnos... Por eso

212

me retiro; no porque tenga verdadera afición a la soledad, sino por no haber encontrado a mi alrededor una vida social apetecible...»

Esta posición marginal e insolidaria va a provocarle un desequilibrio psíquico y una alteración emocional, de los que nos dará, igualmente, testimonio cuando, al experimentarlos, escriba:

«... La inacción, la sospecha de la inanidad y la impureza de todo me arrastraba cada vez más a sentirme pesimista... Me iba inclinando a un nihilismo espiritual basado en la simpatía y en la piedad, sin solución práctica alguna... Esos vaivenes en las ideas, esta falta de plan y de freno me llevaban al mayor desconcierto y a una sobreexcitación constante e inútil...»

El Baroja que no encuentra un cauce idóneo a través del que dar sentido y razón de ser a su vida se verá precisado a recurrir al trabajo (la literatura en este caso) como único vehículo apto para lograrlo:

«... Después de dos años de médico de pueblo y siete u ocho de industrial, no había podido resolver la manera de vivir... Como el cazador torpe, no había disparado jamás a tiempo... Y convencido ya de mi inutilidad para la vida práctica, pensé en dedicarme al periodismo y a la literatura como deporte, aun suponiendo que ni uno ni otra iban a llevarme a nada... Mi condición de escritor se la debo, pues, sólo a mi absoluta incapacidad para haber hecho otra cosa...»

En este clima de insatisfacción general, la sensualidad barojiana veríase necesariamente obligada a modificar su primitiva dirección concupiscente:

«... Dado que mis motivos sentimentales no se convertían casi nunca en actos, me quedaba un remanente de impresión que tenía que rumiar y luego criticar. Así me pasaba a veces largas horas... Después, empecé a fingir la insensibilidad para defenderme de la ridícula efusión que experimentaba por las cosas y las personas, 213 y, poco a poco, de la ficción de parecer insensible pasé a la realidad de serlo...»

Y, en consecuencia, la mujer habrá de ceder su anterior carácter de *objeto deseable* a una nueva concepción de *sujeto inaccesible:*

«... Ya huyo sistemáticamente de las mujeres; no quiero darme a mí mismo el espectáculo de un viejo rijoso y ridículo... Ha llegado el tan temido momento de las limitaciones... Ahora me contento con tener un pequeño éxito de conversación en una reunión donde haya señoras, con llevar a casa cualquier chuchería antigua que me parezca bonita y comprar algunos libros...»

De la rutinaria monotonía a que le conduce su renuncia a la acción, nos ofrecerá don Pío un singular documento al referirse a su vida cotidiana:

«... La vida que llevo en Madrid es bastante sosa. Por las mañanas, leo o escribo; por las tardes, salgo, compro libros y voy a charlar a la redacción de *España*; y por las noches, vuelvo a leer... Nada hay en ella de original ni extraordinario... La monotonía rige todos mis movimientos...»

Desvanecidos, por otro lado, los sueños de una posible compañera, la tibia figura de su madre polarizará, desde ahora, el sentimentalismo del escritor:

«... Cuando vivía con mi madre me marchaba a casa a las seis de la tarde y no salía nunca de noche... Algunas veces pensé en salir, pero me retenía siempre la idea de dejarla... Ella estaba pendiente de mí y yo pendiente de ella...»

Pero ni ese impulso tutelar ni su férrea voluntad de trabajo le impedirán liberarse de la amargura deducida de su inconformidad:

«... Cada vez me iba haciendo más solitario, más malhumorado y más distinto de los demás... Sentía un fondo de amargura y remordimiento... Tenía, además, un motivo de hipocondría, el artritismo y un dolor frecuente en la cintura y en las articulaciones... Pero eso no era posiblemente lo más importante; lo más importante era el desacuerdo espiritual con la gente y conmigo mismo...»

Intentando consolarse de esta tristeza, pretenderá Baroja encontrar en el masoquismo un alivio intelectual que la minimice:

«... Sufrir ayuda a pensar... El dolor del pensamiento llega a viciar de tal manera el espíritu del intelectual que matiza sus placeres de una tonalidad dolorosa y, paradójicamente, le hace encontrar placer en los mismos dolores... A un hombre que vive dentro de la más absoluta normalidad no le convencerán de que hay un placer en estar triste, sentado en el cuarto solitario al anochecer, a media luz, viendo las sombras que salen de los cuadros, ni de que hay un placer doloroso en no ser amado, en ver a la mujer querida sorbiendo, enamorada, las palabras de otro hombre cualquiera, mientras uno se retira olvidado, desdeñado y solo...»

Ningún recurso será capaz, no obstante, de entibiar esta hora difícil y desesperanzada, ante la que somete todo posible intento de rebeldía:

«... Acepto con gusto la involución, la petrificación de las fontanelas y la limitación... No he protestado nunca contra la lógica, ni contra la naturaleza, ni contra el rayo, ni contra las tormentas... Está uno en lo alto de la cuesta de la vida, cuando se empieza a bajar aceleradamente; sabe uno mucho, tanto que sabe uno que no hay nadie que sepa nada; está uno un poco melancólico y un poco reumático... Es el momento de tomar salicilato y de cultivar el jardín; es el momento de los comentarios y las reflexiones; es el momento de mirar arder las llamas en el hogar de la chimenea...»

En este momento de renuncia va a forjar Baroja sus ideales venideros, limitados ya al mero disfrute de una aquietada paz espiritual:

«... Sí, quizá mi ideal era ese. Pocos gritos, ninguna tragedia, la casa segura, el perro vigilante y bien atado. 215

Nada de alarmas, de locuras ni de fantasías. Nada de dramas familiares, ni de pasiones, ni de problemas, ni de escándalos, ni de lloros, ni de sermones, ni de envidias, ni de lamentos... Un horizonte suave y gris, y nada más...»

La efusión, el ansia, la sensualidad y la fe han sido sustituidos en su espíritu por la continencia, el estoicismo, la reflexión y el nihilismo:

«... Yo hubiese querido ser un hombre efusivo; pero como no puedo serlo, me meto en mi concha... Mi vida ha sido la de un hombre sensual detenido por la reflexión y por la cólera... Soy un sátiro degenerado por la filosofía y el vegetarianismo...»

Y, consciente don Pío, en virtud de todo ello, de la inutilidad de buscar nuevos horizontes a la esperanza, acude al destino requiriéndole una serenidad pacificadora, que remanse su íntimo desequilibrio:

«... ¡Ataraxia! ¡Ataraxia! ¡Serenidad! ¡Serenidad! ¿Qué diablos haces que no vienes a mi espíritu?... Ya es hora de llegar. Ya empieza uno a tener las sienes blancas y a romper las botas por la punta como los carcamales... ¿Es que los discípulos de Pirrón y de Epicuro vamos a tener que encender velas en el salón de Santa Eufrosina? ¿O es que esa ataraxia no se alcanza más que con la salud completa y entonces no depende de uno, sino de las fuerzas ciegas del destino?... ¡Ataraxia! ¿Serás también tú un mito?... ¡Serenidad! Si existes, no te olvides de mí...»

Los desdoblamientos

Las anteriores impresiones van a encontrar, también, en varios de los personajes barojianos ese eco, conscientemente amplificado, de que el novelista, dispuesto siempre a desdoblar sus reflexiones y vivencias en no pocas criaturas de su fantasía, gustó servirse para peremnizar
216 su *yo*, siquiera fuese de un modo literario.

De tales trasuntos, uno —Silvestre Paradox— tendrá, dada la fecha de su creación, valor y carácter de premonición anticipada de este tiempo diatrófico, en tanto que los restantes —Arcelu, Larrañaga, Guezurtegui, Salazar, Juan de Alzate, Thierry y Luis Murguía— cobrarán carta de naturaleza ya dentro de sus límites, en ese espacio comprendido entre 1912, año en que don Pío publica *El mundo es ansí,* y 1938, época de la edición de *Susana o los cazadores de moscas.*

Observemos ahora el manifiesto paralelismo espiritual, la casi absoluta analogía existente entre los juicios del creador y los de sus criaturas.

En la figura de Paradox (1901) va a adelantarnos ya Baroja el resignado quietismo que habrá de presidir en lo sucesivo su vida cotidiana:

«... Paseaba por las calles llenas de luces como esos señores viejos que han retornado a la infancia y sonríen sin saber por qué; miraba los escaparates, leía los anuncios de los teatros, veía a la gente, a las hermosas señoras, los caballeros elegantes y las lindas señoritas, y todo ello tranquilo, sin rencores, sin deseos, como un aficionado que contempla un cuadro, el alma serena, llena de bondad y de benevolencia, las ilusiones apagadas, los entusiasmos muertos...»

Diez años después, José Ignacio Arcelu (1912) patentizará, a su vez, en un breve diálogo con Sacha, el tono de renuncia que condiciona su existencia:

«—¿No quiere usted desear nada?
—No, no.
—¿Ni protestar por nada?
—No, ¿para qué?
—¿Ni compartir con nadie?
—Con nadie.
—Pero eso le hace a usted daño.
—No; ahora no. Antes sí me escocía, pero me he ido acostumbrando...»

La tranquilidad emocional sobrevenida tras la per- 217

versión de su sensualidad la resumirá, por su parte, en 1920, en el siguiente juicio de Luis Murguía:

«... Nada de proyectos ni de grandes esperanzas; nada de lazos apretados... He llegado a lo que en mi juventud me parecía la más triste realidad de la vida: la necesidad de limitación... Ahora es, sin embargo, cuando mejor vivo... La "perversión" de la sensualidad me ha ido llevando al puerto... El viejo aguilucho alimentado de pan empieza a tener plumas de paloma... Poca gente está satisfecha con su vida; yo tampoco lo estoy, pero no me remuerde la conciencia... Hubiera sido menos feliz siguiendo otro camino... No me cambiaría por la mayoría de la gente que conozco...»

Ese mismo año (1920), otro de sus trasuntos, Guezurtegui, confesará a Miss Bashfulness cómo ha roto ya amarras con sus viejas aspiraciones heroicas:

«—¿Y usted no interviene en la pequeña comedia de la vida?

—Poca cosa.

—¿Y por qué?

—¡Qué quiere usted! Es uno viejo. Mientras he tenido algunas esperanzas de ser un hombre de mundo, un hombre de acción, he esperado un tanto al margen de la sociedad a que llegara el momento de hacer un esfuerzo, momento que, ciertamente, no ha venido. Cuando he visto que, por culpa del medio o culpa mía, no he podido dar un mal golpe a la pelota, que unas veces anda por los aires y otras por los suelos, entonces me he sentado sobre la erudición...»

En Jaun de Alzate (1922), Baroja va a reencarnar ese clima *pre-ataráxico* al que, con carácter definitivo, le ha uncido su inmovilismo:

«... Estoy dispuesto a no tener más aventuras ni de guerra ni de amor. No, no; no quiero ya inquietudes ni disgustos, sino vivir monótonamente con mi vieja Usoa, atender mis ganados y trabajar mis tierras... No

quiero más; ni nuevas gentes ni nuevos conocimientos...
No necesito distraerme... Aquí estoy bien...»

La melancolía y la nostalgia barojianas hallarán, asimismo, una sincera presentización en el Jaime Thierry (1926) de los últimos años:

«... A Jaime le perseguía la melancolía y no sabía si estos estados melancólicos y tristes eran ya algo inevitable o si, muchas veces, era él mismo quien los provocaba estúpidamente...»

El destino ha puesto una etiqueta en la existencia del novelista. Larrañaga así lo reconoce cuando en 1926, remedando a don Pío, nos dice:

«... Pienso que, por una cosa o por otra, mi vida ya no tiene remedio, y que habré de ir pasándola malamente entre el fastidio y la tristeza... Me siento viejo y acabado... Fantaseo, desvarío; esto me entretiene... Soy un asceta... Estoy seguro de que voy camino del misticismo...»

Y cuando la desolación anega, finalmente, su espíritu, el escritor pondrá en boca de Miguel Salazar (1938) el testimonio de su resignación estoica:

«... Ahora veía que mis intentos por dar seguridad a la existencia habían salido fallidos. No existía seguridad contra el destino ni contra las contingencias del azar... No había, tampoco, manera de prever nada... Lo mejor era entregarse por completo a los acontecimientos...»

La crítica

No podían dejar de detenerse los comentaristas de don Pío en ese momento de su biografía en el que la sensibilidad del novelista, adelgazada tras el contacto áspero de sus primeras experiencias emocionales, se orienta hacia nuevos derroteros, operando un brusco cambio no sólo en su naturaleza anímica, sino, lo que es más importante, en su filosofía más fundamental.   219

De esa visión, complemento de las impresiones barojianas que acabamos de examinar, se deducen fácilmente las características que al escritor le fueran propias durante tan decisiva etapa de su vida —afincamiento de la emotividad, propensión al robinsonismo, apacibilidad de los instintos, tendencia a la especulación, acercamiento familiar, auge de la vocación literaria— y se obtiene el más nítido boceto personal del Baroja de los años maduros.

Las plumas críticas de Melchor Fernández Almagro, Dolores Medio, Eduardo Tijeras, Luis Granjel, Marta Portal, Miguel Pérez Ferrero y Sebastián Juan Arbó, documentan así las constantes primordiales de dicho período:

De Sebastián Juan Arbó:

«... Baroja, que a los treinta años ya se sentía viejo, encontraría en la soledad el alivio de sus fracasos... Su existencia en este tiempo se iba haciendo cada vez más retirada, por lo que, cada vez también, se hallaba más cerca del solitario que llegaría a ser, que ya casi era... En esta época vemos que llevaba una existencia monacal: no iba ya para nada al teatro; no le agradaban el cine ni los toros ni el fútbol; y aparte de leer y escribir, lo que cada día le absorbía más, apenas se ocupaba de nada... Hallamos en él una mayor suavidad, tal vez una comprensión mayor ante la vida y, desde luego, una conformidad mayor, mezclada, eso sí, con una mayor melancolía... Baroja, poco a poco, se ha sentido sosegado; no es que se hayan satisfecho sus ansias, es que se ha convencido de que para ellas no había satisfacción posible. Efectivamente, la *perversión* de su sensualidad lo ha ido llevando al puerto...»

De Melchor Fernández Almagro:

«... Aún joven, Baroja abandonó la vida social de sus años anteriores para esconderse en la soledad de su trabajo y en el calor de su familia... En esta paz, su sensibilidad, herida tanto por la agriedad del ambiente como por los desdenes que sufriera, se fue calmando hasta dulcificarse por entero...»

De Luis Granjel:

«... Una vez trasladado a la calle de Mendizábal, rompe Baroja con su vida bohemia e irregular; se aparta, ostensiblemente, de sus compañeros de generación, y abre su existencia a un vivir encalmado, regular e incluso monótono... El problema erótico continúa preocupándole, pero no del modo acuciante, obsesivo, que aquél revistió en su vida durante los años turbulentos de la adolescencia; sus estudios, el naciente interés, siempre en aumento, por la especulación, llamémosla filosófica, sus libros sirvieron para paliar las exigencias de su sensualidad... Se resiste a someterse y también le repele saciar sus necesidades a espaldas de su sensibilidad, y ante estas dos únicas posibilidades prefiere renunciar, recogerse en una castidad forzada... Se dedica a cultivar la soledad y el robinsonismo... Henos aquí ante un programa de renunciación; ante un empeño por limitar los horizontes al vivir de cada día, cortar alas a todos los impulsos, también a los sueños, acaso para poder entregarse mejor a la vida interior... Es la suya, ahora, una vida apagada, tranquila, que le permite entregarse por entero a su labor de novelista, a la lectura y al comentario...»

De Miguel Pérez Ferrero:

«... A decir verdad, Pío no tenía con ellas (las mujeres) ni ideas ni costumbres comunes, y se le notaba en su aspecto que el éxito, en esta clase de empresas, nunca le acompañaba. Por tales motivos, alguna vez, sin pararse a reflexionar sobre el espíritu de las damiselas, se sentía un poco melancólico. Le hacía el efecto de ser como un extranjero que desconociera totalmente el idioma usual... Las dificultades, luego, para dar cima a su carrera de médico, la muerte, un poco antes, de su hermano Darío, y el mismo carácter inestable de su progenitor, fueron inclinándole a la soledad, que quizá **221** agudizaron su falta de éxito con las muchachas en estado de merecer, como a la sazón se decía, y un innato pesimismo... En su madurez, casados sus hermanos Carmen y Ricardo, se refugió en su madre y su madre en él...»

De Eduardo Tijeras:

«... Baroja continuaba mostrando interés por las mujeres, mas sufrió el desencanto propio de un hombre intimista con tendencia al pesimismo, que no puede soportar su frivolidad... Así es que decidió ensayar la literatura, que no le produciría dinero, pero que, al menos, le permitiría vivir con cierta ilusión...»

De Marta Portal:

«... Su sensibilidad se va pervirtiendo y limitando; de aquél joven que ambicionaba amar a todas las mujeres, nos queda un hombre que se conformaría con un año de vida intensa, de fiebre, y luego ya con un vivir marginado o, lo que es lo mismo, con un vivir de recuerdos y de comentarios... De sus decepciones le vemos salir relativamente tranquilo, liberado y melancólico, pero como quitado de un peso... Y es que la sensibilidad de Baroja (en el texto, Murguía) ya sólo busca lo útil para él: la libertad, la desesperanza y la soledad...»

Con el advenimiento de la ataraxia pretendida, accederá Baroja al último período de su discurrir sentimental, en el que el declinar de sus funciones biológicas se verá compensado por una serenidad espiritual que, sumiéndole en una paz amable e íntima, predispondrá su espíritu a la resignada y nirvánica aceptación de su destino, que no es ya otro que el del acabamiento. Un acabamiento, más triste que patético, que convierte su sensualidad en un eco apagado del vivir cotidiano. 223

El psiquismo anímico del escritor va a experimentar en este período ataráxico unas perceptibles variaciones con respecto a los precedentes, que habrán de traducirse en los siguientes caracteres:

— Accesión a una completa serenidad espiritual.
— Manifiesta andropausia, patentizada en su desapego hacia lo sexual y su creciente y sustitutivo ternurismo.
— Absoluta falta de confianza en el porvenir.
— Propensión al autoanálisis y la rememoración, como resultado de su «distanciamiento» del mundo en derredor.
— Inmovilismo mental y gusto por la rutina.
— Sensación de soledad, potenciada por la imposibilidad de acomodar su espíritu a los presupuestos del tiempo en que vive.
— Oscuro deseo de evasión del mundo de su propia conciencia.
— Intenso afán de retorno al pasado, buscando en la nostalgia la recuperación del tiempo perdido.
— Concepción estoica y budista de la existencia.
— Anhelo de acabamiento, nacido de la consciente evaluación de sus notablemente disminuidas facultades psicosomáticas.

LOS LÍMITES CRONOLÓGICOS

Si la concupiscencia y el afincamiento emocional se asimilaron en la biografía barojiana a su adolescencia y madurez respectivamente, la ataraxia va a coincidir con la senectud del novelista. Serán, así, los límites de ese tiempo, 1936, instante en que don Pío advierte los primeros indicios de una vejez irreversible, y 1956, en cuyo mes de octubre pondrá el destino fin a su vida.

¿De qué manera va a influir el advenimiento de la ataraxia en el fatigado espíritu del novelista? ¿Cómo responderá Baroja a los inmisericordes presupuestos de un tiempo, coincidente con su declinar biológico y su ocaso emocional? ¿A qué situación anímica le han conducido tanto el paso de los años como el conjunto de las frustraciones acumuladas en el transcurso de su vida? ¿Cuál es, en fin, el momento psicológico con que se enfrenta a esta postrera etapa de su biografía?

Ningún modo mejor de averiguarlo que recurrir, igual que en casos anteriores, al examen de las reflexiones que alimentaron su introspección en dicha época, cuando las inflexibles horas de ese reloj que mide el discurrir humano («todas hieren; la última mata») amenazaban ya con extinguir de un modo defintivo el precario languidecer de su propia existencia.

Comentando la impresión que le produce su estado psicofísico, don Pío nos dejará un elocuente documento, en el que se advierte el poso de amargura que la vejez sedimenta en su espiritualidad:

«... Yo soy un ciudadano que va llegando al final de su vida, ya próximo. Padezco insomnios, vértigos y zumbido de oídos. Como hombre medroso, todo me intranquiliza e inquieta. Siento cansancio. Mi vida me parece estúpida y monótona. Estoy harto de vestirme para no hacer nada, de desnudarme para no dormir y de andar por la calle sin objeto... Si de esta existencia mediocre pudiera suprimir lo antipático y lo feo y no dejar más que lo agradable, quedaría muy poco de ella...»

Un absoluto desinterés por todo va a reducir sus ambiciones a los estrictos límites de una fisiología sensibilizada:

«... Ya para mí es lo mismo la calle animada de la gran ciudad que el sendero del monte. Ni de la una ni del otro espero nada. Soy un hombre de pocas necesidades. En invierno, tener un sillón viejo, mirando al fuego que arde; en verano, contemplar algo verde desde el marco de la ventana...»

La mujer, tantas veces intuida como tan pocas alcanzada, adquirirá para el escritor las etéreas dimensiones de una vaga ensoñación, que amplificará, aún más si cabe, su absoluta sensación de soledad:

«... Soy viejo ya. No estoy enamorado de ninguna mujer. Ninguna mujer tiene afición por mí... A estas alturas, no he pretendido tener éxito con ellas, pero si las he buscado como compañía, tampoco las he encontrado... Ya veo que la soledad es cosa triste, pero ¿qué se va a hacer?...»

Y, como consecuencia de esta *deserción* de lo femenino, el porvenir carecerá ya para él de su más intrínseca razón de ser, sumiéndole su vacío en una resignada postura de postración y de renuncia:

«... La idea del porvenir, que es la que exalta la imaginación, está muerta delante del viejo y, sin un poco de imaginación, hay que reconocer que el amor no es más que fisiología... De ahí lo desagradable de la situación del viejo entre mujeres jóvenes... Lo mejor que tiene el amor es el ansia de porvenir... Por eso es mejor retirarse que le retiren a uno...»

Todas estas limitaciones no transformarán, sin embargo, la familiar imagen de Baroja, quien, por el contrario, sigue advirtiéndose a sí mismo con las mismas rémoras y características de siempre:

«... Yo creo que nadie cambia, mejora ni empeora espiritualmente en el transcurso de la vida, y yo muchas veces creo que me encuentro igual pasados los setenta años, al chico de catorce o quince. Tengo las mismas ilusiones, las mismas curiosidades y las mismas fobias de entonces. Me gustan los rincones, los sitios misteriosos y todavía me paralizan los mismos temores que entonces...»

226   Pero algo ha cambiado en el alma del escritor. Un

pesimismo desesperanzado anega su espíritu casi por completo:

«... Ya no tengo mucha capacidad de optimismo. Cualquier dolor pequeño me perturba y me aploma. He luchado como he podido con esa tendencia deprimente y melancólica, y si, a veces, la he dominado, no ha sido con razonamientos, sino con las imposiciones de la voluntad... Ahora, ni con eso... Generalmente, la lógica no sirve en estos casos para nada... Vale más un día de sol o una risa argentina de mujer...»

Y mecido en esta sensación de tristeza, se animará a versificar de este modo la lamentable condición de su existencia:

> *«... Es imposible; nada me ilusiona,*
> *nada me impulsa ya;*
> *el cauce de la vida se halla exhausto,*
> *no hay nuevo manantial;*
> *no llego ni siquiera a tener esa*
> *loca capacidad*
> *de fingir un motivo de optimismo*
> *momentáneo y fugaz,*
> *y siento la miseria de la vida*
> *con tanta intensidad*
> *que un halo luminoso me parece*
> *la idea de acabar...»*

Contra este sentimiento de íntimo abatimiento va a oponer, no obstante, el novelista un estoicismo sublimado:

«... La soledad no me entristece ni me asustan los murmullos misteriosos del campo, ni el graznido de las cornejas... Ya encuentro suaves las inclemencias del tiempo y admirables las horas silenciosas del crepúsculo, en que una columna de humo se levanta en el horizonte... Y así sigo por este camino, que yo no he elegido, cantando, silbando, tarareando... Y cuando el destino quiera interrumpirlo, que lo interrumpa; yo, aunque pudiera protestar, no protestaría...»

E incluso reconocerá la existencia, dentro de sí, de un fondo fáustico, al que también renunciará, movido por un imperioso deseo de dar fin cuanto antes a su existencia, y con ella, a las limitaciones que le cercan:

«... Hay en mi alma, entre zarzales y malezas, una pequeña fuente de Juvencio. Diréis que el agua es amarga y salitrosa, que no es limpia y cristalina. Cierto. Pero corre, salta, tiene rumores y espumas. Eso me basta... No la quiero conservar. Que corra, que se pierda. Siempre he sentido entusiasmo por lo que huye...»

Pronto retornará, no obstante, don Pío a hacer profesión de su miseria, que advierte ya como decididamente irreversible, y contra cuyos apremios no acierta a ver otra solución sino la muerte:

«... *Ya nada me preocupa,*
ni el dinero ni la fama
ni los honores y burlas
ni los elogios o sátiras,
y sólo deseo dar fin
con decencia a la jornada,
y disolverme en el éter
o en la búdica nirvana...»

Con el pie ya en el estribo, tendrá aún tiempo el escritor para ofrecernos eso que él piensa que ha sido su vida, en un juicio del que se deduce la necesidad a achacar al destino la responsabilidad de la misma:

«... He sido como el que va por un sendero resbaladizo, lleno de piedras y de baches... Nadie tiene la vocación decidida de tomar por gusto el camino áspero y pedregoso, y no la carretera grande y sin dificultades... Pero, seguramente, no fue en mí un capricho el hacerlo, sino una imposición del destino... Al azar se lo debo todo; él sólo ha sido la causa de mi ruina...»

Y todavía nos dirá en el quizá más patético y emotivo de sus testimonios de este tiempo ataráxico:

«... He vivido siempre en tono menor... Es posible que no mereciese otra cosa, que no tuviera derecho a otra vida... Estoy preparado para el adiós... Puede llamar la muerte a mi puerta cuando lo crea oportuno... No se la cerraré ni pondré impedimento a que entre...»

LOS DESDOBLAMIENTOS

Los años postreros de la vida de Baroja no van a constituir una excepción en lo que a su propensión reencarnatoria se refiere. Más bien, por el contrario, el escritor sentirá en este tiempo una quizá mayor necesidad de *descargar* en juicios literarios el infinito peso de esas zozobras que le cercan, sumando a su declinar biológico la inquietud de un porvenir tan vacío como desesperanzado. Y, como en ocasiones anteriores, no encontrará don Pío otro cauce mejor para *liberarlas* que el de fundirlas en el espíritu y el alma de nuevos personajes, cuyos caracteres responden con plena exactitud a los que configuraron su senectud acongojada.

Componen esa galería de «dobles» barojianos Javier Arias Bertrand, Luis Carvajal, el profesor Schubbart, Procopio Pagani, don Eduardo, Jesús Martín Elorza y el anónimo protagonista de su relato *Nihil,* nacidos todos a la vida novelesca, a excepción de este último, con ligera posterioridad al arrivo del novelista a la ataraxia y todos, asimismo, portadores *a fortiori* de la resignada desolación y el profundo e íntimo abatimiento que precedieron a su muerte.

Un breve repaso a sus reflexiones respectivas reforzará, a buen seguro, ese apuntado clima de somnolencia espiritual, inseparable compañero de viaje, en estos días, de quien les diera vida en las cuartillas:

Ya antes de cumplir los sesenta años (1932) concebirá el autor un primer personaje —don Eduardo— a través del que patentizar el estado de abandono en que se encuentra, como resultado del inflexible discurrir del tiempo:

«... Soy viejo, nadie me hace caso... Los demás son 229

más listos que yo; los jóvenes no se ocupan de mí...
Todo lo que me queda es esperar que el destino decida
privarme para siempre de estas limitaciones...»

Resumiendo el desaliento y la tristeza que la vejez le
ha deparado, Baroja hará decir ocho años después a Procopio Pagani (1940), protagonista de *El hotel del Cisne*
y reflejo de sus días de exilio parisiense:

«... Esta seguridad de poder vivir me tranquiliza en
parte, pero no me llega a producir alegría. No tengo posibilidad de sentirme contento y las horas me parecen lentas y tristes. Todas me agobian, y más las de la noche...
Me paso el tiempo tendido en el diván, pensando vagamente en puras fantasías... A veces tengo vértigos. Mi
oído es tan fino que de noche siento todos los ruidos
que se hacen en la casa y la calle, y que no me dejan
dormir... No tengo ya nada, ni diversiones, ni dinero,
ni ilusiones, ni familia, ni nadie que se ocupe de mí...
Cualquier idea o proyecto que se me ocurren hacen pal-
pitar mi corazón... ¡Qué miseria! ...»

En 1948 será Jesús M. Elorza quien vuelva a recor-
darnos la sensación de inseguridad que le envuelve y
de la que, por vez primera, se responsabiliza:

«... A mí me han llegado juntas la soledad, la miseria y la vejez... Tiene uno bastante conformidad y resignación para aceptarlas amablemente y vivir con ellas igual
que con antiguas amigas. Yo no les reprocho nada, y si
a veces siento un poco de tristeza y melancolía, comprendo que es mi culpa, no la suya...»

En una línea parecida a ésta, Luis Carvajal (1950)
manifestará a su amiga Silvia el sentimiento de culpabilidad que le produce el considerarse causante de tan triste
y ruinoso estado:

«... Sí, no hay consuelo ni remedio alguno... Estamos a la misma altura y hemos llegado a la misma miseria por distintos caminos; pero usted, al menos, no se
230 ha estropeado la vida; se la han estropeado los demás.

En cambio, yo he sido el artífice estúpido de mi propia ruina...»

Mirando hacia atrás sin ira, don Pío refundirá en las reflexiones de Javier Arias Bertrand (1952) la consideración que le merece su existencia pasada y la conformidad con que asume sus consecuencias:

«... Yo he sido un hombre que ha marchado a la deriva siempre... Como un viejo tronco de árbol que va por el río sin dirección ninguna; aquí se para, entre las ramas y las hierbas; allí se estanca y en otra parte toma la corriente, que lo lleva con rapidez. Así he marchado y marcho por la vida... No he llevado nunca dirección clara y he ido indiferente, al azar... La única norma de mi vida ha sido la abstención... No hay que hacer una maniobra sucia ni una villanía... *Vade retro,* que decían los latinos... Esa ha sido toda mi técnica, toda mi moral... Así puedo mirar hacia atrás en mi vida y ver un panorama árido, pero sin vilezas ni miserias... Eso me basta...»

Las reducciones biológicas derivadas de la senectud no van a afectar, sin embargo, la fidelidad del escritor a sus principios, como se deduce del siguiente comentario del profesor Schubbart (1952):

«... Creo que con la edad no he variado casi nada... Lo que me ha pasado es lo que a las máquinas viejas que no funcionan bien... Los tornillos han quedado flojos, las ruedas rechinan al moverse... Pero eso no es variar; eso es envejecer, lo mismo en las máquinas que en los hombres...»

Y, por fin, su renuncia a cuanto no sea la paz del espíritu nos la ofrecerá Baroja desdoblada en los comentarios del anciano protagonista de *Nihil,* quien, con carácter premonitor, anticipa al lector el ansia de serenidad del novelista:

«... No quiero derechos, ni preeminencias, ni placeres; quiero un ideal donde dirigir mis ojos turbios por la tristeza; un ideal donde pueda descansar mi alma he- 231 rida y fatigada por las impurezas de la vida... ¿Lo tenéis? ¡No!... Pues dejadme. Dejadme, porque, mejor que contemplar vuestros lujos y vuestros esplendores, quiero rumiar el pasto amargo de mis pensamientos y fijar la mirada cansada en ese cielo negro, tan negro y amenazador como mis ideas...»

La crítica

Con la misma atención con que contemplara las sucesivas etapas de su despertar sensual y su afincamiento emocional, la crítica barojiana va a detenerse en el examen de este postrer período de su psicobiografía, en el que el novelista, sumido ya en una apacible semiinconsciencia, abandonado a la voluntad del destino, vuelta su escasa memoria hacia el recuerdo, espera el momento en que las horas de su tiempo agoten definitivamente sus latidos.

Desaparecidos los últimos impulsos genésicos y sereno el espíritu tras el advenimiento de la ataraxia, la figura de don Pío deviene en la de un niño atónito, ante el que el mundo gira igual que un «tiovivo», como un ensueño mágico vacío de perfiles. Y su sensibilidad, adormecida y plácida, es un lago tranquilo, un sosegado remanso, al abrigo ya de cualquier estímulo perturbador.

Valgan como documentos de este definitivo trance de su vida los rigurosos comentarios de Miguel Pérez Ferrero, Eduardo Tijeras, Luis Granjel, Julio Caro, Antonio Iglesias Laguna, Sebastián J. Arbó, Camilo José Cela y César González Ruano.

De Miguel Pérez Ferrero:

«... Pío Baroja, a partir de la guerra civil en España, pero sobre todo después de su regreso y en el transcurso de la segunda guerra mundial, había ido perdiendo rápidamente el interés por muchas cosas... La ausencia de memoria se precipitaba en él, la actualidad le inspiraba cada vez menos curiosidad y se aferraba a recuerdos y visiones del pasado más o menos lejanos... El carácter de don Pío fue haciéndose de una dulzura extremada... Se hallaba en un estado de desinterés por todo y de tranquilidad... Parecía un niño atónito y dichoso en una reunión de adultos que no acabase de comprender... Se sentía a todas horas sereno y satisfecho...»

De Eduardo Tijeras:

«... Pese a su laboriosidad, nuestro ilustre escritor va perdiendo la memoria y deja de interesarse por el presente... Ahora el maestro es un viejo bonachón, humorístico, algo descuidado en el vestir, totalmente abandonado respecto de las jerarquías sociales, socarrón y tan espontáneo opinante como siempre...»

De Julio Caro Baroja:

«... En su vejez, mi tío tuvo una sensación mayor que nunca de que la vida no tenía objeto ni fin concreto, que el hombre es como un barco mal gobernado en un mar tempestuoso y que nada valía la pena de tantas luchas y maldades como aquellas de que había sido testigo... Pero no por eso se le agrió más el carácter. Vivió mal muchos años. Vio naufragar casi todo lo que estaba en su derredor y tuvo serenidad. La serenidad del que ha perdido todo y piensa que al final no hay más que una misma meta para todos: morir... Con los años se hizo mucho más sociable, y yo, a veces, en mis treinta años huraños, pensaba que tenía una extraña sociabilidad...»

De Antonio Iglesias Laguna:

«... La serenidad le llegó a Baroja en el momento que más la precisaba, cuando su naturaleza, cansada, reclamaba un espíritu tranquilo, casi de niño, para aguardar plácidamente, en un especial estado de semiinconsciencia, su última hora... Por eso nunca fue don Pío tan joven como cuando fue tan viejo...»

De Luis Granjel:

«... Ha variado la circunstancia española, dentro de la cual choca un tanto su manera de ser y de pensar; de 233 otra parte, la experiencia del éxito ha labrado hondamente en su ánimo y no es fácil borrar sus huellas ni eludir su influjo; la edad, por último, no le permite, no obstante su extraordinaria vitalidad, amoldar su espíritu a la nueva situación. Todo hace que, vista desde su intimidad, su vida revele una actitud que yo casi calificaría de exilio mental; y esto, con el distanciamiento espiritual que le impone, favorece el autoanálisis y la rememoración... Es el suyo un final oscuro, sin estridencias, sin esa esperanza que únicamente puede proporcionar una creencia religiosa; hay también en su postura algo de estoicismo, su parte de gesto hidalgo y una limitación, resultado de los años, que ciñe la inteligencia a lo más inmediato... La serenidad inunda ya por entero el alma de Baroja...»

De Camilo José Cela:

«... Don Pío, en sus últimos años, vivía en un mundo tierno, sereno, utópico e irreal, al que le ayudaban su fértil imaginación y el fallo, al final de su vida ya alarmante, de la memoria...»

De Sebastián Juan Arbó:

«... En este tiempo pasaba por alternativas de lucidez y aturdimiento; pero eran más los períodos en que se le veía ausente, sumido en una completa apatía. Se abstraía y abandonábase a los recuerdos de su infancia; su alma vagaba de continuo por los diversos paisajes de sus recuerdos, por las regiones encantadas de su pasado... La mayoría de las cosas habían dejado ya de interesarle... Su memoria fallaba lamentablemente... Se sentaba, se levantaba y volvía a sentarse; se movía de un lado para otro; canturreaba acaso una canción vasca o un motivo zarzuelero; luego se asomaba al balcón y miraba a quienes pasaban para, al cabo, de un momento, volver a sentarse de nuevo... Vivía en un mundo de ensueño, lleno de paz y placidez...»

De César González Ruano:

234   «... Nadie tan tierno, tan infantil, tan dichoso y tan

humano como el don Pío a quien visitaba aquellos días...
La inocencia nimbaba su noble figura... Era como un
niño goloso y satisfecho, que a veces daba envidia y a
veces daba lástima, pero que a mí me emocionaba...
Todo le interesaba y no le interesaba nada... Su vida
discurría un tanto al margen de la de los demás, en una
nebulosa que se había creado para su particular uso y
de la que muy pocas veces se apeaba...»

LAS CONTRAFIGURAS
BAROJIANAS

Aparte del don Pío real, el de la boina vasca y las zapatillas enfundadas, el de la frase agria y la mirada tierna, el de la partida de nacimiento y la cédula de identidad, son muchos los *baroja* diseminados y perdidos en el conjunto de esas casi dieciocho mil páginas que constituyen su producción literaria.

La acusada afición del novelista a desdoblarse en sus criaturas de ficción, fruto a la vez de su sinceridad y su egolatría, hace que sea muy difícil, prácticamente imposible, recorrer cualquier tramo de su andadura novelesca 239

—tan dilatada, además, como su vida— sin descubrir detrás de una gran parte de los protagonistas que remueven la acción de sus relatos su presencia textual o equivalente.

«Lo interesante —escribió Baroja en cierta ocasión— es descubrir el temperamento del escritor entre las frases de sus personajes.» Y fiel a esta consigna, propiciada por su tendencia a ser en todo momento explícito con su intimidad, jugó una y otra vez a vaciarse en no pocos de sus héroes imaginativos, creando unas contrafiguras literarias que no sólo reproducen las incidencias biográficas de quien les diera vida, sino que, sobre todo, permiten conocer importantes facetas de la personalidad barojiana, apenas entrevistas en sus escritos de opinión.

¿Cómo clasificar, no obstante, estos trasuntos? ¿De qué forma fijar sus caracteres, en orden a desglosarlos de la gran familia en que se encuentran agrupados? ¿Con arreglo a qué claves o sistemas determinar la exacta posición que ocupan frente al amor, el sexo y las mujeres?

Es el propio Baroja quien, en uno de los volúmenes de sus *Memorias,* nos da una primera pista al respecto cuando, al hacer el balance de su obra, dice:

«Pensando en mis libros, he llegado a la conclusión, sin comprobarlo, que debe haber entre ellos, en lo malo o en lo bueno, dos épocas: una, desde 1900 a la guerra mundial; otra, desde la guerra del 14 hasta ahora... La primera, de violencia, de arrogancia y de nostalgia; la segunda, de historicismo, de crítica, de ironía y de un cierto mariposeo sobre las ideas y las cosas.»

A falta de un reconocimiento expreso del novelista, hay que suponer que a cada una de estas épocas correspondan sendos tipos de personajes literarios. Unos, los de los años jóvenes, turbulentos, activos, pasionales, con la mirada puesta en la esperanza; otros, los de la madurez desalentada, escépticos, quietistas, espectadores críticos de un mundo que no entienden y al que se encuentran sometidos. O, lo que es parecido, aquéllos, protago-

240

nistas inmediatos de su propio destino individual; éstos. por el contrario, testigos mudos de la vida que surge en torno suyo.

Apoyándose en la anterior clasificación de don Pío, pero guiado por un criterio más analítico y riguroso que el suyo, Luis Granjel divide, por su parte, a los personajes barojianos en tres grupos fundamentales —*espectadores, nietzscheanos y aventureros*— perfectamente diferenciables entre sí, por más que la coincidencia de su origen determine no pocas concomitancias y analogías entre ellos.

Conceptúa el comentarista como *espectadores* a aquellos que ante la vida prefieren adoptar una actitud de distanciamiento y se alejan, en consecuencia, de los acontecimientos que giran en su entorno. Entiende como *nietzscheanos* a quienes, incapaces de someterse a las pragmáticas de la sociedad en que viven, pretenden huir de ella o intentan modificarla —con muy escaso éxito— de acuerdo con sus esquemas estéticos o mentales. Y denomina, por último, *aventureros* a los que, inmersos en una peripecia vital accidentada, pragmatizan los frustrados anhelos de Baroja por vivir una existencia heroica, antítesis y contrapunto de la que le tocó en suerte protagonizar.

El resto de los intentos clasificatorios tendentes a la agrupación sistemática y tipológica de los mismos apenas difiere, en lo sustancial, de los que Baroja, desde el plano de la creación, y Granjel, desde el de la crítica, acaban de ofrecernos. Para el héroe barojiano no hay más que dos opciones en su efímera vida literaria: la aventura o la huída, la acción o el discurso. La dualidad actor-espectador es constante infalible en el quehacer novelístico de don Pío. Y sus personajes, dibujados según esquemas preconcebidos, no son, en ningún caso, sino la faz o el envés, la cara o la cruz, el directo o el negativo de su fotografía jánica.

¿Se corresponden, sin embargo, esas tan cualificadas 241

posturas en el orden vital con unos correlativos modos sentimentales? ¿Entienden el amor de diferente forma unos y otros personajes? ¿Operan en frecuencias distintas, encontradamente, el erotismo y la sensualidad de estas y aquellas figuras literarias?

La respuesta es concluyentemente negativa. El sexo tiene en la obra de Baroja el carácter de fuerza niveladora y aglutinante. Castos o lúbricos, apasionados o serenos, indecisos o audaces, todos sus héroes —y con mayor razón aquellos en los que voluntariamente se desdobla— se acercan a la mujer —cuando llegan a hacerlo— sin confianza alguna, con la guardia cerrada ante el riesgo del gesto desdeñoso, de la palabra hiriente, de la temida incomprensión, vencidos de antemano por la irresolución de su carácter, por el miedo a dar cuerpo a sus ensueños; y todos, también, retornan de su encuentro —en los casos que logran consumarlo— medrosos ante el peso de las responsabilidades contraídas, acongojados por la fragilidad de su energía, recelosos de que en cualquier momento los reintegre el destino a su anterior situación de soledad. No discrimina, pues, Baroja a la hora de acercarse al amor. En este punto, igual que en tantos otros, únicamente sabe dibujar personajes fracasados.

Si es cierto que Baroja reencarna las distintas etapas del proceso involutivo de su sensualidad en una gran parte de sus contrafiguras literarias, no lo es menos que tal transposición viene guiada no tanto por leyes matemáticas y equidistributivas cuanto por su necesidad de descubrir en cada instante aquella parcela de su intimidad que con mayor insistencia reclama el autoanálisis.

Esto explica que no todos los personajes barojianos acumulen la misma carga de emocionalidad ni que, cuantitativamente, dispongan siquiera de similar entidad sen- 243 timental, y hace posible, al mismo tiempo, subdividirlos en diferentes grupos, determinados por el matiz con que reflejan el *climax* sensorial de su autor en el momento de recibir su fe de vida novelística.

Guiado más por un criterio simplificador que por consideraciones totalizadoras y exhaustivas (las modulaciones sentimentales de don Pío nos llevarían a advertir un «baroja» distinto en cada uno de sus trasuntos de ficción), he considerado oportuno agruparlos en dos apartados fundamentales —los *personajes base* y las *reencarnaciones menores*—, diferenciados entre sí tanto por la amplitud del ángulo de visión con que recogen la *biografía sensual* del escritor, panorámica o acotada según los casos, como por la graduación de su incidencia, profunda o tangencial respectivamente, en la adelgazada emotividad barojiana.

De acuerdo con este planteamiento, cuatro son los personajes básicos que compendian en su vida literaria el conjunto de las inclinaciones, apetitos, deseos y zozobras que le fueran propios al novelista en el transcurso de la suya, constituyendo además, dada su fabulación espaciada —1911, 1920, 1926, 1940—, la mejor transcripción de la escalonada perversión de su sensibilidad. Son ellos Andrés Hurtado, Luis Murguía, José Larrañaga y Procopio Pagani, protagonistas respectivos de *El árbol de la ciencia, La sensualidad pervertida, Agonías de nuestro tiempo* y *El hotel del Cisne* y soportes de secuencias tan definitivas en la existencia íntima de Baroja cuales son la exacerbación del erotismo, el afincamiento emocional, la transmutación del amor sensual en tutelar o diatrófico y el arribo final a la ataraxia.

Revivamos ahora, a la luz del estudio de sus sucesivas posturas ante lo erótico, los estadios o fases por los que transcurriera la vida psíquica y emocional de don Pío, desdoblada, de modo tan explícito como veraz, en las reacciones de tales productos de su fantasía.

Andrés Hurtado
o «La musculatura insuficiente»

Andrés Hurtado es, en el tiempo, la primera gran contrafigura de Baroja. Silvestre Paradox (1901), Fernando Ossorio (1902), Roberto Hastings (1904), el doctor Iturrioz (1908) y Mr. Roche (1909), en los que, como veremos luego, vacía el autor diversos ingredientes de su personalidad y su carácter, no son sino «adelantados» de ese héroe débil, inmusculado y precursor que guarda dentro de sí buena parte de la filosofía barojiana y que constituye uno de los más exactos y desconsoladores retratos de su creador.

Tiene Baroja en el instante de su creación literaria (1911) treinta y nueve años y es ya, psíquica y biológicamente, un viejo amargo y desesperanzado, que aprieta en su recuerdo, siempre despierto y herido siempre, los fracasos del adolescente idealista, desengañado tras sus primeros contactos con la realidad española; las decepciones del médico rural no vocado al ejercicio de la profesión, y las desilusiones del industrial advenedizo, incapaz de sostener siquiera el velamen de una pequeña empresa familiar, de mucha menos *miga* de lo que el novelista creía.

Por lo que a su vertiente emocional se refiere, vive Baroja ese momento intermedio del proceso deformativo de su sensualidad, en el que el agudizado erotismo de sus primeros años comienza a dejar paso al apaciguamiento de los instintos, calma que degenerará más tarde en una sumisa aceptación de su destino sensual, con la llegada de la ataraxia pretendida. Las esperanzas de la compañera ideal se han desvanecido. Ha quedado muy atrás ya el deseo del reposo en el campo con una sonrisa de mujer al lado. Y el novelista, difuminado en la monotonía de su vivir cotidiano, en torno a la soledad que pacientemente se ha ido construyendo, escribe ante la imposibilidad de vivir.

245

Pero vayamos al personaje en el que Baroja hace incidir el espíritu, todavía no muy lejano, que le fuera propio en sus años de estudiante y en su etapa de médico en Cestona.

La peripecia vital de Andrés Hurtado, como la de su creador, es nimia y mínima. Tan nimia que Ortega la despacha en apenas media docena de renglones. He aquí su resumen, su breve síntesis totalizadora:

«*El árbol de la cencia* nos cuenta de un mozo —Andrés Hurtado— que entra a la vida del espíritu por uno de los postigos más angostos: la España de hace veinticinco años. Los estigmas de este ingreso acompañan a Andrés durante el corto trecho que logra vivir, y cuando llega a la cima de la juventud vienen a fructificar en un suicidio mediante aconitina cristalizada de Duquesnel.

Este muchacho neuroartrítico estudió en Madrid la carrera de Medicina, pero los catedráticos no le enseñaron nada; luego tuvo unos diálogos filosóficos con un tío suyo llamado Iturrioz; después vivió algún tiempo en un pueblo levantino asistiendo a un hermanito tuberculoso; más tarde sirvió por espacio de unos meses la función de médico en un pueblo rayano de la Mancha; por fin, reintegrado en Madrid, se une en matrimonio con una extraña y simpática mujercita que sucumbe al primer parto. Andrés Hurtado se suicida, y Pío Baroja concluye el libro afirmando, con solemnidad en él desusada, que "había en este muchacho algo de precursor".»

La concisión argumental del relato orteguiano encierra, sin embargo, una profusión de ventanas abiertas a la especulación y la crítica. En *El árbol de la ciencia,* como en todas sus obras, aprovecha Baroja el más mínimo resquicio del proceso novelesco para introducir uno o varios personajes *espectadores* que filosofan a su gusto sobre lo humano y lo divino, discurriendo en el transcurso de su peripecia literaria sobre cuantos interrogantes les plantea el entorno de su existencia. Y así, a través de un juego acrobático más espectacular que riguroso,

Hurtado e Iturrioz cruzan la cuerda floja de la filosofía aventurando ideas y opiniones ora sobre la vastedad y la impiedad de la naturaleza, ora sobre el desamparo del hombre en medio de su inmensidad; lo mismo en torno al salvaje girar de la existencia social, con sus apasionadas excitaciones y su estirilidad espiritual, como alrededor de la pequeñez moral del hombre, con sus egoísmos, su servidumbre a las apariencias y su total sujeción a los instintos naturales que no sabe controlar. Sin perder su condición de novela, *El árbol de la ciencia* es, como mantiene Sherman Eoff, un exhaustivo ensayo que contiene, condensadamente, el ideario barojiano del momento.

Pues bien, de ese ensayo vamos a tomar lo que al propósito de este trabajo interesa: la posición de Baroja ante el apelativo del sexo; de esos ventanillos, a los que el novelista ha quitado las cortinas, vamos a utilizar sólo aquellos que se asoman al recogido huerto de su sensualidad; de esa filosofía del Baroja vencido por sus limitaciones, vamos a recoger la que encierra el resultado y las consecuencias (ya rumiadas y digeridas) de la continencia de sus instintos, la perversión de su sentimentalismo, el afincamiento de su emocionalidad y el dolor por el fracaso de la versión de su masculinidad.

Vive el país los estertores del siglo xix cuando Andrés Hurtado (dominado desde su primera infancia por una agudizada hipersensibilidad) inicia en la Facultad de San Carlos sus estudios de Medicina.

Desde un principio, ni el clima universitario («un ambiente de inmovilidad, de falsedad, se reflejaba en las cátedras»), ni el temperamento de sus compañeros de estudios («llegaban a la corte con un espíritu donjuanesco, con la idea de divertirse, jugar y perseguir a las mujeres»), ni las características del medio («Madrid seguía inmóvil, sin curiosidad, sin deseo de cambio») contribuyen en absoluto a hacerle sentirse a gusto en ese *status* recién estrenado del que tanto esperaba.

Encuentra el joven estudiante dificultades para respi- 247

rar. El aire, a su alrededor, está viciado; casi puede cortarse, de tan denso. Le indignan el dogmatismo y la vanidad de sus profesores; le aplana la miseria que por todas partes rodea la vida hospitalaria; le aburre el enrarecido ambiente de los «cafés-cantantes», ineludibles puntos de cita del rebaño estudiantil, del que por cierto tiempo forma también él parte. Nada de lo que hubiera deseado encontrar («unas disciplinas fuertes y al mismo tiempo afectuosas»; «un vivir ausente de chinchorrería y de abandono»; «unos amigos fieles y leales») aparece por parte alguna. Por el contrario, todo le anima a disgregarse y termina por conducirle a una situación de postración y de abulia (Andrés carece de musculatura para rebelarse), a un estado de profunda depresión espiritual. Y así opta, en su debilidad, por la más cómoda de las soluciones: por la inacción. Y se limita a cumplir el formulario expediente de superar, cada junio, sus pruebas académicas.

Pero Eros, divinidad implacable con sus víctimas, no respeta el descanso del guerrero. El despertar puberal, la acuciante llamada del sexo, que en él adquiere proporciones no demasiado atemperadas («me sentía excitado e inquieto a todas horas»), le zarandea con violencia hasta sacarle, un poco contra su voluntad, del tranquilo letargo a que se ha abandonado. Y junto a Aracil y Montaner, estudiantes también de San Carlos, se incorpora de nuevo a la vida noctámbula y febril del Madrid finisecular, y comienza a asistir a los conciertos del Retiro («donde seguíamos a las chicas, al estilo madrileño»), a las tascas y cafetuchos del centro (en los que conoce a toda suerte de mujeres fáciles y de costumbres airadas) y hasta algunos saraos particulares, de nota más que dudosa, lugar de reunión de gran parte de las lacras morales de «ese lugarón encanallado y lascivo» que es en aquellos días la capital de España.

El contraste de tan distintas actitudes —contemplativa y ensimismada la una, dinámica y participativa la

otra— conmociona el espíritu de Andrés, harto debili-
tado ya como consecuencia del continuo ejercicio de su
sensibilidad. La nueva situación, de otro lado, no es para
él excesivamente optimista y halagadora. Las muchachas
que pasean por los jardines del Retiro —con las que
hubiera deseado tanto tener éxito— se muestran displi-
centes y esquivas; las profesionales del placer, en cambio, le producen una especie de repugnancia, un asco,
a caballo entre el miedo al contagio (desde que ha asis-
tido a un curso de enfermedades venéreas en el hospital,
la prostitución le inspira un temor violentísimo) y el
amor propio del macho que desea acceder a la mujer en
virtud de su atractivo y no a través de su dinero.

De la fusión violenta de estas fuerzas encontradas
nacerá una regresión a su anterior estado de quietud, un
retorno a la silente calma de su introversión, que es a
la vez amarga y resignada. Andrés vuelve a refugiarse en
el ámbito mínimo de su habitación de célibe («mi celda»)
y a apretarse aún más a su soledad, soledad que se acen-
tuará hasta hacerse dolorosa y dramática tras la desapa-
rición de Luis, el más querido de sus hermanos.

Un nuevo acto comienza en la vida de Hurtado. La
circunstancia de su entorno se ha hecho agresiva e insoportable. Vive —como dice Ortega— igual que un hon-
go atenido a sí mismo, sin adherencia bastante al medio
que le circuye. Todo le inquieta y teme todo. En la sociedad ve un enemigo implacable; su familia se ha des-
moronado; las mujeres apenas le advierten, y cuando lo
hacen es para ridiculizarle. Necesita escapar, necesita respirar.

En la terminación de sus estudios, que finaliza con
relativa facilidad, pretende ver el recién graduado médico una solución. Un empleo en cualquier pueblo le pro-
porcionará aire fresco, posibilidades de relación, dinero,
amigos, ambiente de trabajo, hasta quizá esa mujer «cán-
dida e ingenua» con la que sueña desde siempre. Alcolea
será el término final de ese sueño, que, como todos hasta   249

entonces, se romperá al desvanecerse, trayendo a Andrés nuevos motivos de desesperanza y decepción. Es el destino barojiano, que no abandona a ninguna de sus criaturas de ficción.

Allí el drama se acentúa. La sensualidad latente de Hurtado, al oxigenarse, inicia una progresión vertiginosa. La comida sana y abundante («no había más que caza y carne, lo que unido al vino producía una incandescencia interior»), el contacto con la naturaleza, el propio ejercicio médico, agudizan sus instintos hasta dejar a flor de piel su sistema medular, la enracimada topografía de sus nervios. Incluso la morigerada y aparatosa moralidad del medio («que aumentaba a cada paso los motivos de lubricidad») opera, por efecto de un sencillo ejercicio de compensación, como acelerador de sus deseos insatisfechos. Todo, hasta el calor de la Mancha, pegajoso y agobiante, que le impide la distensión y el relajamiento, se alía en contra suya. Todo le turba y le exaspera.

He aquí, de la pluma de su creador, el minucioso retrato del estado anímico, casi patológico, del Andrés Hurtado de ese tiempo:

«A los ocho o nueve meses de vivir así, excitado y aplanado al mismo tiempo, empezó a padecer dolores articulares; además, el pelo se le caía muy abundantemente.

—Es la castidad —se dijo.

Era lógico; era un neuroartrítico. De chico, su artritismo se había manifestado a través de jaquecas y de tendencias hipocondríacas. Ahora su estado artrítico se exacerbaba. Se iban acumulando en el organismo las sustancias de desecho, y esto tenía que engendrar productos de oxidación incompleta, el ácido úrico sobre todo.

El diagnóstico lo consideró inmediatamente como exacto; el tratamiento era lo difícil.

Este era el dilema que se presentaba ante él. Si quería vivir con una mujer, tenía que casarse, someterse. Es decir, dar por una cosa de la vida toda su independencia espiritual, resignarse a cumplir obligaciones y deberes sociales, a guardar consideraciones a su suegro, a su suegra, a sus cuñados, cosa que le horrorizaba.»

No exige el texto ninguna aclaración. Andrés, que se resiste a la idea del amor pagado, no admite tampoco el matrimonio por el sometimiento y la ausencia de libertad que comporta. Y como la posibilidad del amor libre es una inmensa utopía (ni las circunstancias del ambiente ni su torpeza ante la mujer lo posibilitan), nuestro inmusculado héroe va a volver a optar por la más cobarde de las soluciones: una abstención artificial, lograda a base de un régimen alimenticio adecuado y una exhaustiva gimnasia espiritual.

Los resultados del experimento no se hacen esperar. Escuchémoslos, de boca del propio Baroja:

«Al cabo de un mes del nuevo régimen, Hurtado estaba mejor; la comida escasa y sólo vegetal, el baño, el ejercicio al aire libre le iban haciendo un hombre sin nervios. Ahora se sentía como divinizado por su ascetismo, libre; comenzaba a vislumbrar ese estado de ataraxia cantado por los epicúreos y los pirronianos. Ya no experimentaba cólera por las cosas ni por las personas.»

La ataraxia, que aplaca indudablemente el sistema nervioso, procura, sin embargo, un estado de abatimiento y escepticismo. Quien la padece ve discurrir la vida en derredor sin el deseo de participar en ella; deja de ser actor para convertirse en espectador. Y si es cierto que el sexo, adormilado por el efecto analgésico del tratamiento a que se somete, deja de incomodar, no lo es menos el que de su involución nace una nueva sensualidad, que exige también una adecuada concurrencia de lo femenino, por más que la mujer pase de ser un objeto a constituir un sujeto de la relación.

Andrés no puede pragmatizar tampoco este deseo (su inadaptación al medio se lo impide), y esto, unido a cierto malestar nacido en el pueblo como resultado de una de sus intervenciones profesionales («en general, nadie quiso reconocer la probidad del médico»), le decide a 251 abandonar Alcolea y regresar a Madrid, donde piensa emprender una nueva vida.

Y aquí es donde Baroja juega una mala pasada a su personaje. Haciendo gala de una decisión y un valor inusuales en él, le facilita una aventura sexual que ciertamente suena a falsa y que, a mi entender, no revela sino el deseo del autor por demostrar una vez más la insuficiencia muscular y la impotencia de su infrahéroe.

Andrés va a poseer antes de su partida a la guardesa de su casa. Más por inercia que por pasión, sin el concurso de la completa voluntad de aquélla, aprovechando un instante de inconsciencia de la mujer, el médico toma a su patrona, quien una vez consumada la entrega huye espantada del cuarto, dejando sumido a Hurtado en una confusión casi cósmica.

Sirve, no obstante, el hecho —y quizá Baroja lo plantease así— para posibilitar un más profundo conocimiento del personaje, cuya inmediata reacción es en extremo significativa. Recordémosla:

«Andrés se sentó en la cama atónito, asombrado de sí mismo. Se encontraba en un estado de irresolución completa; sentía en la espalda como si tuviera una plancha que le sujetara los nervios, y tenía temor hasta de tocar con los pies el suelo.

Sentado, abatido, confuso, estuvo con la frente apoyada en las manos hasta que oyó el ruido del coche que venía a buscarle.

—¡Qué absurdo! ¡Qué absurdo es todo esto! —exclamó luego. Y se refería a su vida y, más que nada, a esta última noche, tan inesperada, tan aniquiladora.»

El sexo, esa inmensa esperanza tantas veces soñada por Andrés y glorificada por las gentes de toda condición, no va a producirle a nuestro médico sino una impresión de decepción y de vacío. El esperaba mucho más de la carne, algo como una especie de sublimación que no ha entrevisto ni imaginado siquiera. Por el contrario, la experiencia, violenta y despoetizada, lejos de procurarle confianza, seguridad, le ha hecho advertirse más pequeño, más perdido en la inmensidad de un mundo cuyo idioma desconoce y detesta. Y su forzada castidad, que hasta ese momento se le antojaba como un atentado a su condición de hombre, es desde entonces para él igual que un oasis en el que puede refugiarse y desde donde le es aceptado ver la vida sin inquietudes ni peligros.

Los días de su trabajo como médico rural han terminado. Ya tenemos de nuevo a Andrés Hurtado en Madrid, reintegrado a un quehacer monótono y rutinario que abre ante él una perspectiva tranquila y sosegada. En su transcurso, ejercerá como facultativo de higiene (con la oportunidad de volver a vivir el desolador panorama de la prostitución), explanará su filosofía parasexual en sus conversaciones con Iturrioz (*no* a la glorificación del sexo, *no* a la procreación indiscriminada, *sí* al amor como engaño y espejismo) y retornará a encontrarse con Lulú, muchacha a la que conociera en sus días de estudiante y que habrá de jugar un decisivo y transcendental papel en su vida.

¿Lulú? ¿Quién es Lulú? ¿Cuál es su grado de participación en el proceso evolutivo de Andrés? ¿Por qué adentrarla, repleta de energía, en la vida de un hombre inmusculado? ¿Qué viene a representar, sobre todo, dentro del ideario de la filosofía barojiana?

El novelista nos la describe así:

«La chica era realmente simpática y graciosa. Todo tenía en ella un aire callejero y popular. Era una mujer inteligente, cerebral, como la mayoría de las muchachas que vienen trabajando en las grandes ciudades, con una aspiración mayor por ver, por enterarse, por distinguirse, que por experimentar placeres sensuales.

A veces le faltaba el humor y tenía esos silencios llenos de pensamientos de las chicas inquietas y neuróticas.»

A Hurtado, que en verdad no se había sentido atraí-   253

do por ella en los tiempos de su primer conocimiento («le sorprendía, pero no le producía la más ligera idea de hacerle el amor»), le agrada ahora la oportunidad de volver a encontrarla. De Alcolea ha regresado derrotado, y ese carácter dulce y enérgico de Lulú se le ofrece como una mano amiga, como una quietud revulsiva o una agitación atemperada, como la más oportuna posibilidad de humanizarse.

Desengañado por las injusticias que ve crecer a su alrededor (desmesuradamente agigantadas por la óptica de su sensibilidad), dolido ante la incomprensión de sus conciudadanos («que me miran como a algo extraño y sorprendente, como a algo nunca visto»), preocupado siempre de su propia defensa, Hurtado se esconde en la amistad de la muchacha («el oasis de Andrés era la tienda de Lulú»), a la que cada vez frecuenta más, hasta llegar a un punto en el que el matrimonio entre ambos se adivina, por más que ni la timidez de él ni el pudor de ella lo declaren de un modo explícito. Y de esta forma, sin pasión, sin ensimismamiento alguno, sólo con la ternura que nace de la necesidad mutua de ayuda, el médico y la modista van acercándose paulatina y progresivamente el uno al otro y terminan por desposarse, convenciendo al lector de que ni Andrés tenía fuerza para querer de otra manera ni Lulú aspiraba a otra cosa que no fuera el poder realizar, mediante el matrimonio, sus aspiraciones de esposa y madre.

Ya tiene Andrés mujer, ya dispone de hogar; ¿ha alcanzado su felicidad entonces? ¿Es ese hombre nuevo en que desea llegar a convertirse?

La respuesta ha de ser negativa. Baroja no puede salvar a su personaje estando, como está, él condenado. Podrá creerse, en un principio, en el resurgimiento espiritual de Hurtado; pero pronto llegará el momento de comprobar el espejismo de esa impresión, tan optimista como aventurada. El destino, que es implacable para con los héroes, ¡cuánto más no ha de serlo cuando se trata de hombres como los que la contrafigura barojiana representa!

Son, así, los primeros meses de matrimonio de una tranquilidad casi agobiante. Hurtado trabaja en casa; Lulú va y viene a la tienda cada día, alternando esa ocupación con los quehaceres de la casa. Ni una sombra empaña, al menos aparentemente, la calma familiar.

«Andrés se encontraba tan bien —nos dice Baroja— que sentía temores. ¿Podría durar esta vida tranquila? ¿Habría llegado, a fuerza de ensayos, a una existencia no sólo soportable, sino agradable y sensata?

Su pesimismo le hacía pensar, sin embargo, que la calma no iba a ser duradera. Por cualquier cosa, por cualquier motivo, temía que el abismo se abriera de nuevo a sus pies.»

Y, como le sucede cada ocasión que aventura un pronóstico pesimista, acierta en su predicción. La calma va a romperse en el instante mismo en que Lulú, mujer al cabo, le pide una mayor intimidad conyugal —física, por supuesto— y, lo que para él es más terrible y angustioso, un hijo.

¿Qué actitud tomar ante una petición semejante? ¿Cómo decirle a su mujer que se considera un producto «envenenado y podrido», incapaz de afrontar la responsabilidad que la paternidad supone? ¿De qué manera hacerle llegar la positiva sensación de tibieza, de paz, a que la ataraxia le ha conducido, sin contagiarle cuanto de egoísmo encierra su afirmación? Imposible. No encuentra el modo. Le falta valor y le sobra escepticismo. Carece de musculatura. Es un navío al pairo en medio de la borrasca.

«Dos meses más tarde —nos explica el autor— Lulú, con la mirada brillante, le confesó a su marido que estaba embarazada.»

Sobraba, en cualquier caso, el anuncio. Había advertido ya él un profundo cambio en la sintomatología, en la proyección de su amor («notaba que ella le quería de 255 otra manera, que tenía por él no ya aquella simpatía afectuosa y dulce, sino un amor celoso, irritado y animal»), y se sentía angustiado y lleno de amargura, abocado sin remisión a la tragedia. Todo, ciertamente, sucedía contra sus deseos. Cuando quiso ser macho no tuvo sitio en el gallinero, y ahora que sólo deseaba actuar como compañero veía cómo la naturaleza recobraba en él todos sus derechos. La ventana que en su vida se abría a aquel abismo, que le producía vértigo, estaba de nuevo abierta de par en par.

El resto de la acción novelesca, que se sucede ya a ritmo vertiginoso hacia su desenlace (la muerte de Lulú y el subsiguiente suicidio de Andrés), carece de importancia sustancial, como no sea a efectos de demostrar la insuficiente capacidad de reacción del protagonista. El carácter de Andrés, lo esencial de sus formulaciones filosóficas, más que en su última resolución (más teatral que convincente), se aprietan en sus actitudes anteriores: en su timidez fisiológica, en su impotencia para adaptarse al medio, en el proceso deformativo de su sensualidad (totalizadora en un principio, diatrófica luego e inmunizada finalmente), en su falta de sometimiento a las reglas del juego sexual, en su temor a la procreación, en su insuficiencia combativa. La aconitina cristalizada de Duquesnel es sólo un recurso. Para Baroja es más sencillo acabar con Hurtado que permitirle continuar viviendo.

El conocedor de la obra barojiana sabe muy bien que la problemática planteada en *El árbol de la ciencia* no está tan dirigida a lo sexual como a lo existencial. Pero ello no impide reconocer en su mensaje la victoria del vicio sobre la moral, de la fuerza sobre la razón, de la mentira sobre la verdad, del medio sobre el ciudadano, y ver al mismo tiempo en su protagonista todo ese clima de insatisfacción sensorial y de frustración íntima que, lo mismo que a Hurtado, acompañarían a don Pío durante toda su existencia, hasta terminar —como solía él 256 decir— por «estropearle la vida».

LUIS MURGUÍA
O «LA SENSUALIDAD PERVERTIDA»

A poco de cumplir sus cuarenta y siete años, cuando
el fracaso no deja ya lugar en su ánimo a la esperanza,
anclada la sensualidad en puerto seguro, va a emprender
Baroja la más apasionante y ambiciosa de sus empresas
literarias: la recomposición sistemática y ordenada de su
pasado sentimental.

Como un Proust trasplantado, sin asma ni infuso-
rios, pero igualmente curioso de su *tiempo perdido,* re-
pasará don Pío los distintos capítulos de su biografía
—tan rica en sensaciones como menguada en experiencias—, deteniéndose allí donde el destino plantó a su
paso una figura de mujer, escrutando con morosidad de
minucioso orfebre el trasfondo de sus más oscuras vivencias emocionales, reviviendo sumarialmente la totalidad
de los momentos en que su afectividad fuera piedra de
toque del afán o el dolor, según los casos, y buceando
en el abismo de su intimidad hiperestésica, en un intento
por hallar una explicación lógica a la irreversible involución —o perversión, si utilizamos la terminología por
él preferida— de su sensibilidad.

La peripecia novelística de Luis Murguía —el «doble» en el que el escritor reencarna la suya auténtica—
apenas requiere una reconsideración superficial. *La sensualidad pervertida,* continente literario de la acción, es,
más que una novela, una autobiografía. Baroja no inventa; se limita tan sólo a recordar. Nada en el relato es
extraño para quien conoce la vida de don Pío. Allí están
sus ilusiones de niño todavía asexuado, su ebullición
erótica de adolescente reprimido, sus decepciones de universitario tímido e indeciso, sus esperanzas sentimentales
de viajero indagante, su afincamiento emocional de viejo
prematuro, su serenidad última de *hombre-estatua* que
mira hacia el ayer «desde la vuelta del camino». Y están
también, rebautizadas pero vivas, la Milagritos de Pam-

17

plona, las muchachas a las que conociera en casa de su tía Cesárea, la criada azcoitiana que le inspirase en un vagón de ferrocarril el deseo de compartir su vida, las *venus callejeras* que rompían con la gracia de sus sonrisas y el crujir de sus enaguas las cálidas noches del Buen Retiro; hasta la Ana de París, especie de *estación términus* de su continuo viaje en pos de lo femenino.

Pero si la noticia de su anécdota no requiere, por conocida, de más completas revisiones, sí las precisa, en cambio, el estudio que del proceso deformativo de su sensualidad esboza el novelista en el transcurso del relato, gracias al que, pese a sus arbitrariedades, hemos podido conocer el discurrir sensorial de don Pío a lo largo de la primera mitad de su vida.

En reciente comunicación leída en San Sebastián con motivo de los actos conmemorativos de su centenario, Marta Portal ha comentado de esta forma la transformación que el desequilibrio sensual opera en la trayectoria biopsíquica de Luis Murguía, *pervitiéndole* el espíritu:

«*La sensualidad pervertida* es un obra de madurez de Baroja, una obra de madurez personal escrita por el autor ya en los umbrales de la soledad sentimental, vuelta la vista hacia el proceso de su existencia anterior como persona sexuada.

¿Cómo recapitula Murguía —el protagonista, doble del autor— el proceso de la perversión de su sensualidad? Así: de una sensibilidad sin piel pasa a la ficción de la insensibilidad, y de lo fingido a lo real, a una insensibilidad irónica, crítica y, sobre todo, decepcionada.

Sensualidad es acepción restrictiva del vocablo *sensibilitas,* sensibilidad. El problema del protagonista no es otro que "el caso de don Pío". "Es un caso de sensibilidad —dice Arbó—, de delicada sensibilidad."

El subtítulo de la obra —"ensayos amorosos de un hombre ingenuo en una época de decadencia"— baliza con claridad absoluta la zona de fricción en la querella existencial de don Pío: su tiempo, su medio, su circunstancia; el atraso, la mediocridad, la áspera incultura de las gentes españolas y el sometimiento de estas gentes a un sistema de conducta trasnochado.

Un hombre ingenuo, por tanto "sincero, generoso", hace sus pruebas amorosas en una época decadente, en una sociedad que vive con una moral heredada, absurda y poco original, en la que los vivos tenían que someterse a la exigencia de los muertos.

El hombre ingenuo, sensible y sensitivo, tan igual a don Pío, va precisando —a medida que recuerda— su descubrimiento del entorno.

Primero, de muchacho, le hubiera gustado ser original, *distinto,* llamar la atención sobre sí de ese ambiente (recordemos la idea de ir cojeando por la calle para conseguir que se fijen en él). Poco después descubre el erotismo: una mujer pervertida, la Serviliana, le da una visión del mundo que la repulsión y la atracción se disputan: "el mundo comenzó a ser para mí un inmenso lupanar disimulado".

Entre las aspiraciones de este tiempo sólo recuerda una: "le hubiese gustado tener éxito con las mujeres". Y, por lo que dice páginas más adelante, con todas las mujeres, ya que todas le gustaban: las bonitas, las feas, las solteras, las casadas, las niñas, las viejas. Tenía una fiebre erótica tal que todas le parecían presas deseables.

Este alucinamiento estético coincide con un perfeccionamiento del gusto erótico que, unido a su gran sensibilidad, van a ser los obstáculos a la solución del problema sexual juvenil y, por el contrario, van a contribuir a la perversión de la sensualidad, haciéndola patológica.

Al enjuiciar Murguía el problema, piensa que nuestro tiempo lo único que favorece es lo mediocre en todos los sentidos; por tanto, serán los jóvenes mediocres los que logren en ese ambiente las expansiones eróticas, aunque éstas tuvieran en dicha época "una perspectiva de gasas, yodoformo y soluciones de permanganato".

Van sucediéndose en los años de Murguía y en los 259

capítulos de la novela nombres diversos de mujeres que encienden una llama de esperanza en la búsqueda sensible del *otro* del protagonista. Difícil búsqueda, ya que de los intereses primordiales que, según él, mueven el corazón femenino —"atractivo físico, dinero y petulancia"— se conoce —y se reconoce— escaso.

Su sensibilidad se va pervirtiendo y limitando; de aquel joven que ambicionaba amar a todas las mujeres nos queda un hombre que se conformaría con un año de vida intensa, de fiebre, y luego ya con un vivir marginado o, lo que es lo mismo, con un vivir de recuerdos y de comentarios.

¿Y cómo se aproxima Murguía a estas mujeres que van trenzando sus recuerdos y sustanciando su insensibilidad?

— Con curiosidad: le interesa todo lo humano.
— Con sensualidad: siente intensamente el atractivo femenino.
— Con lucidez: contabiliza los defectos y cualidades de los otros.

¿Por qué de estas aproximaciones resultan casi siempre decepciones y no llega nunca al encuentro definitivo o duradero?

— Por inhibición.
— Por adhesión a un ideal de independencia.

Por la primera de las razones, que más que razón es reacción, Luis Murguía echa fuera de sí todo sentimiento amoroso, o se adelanta a cancelarlo, o no se decide a cultivarlo. Timidez sexual, envaramiento orgulloso o masoquismo pudieran ser las causas últimas de tal actitud. Las memorias de Murguía no nos lo aclaran. En parte, porque, como crónica novelada que son, dejan muchas cosas en el tintero. Murguía escribe fundamentalmente para ser leído. Y el sentir consciente, que es un sentir condicionado por un tiempo y un entorno determinados, que es —pese a Baroja— un querer ser "aburguesado", censura lo que pudiera perjudicar a la idea que el protagonista tiene de sí mismo en relación con los demás. Quiero aclarar: hay un Murguía que es *sub specie aeternitatis* y hay otro, indudablemente, que se siente ser íntimamente y que nosotros sospechamos, pero del que no tenemos datos, sino intuiciones.

Murguía, con las varias mujeres que le ilusionan, le interesan o le atraen, se inhibe. Llegado el caso, no quiere franquear la frontera de la mujer: su físico. No intenta pasar detrás del rostro, de la actitud, de las palabras. No sabe alcanzar ese universo íntimo y último de ella, hecho también de frustraciones juveniles y cristalizado alrededor de algunas ideas matrices. En una palabra, parece tenerle miedo al mundo del *otro*. De sus decepciones le vemos salir relativamente tranquilo, liberado y melancólico, pero como quitado de un peso. La *presentida* experiencia amorosa que acaba de pasar, y que no tuvo lugar, la adivinaba Luis Murguía como una *posible* amenaza a su personalidad.

La relación amorosa duradera —segunda de las causas— la concibe como sometimiento y renuncia. Amoldarse a los deseos y los caprichos de la mujer y renunciar a su autonomía espiritual. Murguía va a ser el gran solitario que, como Kant o Kierkegaard, tropieza con el obstáculo de su sensibilidad para realizar el ideal de individuo único, "solo y único en sus pensamientos, en su melancolía, en su vida". Murguía se creía, se *inventaba* como un ser de excepción; no se conformaba destinado a la sencilla y fácil vida media; y a este ser de excepción que se inventaba ser —y quizá era— inmoló las posibles Reginas Olsen de su vida.

Las tristezas, el escepticismo, la decepción de este Murguía están hechas de pequeñas decepciones humanas y de mucho carburante espiritual del decepcionado. Es la decepción de los que no quieren una dicha pura y alta; es, sencillamente, la gran decepción del pájaro que no quiere mancharse las alas. ¿Lo logra? Sí, a base de *no posarse* y, sobre todo, a fuerza de volar un vuelo solitario. 261

¿A costa de quién logra esta autonomía de vuelo? A costa de distanciarse de la compañía, de los otros. "Es lícito, no obstante —dice—, querer a los hombres distintos y a las mujeres otras, pero esto sería —cavila— querer otra naturaleza." Por tanto, la única conclusión resulta ser: los hombres son así; las mujeres son así; yo —soy como soy— solo. Este *soy como soy* lo escribo entre guiones como complemento al contexto especulativo, como justificante inédito a su actitud. Porque, en el fondo, ese "ser como se es" de Murguía nos lo escamotea el propio autor.

Murguía se hace al propósito y a la idea de ir solo. Nos parece bien esa soledad siempre que sea testigo de ella, no acusador ni maestro del prójimo. Y, lógicamente, siempre que no lleve, como en algún momento parece arrastrar a Murguía, a la insania social y al resentimiento.

¿Qué salida hay, le pregunta una de las mujeres más completas que han pasado por su vida, la rusa Ana, para los inadaptados? ¿Qué salida habría —nos preguntamos nosotros— para un Murguía, para un ser de excepcionales sensibilidad y lucidez? Murguía el escéptico, el lúcido, el que se ha buscado a sí mismo por los caminos de la interioridad, encuentra una salida para el porvenir, para el tiempo futuro, salida que ya había apuntado anteriormente: despoetizar el amor físico, dejarle que tome carácter fisiológico de necesidad, y hacer que el idealismo y la poesía sigan otros derroteros puramente científicos o filosóficos.

Pudiera parecer un cínico y es un hombre profundamente espiritual. En esa etapa futura en que él presiente que se dará la despoetización de las relaciones eróticas, Murguía podría satisfacer su sensualidad y alcanzar, además, la categoría de individuo único —desligado de compromisos con el mundo— *que está en sí plenamente* y que percibe el *inagotable ser de la verdad.*

La sensualidad de Murguía empieza siendo, según diría un tomista, concupiscible, ya que atiende a lo agradable del goce de los sentidos, y va haciéndose —o pervirtiéndose— irascible, puesto que sólo busca lo útil para el individuo Murguía: la libertad, la desesperanza y la soledad.

De Murguía —y de Baroja, su *doble*— yo diría lo que Antístenes dice de todo hombre: no hay nada tan disociable ni tan asociable como él mismo; lo uno, por vicio, por perversión de la sensualidad; lo otro, por naturaleza, por obra exclusiva de su sensibilidad de excepción.»

No sé si queda algo más que decir, como apostilla, al inteligente y perspicaz comentario de la Portal. Creo que no. La vida de Murguía, como la de Hurtado, está vocada a la renuncia y nada hay que pueda modificar su rumbo. El personaje sufre o disfruta a la mujer *desde la distancia,* mentalmente, sin penetrar jamás en el abismo de su intimidad. Ni Baroja ni su trasunto luchan nunca por ella. Una mezcla de miedo y de comodidad se lo impiden. Y así, mecidos en su sempiterna monomanía deambulatoria, incapaces de canalizar sus apetitos en actos, equivocados administradores de su libertad, más testigos que protagonistas de su propio destino individual, van acumulando una serie de fracasos —que no son sino abstenciones—, impulsores, en última instancia, del afincamiento —o la atrofia— de su sensualidad.

El sentimentalismo de Murguía no se transforma, pues, en función de *hechos,* sino de *teorías.* Cuando Milagritos le sonríe, él se abstiene de abordarla ante el temor del ridículo; no se une a la Filo, a la que deseara en sus años de adolescencia, por no sacrificar ni comprometer su libertad; a la prostituta que se le ofrece más por necesidad de afecto que de dinero no la toma en virtud de una mal entendida y falsa dignidad; y, enamorado de Ana, allí junto a los muelles del Sena, se inhibe de cualquier actitud que no sea la de besarla fugazmente, «considerándose ya viejo para iniciar una aventura sentimental». Desarraigado, vacilante y teórico, el héroe barojiano imagina a la mujer cual ideal inalcanzable y juega a considerarse víctima de una impotencia que se adivina no tan nacida de la decepción como de la hipótesis.

Si en 1911, Andrés Hurtado se acongojaba con la aparición del amor animal, en 1920, Luis Murguía decide ya evitarse esta incomodidad. El ejercicio de la masculinidad implica un valor del que él carece. Las mujeres no pasan, así, tanto *por su vida* como *por su vista.* Y elige la libertad como el más fácil de los caminos, por más que le suponga la soledad, la irascibilidad y la desesperanza.

La sensualidad barojiana está cocida en su cerebro. Y su perversión es íntima, inevitable y volitiva. A Baroja, lejos de faltarle *el desdén y la barba negra,* le sobraban *el temor y la mesa camilla.* Por eso fracasó. Porque cuando Cronos le restringió la fuerza seminal, ya estaba castrado.

José Larrañaga
o «el afincamiento emocional»

Han transcurrido seis años desde la publicación de *La sensualidad pervertida.* Seis años, secos y monótonos, que en el reloj de las horas del escritor casi han doblado el volumen de su temporalidad. Seis largos años en los que los días, igual que si de ladrillos se tratase, han ido apilándose, uno tras otro, sobre el cimiento de su patético vacío sin otro resultado que el de agudizar su artritismo, diluir sus escasas ilusiones y entumecer aún más su agobiante y fatigada soledad. Seis años desesperanzados, estériles, yermos, desprovistos de otra savia que la destilada por esa íntima amargura que recoge, amplificados, los ecos de su sonora sentimentalidad.

Desarraigado, sin ambiciones ya, inmerso en la silente apacibilidad de su vivir, pero constante, eso sí, en su vocación y su trabajo, Baroja da a la imprenta una nueva trilogía que, bajo la denominación genérica de *Agonías de nuestro tiempo,* pretende ser el reflejo de la circunstancia agónica que vive. La ha compuesto apoyado en las sugerencias recogidas en un reciente viaje a los Países Bajos y, como tantas otras veces, se ha elegido a sí mismo para protagonizarla, reencarnando en esta ocasión su personalidad detrás de la fisonomía de José Larrañaga, héroe literario del relato. En la fecha en que el tercero y último de sus volúmenes —*Los amores tardíos*— ve la luz, queda sólo por recortar una hoja al calendario de 1926. O, lo que viene a ser lo mismo, se encuentra el novelista en vísperas de cumplir sus cincuenta y cuatro años de edad, momento éste en que ya las fuerzas comienzan a abandonar su cuerpo y la esperanza se le muere en los últimos rincones del alma.

¿Qué nos cuenta don Pío en esta nueva aparición editorial? ¿Por qué traer a Larrañaga a este capítulo de desdoblamientos básicos, informadores de actitudes fundamentales en la línea de su discurrir sentimental? ¿En qué medida, sobre todo, son las tres novelas que componen la trilogía, así como el personaje que canaliza su acción, moldes arquetípicos de una distinta versión de la emocionalidad barojiana?

Digamos antes que nada que, al igual que sucediera en los relatos protagonizados por Andrés Hurtado y Luis Murguía, la peripecia argumental de *Agonías de nuestro tiempo* no es sino un soporte, un marco en el que encuadrar el conflicto íntimo de José Larrañaga. Nada de cuanto ocurre en *El gran torbellino del mundo, Las veleidades de la fortuna* y *Los amores tardíos* es otra cosa que el acompañamiento sinfónico de un monólogo pautado para el lucimiento del solista. La acción, cuando no nula, es mínima. Y ni las continuas transposiciones de paisajes ni la inclusión de anécdotas complementarias sirven para distraer la atención del lector que, desde un principio, es consciente de que el armazón de la trilogía 265 se apoya en el retrato psicológico de quien, a través de la vivencia de una emoción tardía y el recordatorio de otras experiencias frustradas, nos ofrece la radiografía de su resignada desolación. Repitiéndose en una tan efectiva como vieja táctica literaria, Baroja retorna una vez más a *disfrazar* de fábula lo que no es sino confesión autobiográfica.

La historia de José Larrañaga es la recreación novelada de una pasión sobrevenida cuando ni el cuerpo ni el espíritu se encuentran en condiciones de aceptarla, por mucho que los últimos estertores de su sensualidad adormecida reclamen con insistencia su derecho al amor; una pasión rediviva que el personaje vuelve a sentir tras el casual encuentro con una mujer por la que sintiera, tiempo atrás, similar propensión afectiva; una pasión que, malograda, contribuirá a alimentar aún más su misantropía, pondrá una nota de mordacidad en su humor y terminará de fermentar su irreversible depresión. Y es, sobre todo, el testimonio de un especial modo de ser y de sentir —el de don Pío— en el que la irresolución vence a la audacia, la reflexión al impulso y el egoísmo al desinterés, impeliendo a su víctima —o su verdugo— a una actitud contemplativa, de mero espectador, en la que todas las aspiraciones se reducen a encontrar una manera cómoda de ser triturado por el tiempo.

El nudo argumental del relato no encierra —por lo monolítico— dificultad de síntesis alguna. Una notificación del despacho central de la casa naviera en la que Larrañaga actúa como comisionado en Rotterdam obliga a éste a viajar hasta París, donde ha de cumplir el nada fácil encargo de consolar a su prima Pepita, que, víctima de una crisis conyugal, ha elegido la capital del Sena como balneario de reposo. El encuentro —tantas veces ambicionado por José, que estuviera en sus años mozos enamorado de la joven— dará ocasión al personaje a revivir sus viejas emociones de antaño e incluso a plantearse la esperanza de poder iniciar, junto a ella, una nueva vida. Luego, tras un interludio de breves viajes y extensas confesiones, el destino, de un lado, y sus propias formulaciones mentales, por otro, darán al traste con esa pretendida ilusión, y Larrañaga retornará a su anterior estado de tibia soledad, de afincamiento emocional, situación en la que, advirtiéndose ya sin fuerzas para emprender nuevas empresas de índole amorosa, la vida se le antojará tenebrosa, en tanto que los días le producirán la impresión de aspas que progresivamente la fuesen destruyendo.

La manifiesta simplicidad de la acción de *Agonías de nuestro tiempo* no discurre, sin embargo, pareja con la densidad documental de su contenido. Larrañaga no actúa, pero piensa; no vive, pero rumia y digiere la existencia. Y ese interminable soliloquio en voz alta de que se nutren las casi quinientas páginas de la trilogía sirve para ponernos en contacto con tres experiencias sentimentales por él vividas —estrictamente sensual la primera; casi soñada de tan idealista la segunda; y mixtura de ambas la tercera— que, además de alumbrar nítidamente su imagen psicológica, nos acercan a aquella que le fuera propia a Baroja en esa época, ya que cuanto de aquél oímos tiene el mismo valor testimonial que si de éste lo escucháramos.

Repasemos, pues, sucintamente la esencia de esas tres aventuras y deduzcamos de la respectiva *comunión* del protagonista con Margot primero, Nelly luego y Pepita finalmente los caracteres del nuevo estadio por que atravesaba la sensualidad barojiana, a caballo entre la resignación estoica de quien se considera vencido por la edad —Larrañaga tiene en el relato los mismos años que Baroja— y el ansia de *supervivencia* del que todavía se obstina en *mantenerse a flote,* en un singular modo de limitación que viene a suponer el último engaño de la carne que busca cegarnos cuando más necesaria nos es la luz del espíritu.

Margot, ya lo hemos dicho, es la emoción sensual, 267

la sacudida del instinto. José la ha conocido en Rotterdam y, a pesar de haber doblado ya la línea divisoria que marca la mitad de su vida, siente ante su presencia la acuciante punzada de lo erótico. Ella es joven, suave como una flor en primavera, espontánea y natural en sus impulsos. Ríe por cualquier cosa con carcajada abierta y amplia. Sin ser inteligente es viva y llamativa sin ser coqueta. Ama la improvisación y el riesgo. Es absorbente, insinuante, escandalosa. Cuanto toca lo impregna de esa electrización constante que es su vivir de cada día. Práctica, resolutiva, dinámica, se asemeja a una noria mareada en su propio movimiento. Su afectividad es más animal que tierna, menos espiritualizada que física. Hablar le resulta aburrido; pensar lo considera como una pérdida de tiempo. Sólo le interesa la acción: moverse, montar en bicicleta, tomar un tren en marcha, cantar, beber y, sobre todo, andar entre hombres...

La consecuencia inmediata de tal choque de caracteres es previsible. Por un simple efecto de complementariedad, son para Larrañaga las primeras semanas que siguen a su encuentro de una confusa y difusa onnubilación. Inmerso en el vertiginoso ritmo que la joven imprime al idilio, llega incluso a olvidar las canas y el lumbago. Las excursiones, las *kermesses,* los paseos al atardecer, las cenas a la orilla misma de los canales le sumergen en una falsa ficción de felicidad. Viviendo *en* ella no vive *para él.* Y seducido por ese clima de cantárida que la muchacha exhala, juega a sentirse joven, a engañarse con la idea de poder responder —física y espiritualmente— a la continua sucesión de exigencias de ese torbellino humano que le obliga a girar y girar hasta perder la noción de la consciencia.

¿Cuánto podrá, sin embargo, durar el sueño? ¿Hasta qué instante conseguirá el viejo solitario que es José, alimentado hasta entonces de nostalgias, disfrazar —siquiera ante sí mismo— su condición de tal? ¿En qué momento la razón y el miedo se impondrán, por natural lógica, a la ceguera y la locura?

No es difícil sospecharlo. La filosofía de renuncia de Larrañaga ofrece, como la de Baroja, pocas sorpresas al respecto. La respuesta, al igual que en otras ocasiones, hay que buscarla en el enfrentamiento del *homo sapiens* con el *homo sensualis,* en la pugna de la razón con el instinto. Y es que cuando la realización de la masculinidad exige del concurso de lo animal, cuando la praxis de la ilusión requiere la entrega de su *mismidad* entera, surge el *yo* reflexivo, inmutable, inteligente, anulador de toda iniciativa, y lo que podía suponer el pleno disfrute de la intimidad del otro ser se diluye en un sin fin de razonamientos éticos, cuyos decepcionantes resultados hemos tenido ya ocasión de conocer. Ni Larrañaga ni Baroja deciden *a favor* del riesgo. Y a la primera sensación de complacencia que inconscientemente experimentan, oponen, así, una revisión lógica, analítica, del contenido de la relación, una *cerebralización* de algo que, como el amor, es decididamente anticerebral.

«Al principio pensé —nos cuenta Larrañaga— que había hecho una gran conquista; pero luego fui comprendiendo que quizás iba a ser yo el conquistado... La verdad era que no nos entendíamos. Ella era una mezcla de sensualidad, de bondad, de avaricia, de sentimentalismo, que a mí me chocaba y me parecía un poco bárbara... No estábamos de acuerdo en nada... A ella le gustaban los hombres fuertes, grandes, sensuales, alegres; yo debía parecerle mezquino y triste... Muchas veces me preguntaba si aquello no sería un disparate...»

¿Hará falta advertir que tales dudas le asaltan a José luego de haber pasado por el trance de poseerla («el caso fue que en una de estas excursiones no volvimos a Rotterdam hasta las dos de la mañana y fuimos a un hotel..., al degolladero») y en el instante en que el dilema *seguir-abandonar* requiere una respuesta? ¿Es necesario señalar que Larrañaga se *libera* («no sentí nada de ironía, 269 ningún tipo de resentimiento») en el momento de reducir la aventura a un recuerdo? Sinceramente, creo que no. El hombre que «no quiere darse a sí mismo el espectáculo de un viejo rijoso y ridículo» se encuentra presto siempre a arrojar la toalla. Y Larrañaga, que prefiere sin duda el abandono a la derrota, encuentra en la renuncia la tranquilidad pretendida, aprovechando, además, la coyuntura que se le ofrece para acometer, una vez más, contra el tradicional valor otorgado a la seducción:

«... Me sentía avergonzado... ¡Ese papel de seductor, o de supuesto seductor, me parece tan estúpido, a pesar de lo que diga la gente! ...»

Nelly, la segunda de sus experiencias, va a ser, por el contrario, la sedimentación de la ternura, el letargo de la pasión. Un viaje de José al Báltico servirá para ponerlos en contacto. Trabaja ella como institutriz de una familia danesa. Tiene la mirada franca, los ojos oscuros y brillantes, la tez pálida. Por cualquier motivo se ruboriza. Vive en la gélida soledad de los fiordos y en la esperanza del sol del Mediodía. Sensible, débil, desmayada en un idealismo de corte patológico, ha encontrado en la lectura su único refugio. Soñando, reconstruye la vida a su medida. Posee, además, un especial recurso para *desenvolver* su alma. Y es en esa facultad donde concentra su ideal, que no es otro que el de perfeccionarse, el de llegar hasta allí donde sus escasas fuerzas le permitan hacerlo. En Larrañaga va a advertir la mano amiga que le falta, el concurso de una voluntad que le acompañe en su destino, y va a abandonarse a él por entero en una inútil búsqueda de salvación.

¿Será ésta la ocasión tan afanosamente buscada por José? ¿Habrá accedido el trasunto barojiano a un *status* en el que, con una casi absoluta economía sexual, pueda gozar de la anhelada compañía? ¿Conseguirá ser esta vía espiritual el cauce por el que llegar a la felicidad pretendida?

La lectura de *El gran torbellino del mundo* nos demuestra que no. Como si la fatalidad le persiguiese sin descanso, Larrañaga vuelve otra vez a padecer la realidad del fracaso. Si hacia Margot sentía miedo, por Nelly tan sólo experimenta piedad. Le llevarán a este sentimiento la quebrantada salud de la joven, su soledad acongojada, la *insuficiencia muscular* que advierte en la casi totalidad de sus reacciones. Y, sobre todo, la intuición de que cualquier empresa en común habrá de emprenderla con una plena vocación de servicio, como el médico que toma a su cargo el cuidado de una enferma a la que sabe que no podrá curar.

«Larrañaga —escribe Baroja— la trataba como a una niña. Para él era solamente una niña y además una niña enferma... La consideraba como una hada bienhechora, pero no como una futura esposa...»

Esta afección paternal, unida al desasistimiento que rodea a Nelly, impulsan a José a llevarla consigo. Si no pasión, la joven le procurará afecto, cariño, agradecimiento. Conseguirá, al menos, construir un remanso de paz en el que compartir con ella horas de ternura y delicada compenetración. Y su vida adquirirá una razón de ser, una motivación profunda, de la que hasta el momento ha carecido.

Nelly no piensa, sin embargo, así. Nelly busca una unión más duradera y sólida. Nelly pretende encontrar en la intimidad esa plena dimensión de mujer que le falta y de la que espera una compensación a sus limitaciones. Y continuamente asedia a José con toda la dulzura de sus palabras suaves, casi acariciadoras, sin presumir que la aspiración de Larrañaga estriba sólo en conseguir una base firme y segura donde apoyarse, una base que ella nunca podrá proporcionarle.

Sorprendamos una conversación entre ambos, una conversación que patentice y muestre sus directrices diferentes:

«—Usted cree que yo no estoy fuerte. No hay que ser cobarde.

—Yo no soy cobarde por mí sólo, sino por los demás.

—Lo que sucede es que usted le tiene miedo al amor.

—Sí; pero no por mí, sino por ti.

—Yo soy valiente.

—Tú eres una niña un poco enferma y yo un hombre un poco viejo.

—No. Yo soy una mujer fuerte y usted es un hombre joven.

—No, no; hay que esperar. Es fácil dejarse llevar por el instinto; pero luego viene la catástrofe.

—¿Por qué va a venir la catástrofe?

—Puede venir, no lo dudes. No somos niños, no somos locos como para no pensar en el porvenir...»

La comprensión del diálogo es sencilla. A las insinuaciones de la joven sobre la conveniencia de unir sus vidas responde Larrañaga con justificaciones y evasivas de dudoso poder de convicción. Atenazado por la responsabilidad que se le exige, busca elusiones y disculpas con que justificar su inhibición. Pero ¿es acaso un desinterés sublimado lo que le induce a ignorar las pretensiones de Nelly? ¿Son la piedad y la tristeza las razones en que se apoya su reiterada negativa? Personalmente, me veo en la necesidad de dudarlo. A mi entender, los motivos de tal retracción hay que buscarlos, sobre todo, en su desconfianza, en su miedo, en su supremo egoísmo. Siente el protagonista pánico ante la idea de perder la felicidad casi a renglón seguido de obtenerla, ante la sola perspectiva de desintegrar su *yo* para tener luego que recomponerlo, ante el temor de verse en la dificultosa obligación de emprender una *regresión* a sí mismo después de haber sido *diferente*. Y, así, prefiere renunciar y refugiarse en el sueño de lo que su vida hubiera podido llegar a ser si el destino —tan cruel como siempre— no le hubiese ofrecido su rostro más amargo.

Por eso, cuando la muchacha muere —Baroja no podía salvarla so pena de condenarse él mismo— deja el autor escapar una sincera confesión en la que el reflexivo *liberarse* (igual que en la aventura con Margot) adquiere una esclarecedora, por más que sospechada, dimensión:

«Larrañaga —dice— vivió durante largo tiempo en un estado de depresión. A pesar de esto, a veces se sorprendía a sí mismo con una sensación de descanso y de alivio por la muerte de Nelly. " ¡Qué monstruosa cantidad de egoísmo hay en uno! ", pensaba en esas ocasiones...»

Pepita será la tercera mujer que, determinando decisivamente su vida emocional, contribuya a alumbrar los caracteres constitutivos de la sensualidad de Larrañaga. Totalmente distintos entre sí, están, sin embargo, unidos por entrañables lazos de afecto y de sangre. Y cuando vuelven a encontrarse después de muchos años de separación, entrevén ambos la posibilidad de imprimir a sus vidas sendos giros ordenándolas en dirección a una meta común, aspiración que ni el tradicionalismo moral de ella ni la irresolución de él permitirán hacer llegar a feliz término.

La joven, que acaba de pasar por la difícil experiencia de comprobar la infidelidad de su esposo, busca en París la forma de olvidarlo. Y sabedora de que sólo otro hombre puede ayudarla en tal empeño, llama a su primo, con quien mantuviera relaciones sentimentales en su adolescencia, rogándole que la acompañe en esas primeras horas de soledad recién estrenada. Con él los días serán menos monótonos y, a su lado, podrá madurar planes y proyectos para un futuro que ahora contempla sombrío y tenebroso. Sabe a José discreto, inteligente y reflexivo, y aguarda de su amistad y sus consejos no poca parte de la solución de su problema.

Todo hasta aquí perfectamente aséptico, naturalmente incluible dentro de la ortodoxia de una relación amistosa. La mujer busca el consuelo del amigo, ofreciéndole 273 a cambio una compañía de la que también le sabe precisado. Y el hombre acude a su llamada, además de con el ánimo dispuesto a prestarla su apoyo, buscando la ocasión de recuperar las huellas de un pasado perdido, de aquel tiempo, sobre todo, en que él alimentó la esperanza de descansar en ella el resto de su vida.

Pero a Pepita, joven aún y mujer a la postre, le sobran sensualidad y pasión en dosis suficiente como para trastornar la hasta entonces apacible existencia de su primo. Y sin pretenderlo unas veces, e intentándolo, con femenino desenfado, otras, va encendiendo una hoguera en la intimidad de José, fuego que al consumir los últimos espolones de su orgullo y denunciarle sus absurdos esquemas de solterón misógino, despierta su sensualidad adormecida, alterando el mecanismo de sus resortes fisiológicos y procurándole un *poder* de ilusión, de fe en el porvenir, que el viejo marino creía ya definitivamente enterrado.

¿Renunciará esta vez Larrañaga a la ocasión que se le ofrece? ¿Será capaz de olvidar, siquiera por un momento, la calma chicha de su tranquilidad anterior? ¿Logrará abandonarse a la pasión que le conmueve, saltando por encima de los convencionalismos derivados de la extraña situación sentimental —y legal— de Pepita? ¿Aceptará la realidad de esa loca esperanza en contra de los apelativos de su profundo sentido crítico, empeñados en demostrarle que, de embarcarse en ella, deberá soportar la desilusión y la soledad que siempre siguen a la dicha? ¿Se decidirá, en fin, a «vivir», pese a que «recordar» le resulte más cómodo y seguro?

La tercera respuesta negativa —Margot y Nelly polarizaron las dos anteriores— se hace inevitable. José es incapaz de *darse*. Sacrificar su amor le cuesta menos que desterrar sus convicciones. Le asusta el dolor que entreví en lo más recóndito de la felicidad. Y su sentimentalidad, más viva en esta ocasión que nunca, pliega velas una vez más, bajo el dictamen de que cualquier iniciativa habrá de llevarle a una inseguridad que no sabe si podrá resistir.

«A pesar de su instinto de sensualidad comprimido, que le impulsaba al amor —escribe Baroja, intentando perfilar el momento psicológico por que atraviesa Larrañaga—, cuando reflexionaba fríamente no quería más que acabar aquella situación de una forma digna que no le pudiera nunca avergonzar en el porvenir. Su desconfianza y su razón le impulsaban, pues, a cortar sus amores, por más que su sentimiento le arrastraba a seguirlos hasta el desenlace.»

La energía del héroe se ahoga en la reflexión del crítico. El personaje barojiano no encuentra fuerzas para seguir luchando. La sola posibilidad de un nuevo y definitivo fracaso le asusta y acongoja. Débil y viejo, cree pasado ya el momento de la ilusión y la esperanza. E impotente para empuñar el timón de una empresa aventurada, la huida, el retorno al quietismo de su anterior afincamiento emocional, se le ofrecen como al náufrago el bote salvavidas.

«Esta canción de los amores tardíos —explicará, así, resignado— es una triste canción. El excesivo espíritu crítico mata el calor del alma. Parece que se va a encontrar a tiempo la palabra necesaria y la expresión adecuada; pero la palabra no viene, o se desconfía de ella, y la expresión, ante la desconfianza, se hiela. Es uno como el gimnasta viejo que duda de la posibilidad de realizar un buen salto... Desgraciadamente, es demasiado tarde para mí.»

Por eso, cuando, tras una breve y fallida tempestad sexual («que a ella la tonificaba y a él le aniquilaba por completo»), Pepita lo abandona para volver a España e intentar recomponer su vida conyugal, Larrañaga puede de nuevo respirar. Y por eso, también, no es la amargura que sigue a su partida la del hombre que ve abortados sus anhelos por fuerza del destino, sino más bien la del que los advierte fatalmente cumplidos en virtud de su propia indecisión.

El Baroja de los cincuenta años ha reducido sus ideales a las escuetas proporciones de «una grata sobremesa». Es la hora de las fontanelas cerradas y el perro atado a la puerta de la casa. Las pasiones, los sobresaltos y las aventuras no tienen ya cabida en sus esquemas conservadores y achicados. En todo proyecto ve riesgos que le acechan. Anclado, en fin, al puerto al que le ha llevado la perversión de su sensualidad, busca en el fuego de la chimenea, en el sólido afecto de los suyos y, sobre todo, en el trabajo una paz en la que reposar definitivamente.

Y aunque la mujer sigue operando sobre él una manifiesta atracción (como Pepita, Margot y Nelly la ejercen sobre Larrañaga), la reflexión le paraliza de un modo irreversible, disciplinando sus impulsos y conduciéndole a una inmovilidad mental, en la que aquélla tiene el valor de una nostalgia, de una presencia vaga con la que dulcificar el preludio de su declinación biológica.

El afincamiento sentimental barojiano es una realidad. Y Larrañaga así lo reconoce cuando en *Los amores tardíos* dice de sí mismo:

«Soy un hombre que sólo tiene la aspiración a la vejez tranquila, a la inmovilidad y al gusto por la rutina.»

PROCOPIO PAGANI
O «EL SUEÑO DE LA RAZÓN»

Pese a que con posterioridad a 1946, fecha en que ve la luz *El Hotel del Cisne,* ha de desdoblarse aún don Pío en tres nuevas contrafiguras literarias —Jesús Martín Elorza (1948), Luis Carvajal (1950) y Javier Arias Bertrand (1952)—, puede considerarse a Procopio Pagani, protagonista de dicho relato, como la última de las grandes reencarnaciones barojianas. Y, lo que quizás sea más importante, como aquella en la que, a través de un impensado y asombroso ejercicio psicoanalítico, revela el viejo novelista todo el conjunto de las inquietudes, zozobras y amarguras que le asaltan en esa etapa postrera de su vida.

¿Quién es, sin embargo, Pagani? ¿Qué paralelismo o qué vínculos le unen a su autor? ¿En qué medida es significativa su figura a la hora de considerarlo como «personaje base» de este estudio?

Luis Granjel, el más documentado y riguroso de entre los críticos barojianos, ha estudiado con detenimiento moroso y devota exhaustividad la imagen paganiana en un trabajo que, por su importancia y valor documental, me considero obligado a seguir, por más que añada al mismo la relación textual de aquellos de los sueños de su protagonista que ayuden a fijar la posición que ante las mujeres y el sexo mantuviera el Baroja de los últimos años.

Comienza el comentarista su estudio ofreciéndonos la imagen de nuestro personaje, tal como la recrea don Pío en su novela:

Tiene el soñador de estos sueños, al presentárnoslo Baroja, setenta y dos años; se llama Procopio Pagani y vive su desilusionada existencia en el último piso de un decrépito hotel de la calle de los Solitarios, en el barrio parisino de Bellville. «Mi estado —figura escribirle a Baroja— es lamentable. Viejo, sin dinero, débil, achicado y con la guerra en perspectiva. Está uno perdido.» Y más adelante, presentándose a sí mismo, añade: «Yo soy un ciudadano que va llegando al final de su vida, ya próximo. Padezco insomnios, todo me intranquiliza e inquieta... Siento cansancio; mi vida me parece estúpida y monótona. Estoy harto de vestirme para no hacer nada, de desnudarme para no dormir y de andar por la calle sin objeto.» En esta relación sobre sí mismo recae el personaje, poco después, en lo que parece preocuparle más: «... me encuentro en pleno aislamiento, en plena vejez...; la soledad me envuelve y me aísla...; es para mí una obsesión el insomnio.» Su sostén económico, nos cuenta finalmente, se lo procura escribiendo artículos «para una enciclopedia que iba a publicarse en Buenos Aires».

Tenemos con estos párrafos, tomados del relato hecho por el propio Pagani, un retrato fiel del personaje, e indirectamente, reflejándose en la emoción que en él desvela, una referencia de la situación vital que lo envuelve: la vejez haciendo presa en su organismo, y el mundo, más que hostil indiferente, acrecentando su invalidez. Ante esta criatura de ficción, una más en el nutrido mundo novelesco barojiano, ¿será en verdad preciso preguntarnos por la identidad de quién se esconde tras la realidad libresca de Procopio Pagani?

La respuesta ha de ser indudablemente negativa. Granjel lo entiende así y pasa a detallar las concomitancias existentes entre creador y criatura:

En el filo de 1939 y 1940 tiene Pagani —como he dicho— setenta y dos años; en aquella fecha contaba Baroja sesenta y ocho, y al firmar, en Itzea, *El Hotel del Cisne* se cuentan en su vida los mismos años que en la vida del protagonista de su relato. Como en su criatura —«mixto de español y de italiano»—, hay en don Pío, por su apellido Nessi, sangre italiana. También, como Procopio Pagani, se halla en París al comenzar la segunda guerra mundial, y si aquél vive de escribir artículos para una enciclopedia que va a editarse en Buenos Aires, Baroja cuenta como único apoyo económico con su colaboración fija en el diario bonaerense *La Nación;* para ambos el expediente resulta insuficiente y apenas les permite sortear constantes penurias. No acaba, sin embargo, aquí el parecido. Más importantes que las semejanzas apuntadas son las que se descubren al comparar el estado anímico del personaje y el de su creador por las mismas fechas: vivencia de la vejez y su cortejo de molestias orgánicas, destacando entre todas el insomnio y la soledad. Todo, pues, cuanto antes oímos decir a Pagani hablándonos de sí lo ha contado Baroja en sus *Memorias,* refiriéndose a lo que fue su vida en aquellos últimos meses de exilio en la capital francesa.

¿Cuál es, en suma, el estado anímico de Pagani? O, lo que ya es igual, ¿en qué situación espiritual se encuentra don Pío en ese momento?

Al cerrarse el Colegio de España, en la Ciudad Universitaria de París, nuestro novelista se refugió en una fonda próxima al Arco de la Estrella. Gasta en vivir muy poco más de trescientos francos por mes. Le acosa el insomnio. Siente, como Pagani, con vaga angustia, la vaciedad de su existencia. ¿Su situación anímica? Digamos que tres fueron las impresiones que más hondamente le afectaron: la ruptura con el pasado, aquella existencia tan igual, sin altibajos emocionales, de los años que precedieron a la guerra española; la amarga realidad, dura y aflictiva de estos días de destierro; y la incertidumbre de su porvenir.

La guerra —continuará escribiendo Granjel— hace aún más agobiante la situación de Baroja en aquel París del que huyen cuantos pueden... «En estos días hay en las calles muy poca gente; sólo viejos, muchachos y mujeres; casi ningún niño. No se nota excitación alguna. No hay exageración en nada. No hay discusiones ni disputas.» En este escenario vivió don Pío cuantas impresiones iban a desfilar en los sueños de muchas noches de desasosegado dormir, sueños que nos relatará con detalle Procopio Pagani.

¿Qué valor tienen, sin embargo, estos sueños en orden a la representación de la postura paganiana ante lo femenino? ¿Cuál es el papel que la mujer juega en los mismos? ¿Hasta qué punto es válida la consideración de sus ensoñaciones como explicativa de su personal sentir emocional?

En la vida de todo varón, la presencia de la mujer o su ausencia, acaso esto último más que lo anterior, 279 constituye uno de sus más importantes capítulos, casi desde la niñez hasta bastante después de haber cesado la capacidad de querer. Los años de exilio vividos por Baroja en París, rememorados en la figurada existencia de Procopio Pagani, no estuvieron privados de esta presencia femenina. Nuestro héroe convivió con mujeres —Dorina, María Lubomirsky— con las cuales llegó incluso a entablar una relación romántica y sentimental. La mujer, presente, pues, en el vivir paganiano, tenía lógicamente que comparecer en su mundo onírico, ese universo íntimo en el que la vida vuelve a vivirse en lo más hondo y oscuro del subconsciente, y en el que cabe, además de lo vivido, lo imaginado o intuido y hasta lo por venir.

En esta representación de lo femenino en la mente del soñador hay que distinguir, no obstante, dos categorías fundamentales, según sea una u otra la dirección del sueño. En la primera cabrán aquellas de sus ensoñaciones —*La dama del mar, Las Tres Gracias* y *Las flores de Dorina*— que simbolizan la transcripción real de su actitud ante el amor. En la segunda tendrán lugar, por el contrario, esas otras fantasías —*Sueños de amor* y *Licantropia*— que vienen a representar la posición que Pagani hubiera deseado adoptar ante la mujer, genéricamente considerada, como experiencia vital para todo varón, postura ésta que, como bien sabemos, nunca llegó el novelista, sin embargo, a ver pragmatizada.

Examinemos ahora el conjunto de esos sueños, dejando para el final su comentario e interpretación:

Las Tres Gracias

«He visto en escultura varias veces el grupo de *Las Tres Gracias*. Una vez creo que en Suiza; otra en el Museo de Versalles.

Estas que se me presentan en el sueño son muy hermosas, sonrientes y vivas. Están coronadas de flores.

Me acerco a ellas y me asombro a mí mismo por lo hábilmente que las galanteo. Las tres sonríen amablemente y una me ofrece un néctar en su copa.

Luego empiezan a pasar por delante nubes; primero ligeras, después más densas y a lo último fuliginosas.

Al cabo de algún tiempo de pasar estas nubes, *Las Tres Gracias* se han convertido en viejas arrugadas y desdentadas, tienen una expresión agria y amenazadora y juegan con unos lagartos y escorpiones.

—¡Fuera, fuera! —grito yo—. Esos trucos no los acepto. ¡A la calle las Gracias que son desgracias!

Y, al decirlo, me río de este chiste tan malo.»

Las flores de Dorina

«Dorina se encuentra un poco enferma, lánguida y caprichosa. Está en un cuarto del hotel muy bonito, con un papel estampado de flores.

—Yo quisiera, Pagani —me dice—, que me trajera usted unas rosas.

—¿Quiere usted unas rosas?

—Sí.

—Se las traeré en seguida.

Aquí cerca, en la plaza de Belleville, suele haber flores.

Salgo corriendo y voy al mercado del barrio. Cuando llego están cerrando todos los puestos. Sin duda es más tarde de lo que suponía. Hay una caseta que no está cerrada y me acerco a ella rápidamente.

—¿Qué quiere usted? ¿Rosas? —me dice la vendedora con aire burlón.

—Sí.

—Ahí las tiene usted.

Y me da un ramillete de flores marchitas y negruzcas.»

La dama del mar

«Estoy en una vuelta de la carretera que va por el borde del golfo de Gascuña y que tiene una cerca hacia el mar.

Las olas se agitan abajo con espuma de plata, saltando por encima de los peñascos negros. El cielo tiene un vago color de tormenta, con unas tonalidades azules, verdosas y rojas.

Se me ocurre pararme.

¿Para qué?, me pregunto.

Sin embargo, me paro.

Al poco rato aparece una muchacha y se sube la cerca, con la cara hacia el mar y la espalda hacia la tierra. Va con el pelo suelto y apenas lleva ropa. Cuando la miro, veo que tiene una cara resplandeciente y unos ojos verdes profundos. Me mira y sonríe. Luego canta y yo la oigo, maravillado. Ella me habla con entusiasmo de los abismos del mar.

De pronto, comprendo que hay un peligro y me lanzo al otro lado de la carretera, donde no se ve el mar.

Y me voy alejando de allí sin volver la cabeza, porque temo que esta sirena o esta náyade me arrastre al fondo del océano.»

Sueño de amor

«Me cuentan la historia de los amores del viejo Pagani. Es una historia inverosímil, pero a mí me agrada. El viejo Pagani, mi doble, hace un recuento de los años y resulta que no tiene setenta y tantos, sino veinticinco, y que está en una edad perfecta para casarse. Manón y Dorina se quieren casar con él. ¡Qué problema! ¿Cómo resolverlo? A Dorina la conoce desde niña. Es muy buena chica, pero Manón lo enloquece. ¿Qué puede hacer? No lo sabe.

282

Manón ha heredado una fortuna y Dorina también. ¡Qué indecisión!

Mi doble ha encontrado un secreto para ganar dinero. Madame Latour me dice que no quiere que me case con su hija. ¿Por qué? ¿Está celosa? Pero ¿no comprende madame Latour que ella está casada?

Pagani, mi doble, es hombre generoso. Tiene demasiado dinero y piensa que el exceso de negocios no le va a dejar disfrutar la situación que se le presenta.»

Licantropía

«He escrito para la enciclopedia americana, donde colaboro, un artículo sobre los licántropos, llamados antiguamente en Francia *loups-garous.*

Voy a recoger en mi artículo todo cuanto se dice en los diccionarios sobre estos famosos licántropos y a reunir el máximo de explicaciones y anécdotas.

He podido comprobar que la palabra *wolff,* de los idiomas germánicos, procede del sánscrito *vagara* y de otras voces similares.

En la palabra *wara,* reduplicada en *war-war,* los sumerios y caldeos comprendían al lobo y al merodeador, al hombre que rodea al poblado con aviesas intenciones. En el germano antiguo existía la palabra *warou,* y los franceses, por reduplicación, hicieron el término *loup-garou* —el hombre-lobo—, aunque etimológicamente la palabra siginificaría el lobo-lobo.

Después de escribir todo esto, me tiendo en la cama vestido, con el jersey puesto, porque hace mucho frío y se ha acabado la calefacción.

Ahora, de pronto, noto que ando por el suelo de mi cuarto a cuatro patas. Me miro en el espejo y me horrorizo. Descubro que soy un *loup-garou.* Empiezo a llorar con desesperación, y más que llorar, aúllo.

¿Qué voy a hacer? Me he convertido en una fiera. Me toco el pecho y noto una piel gruesa (es el jersey). 283

Puesto que soy una fiera auténtica, no tengo más remedio que seguir siéndolo y dejarme de escrúpulos ridículos.

Me he visto en el espejo unos ojos que fulguran, unos dientes blancos, unos colmillos y una piel llena de pelo erizado.

Adelante. Voy a empezar comiéndome unos niños de la vecindad.

Saldré del cuarto e iré a buscar a esos niños, porque necesito carne humana para mi nueva personalidad lobuna.

Pienso en dulces y pasteles, que siempre me gustaron; pero estos deseos me parecen ridículos y me río de ellos. Ahora no puedo pensar más que en un muslo de niño o en un pecho de mujer.

—¿Para comerlos crudos? Sí; no lo niego.

Abro la puerta de mi cuarto y voy bajando las escaleras muy despacio. ¿Qué efecto voy a producir si me ven?

¿Seré capaz de atacar a Dorina? Sí, yo no me detengo ya en nada. He hecho el terrible descubrimiento. Soy un *loup-garou* y no tengo otro remedio que obrar conforme a mi naturaleza.

Bajo las escaleras husmeando en las puertas y arañándolas con las patas, y, de pronto, surge la tragedia.

—Pagani —me dice con energía—. ¡A la cama!

—Pero si soy un *loup-garou,* Dorina.

—Le he dicho a usted que a la cama, ¡imbécil!

Dorina se acerca a mí con el palo levantado y yo huyo rápidamente hasta meterme en la cama.»

No creo que la interpretación de estas ensoñaciones ofrezca al lector dificultad alguna. Así como en otros de sus sueños el simbolismo no se advierte fácilmente perceptible dada la complejidad del mecanismo psicológico que los motiva, en los referidos a la pervivencia de lo femenino en el subconsciente del soñador no hay lagunas ni sombras que distraigan o entorpezcan la comprensión exacta de su significado. Todo es claro y diáfano en ellos; nada invita a descubrir en su examen otros impulsos, otras motivaciones que aquéllas que determinaran la situación anímica de Pagani —o Baroja— en el momento mismo de soñar.

Es natural que así sea. Siendo el sueño la escenificación inconsciente de nuestras propias vivencias personales, de los deseos y temores que nos rondan, de las ilusiones y desengaños que nutren nuestra intimidad, ¿iba Pagani, en su sopor, a disfrazar la operatividad con que la mujer continuaba incidiendo en su ánimo; a ocultar el persistente martilleo de sus impulsos aún despiertos? Imposible. Tenía, por el contrario, que descargar el peso de su desolación, de su profunda amargura; tenía que descubrir la impresión de acabamiento que sentía; tenía, en fin, que dejar correr el aire gélido de su soledad, entibiándose en el calor de la fantasía.

No hay que buscar en tales símbolos, por eso, sentidos figurados ni complicadas elucubraciones. Las rosas marchitas, la mujer que se desvanece en las sombras de lo etéreo, la transfiguración de las tres Gracias o la fría actitud de Dorina al espantar al *loup-garou* son tan sólo figuras literarias mediante las que revelar un estado de ánimo vencido y achicado, simples vehículos por cuyo conducto transmitir, patentizar mejor, una sensación de deserción y acabamiento, poéticos recursos a través de los que intentar dar fe de una definitiva despedida.

Debilitada casi por completo su fuerza genésica y atenuados sus últimos impulsos, quiere testimoniar Baroja que aún necesita a la mujer, siquiera sea para lograr saciar su apetito de compañía. Y, sincero hasta la exasperación, no tiene inconveniente en reconocer la inutilidad de su propósito. Pues bien; de este reconocimiento y de aquella exigencia (y sólo de ellos) están tejidos sus sueños. Y su mensaje no es, así, otro que el que lógica- 285 mente se desprende de la conjunción de ambas *partidas,* impenitentes constantes de su vivir sentimental.

Si Andrés Hurtado fue en su día el símbolo de la *musculatura insuficiente,* Luis Murguía el de la *sensualidad pervertida* y José Larrañaga el del *afincamiento emocional,* Procopio Pagani va a representar, finalmente, el del *sueño de la razón.* Un sueño desesperanzado y amigo que, lejos, sin embargo, de *engendrar monstruos,* va a idear criaturas femeninas en las que recrear sus perdidas ilusiones. Un sueño que se intuye a la manera de *canto de cisne* con el que el novelista dice su adiós a la mujer, adiós que aún hará más ostensible al dedicar, cuatro años más tarde, a Manón —principal protagonista de *El Hotel del Cisne*— una de las más patéticas y sentidas de sus canciones últimas, la titulada precisamente *Despedida:*

> ... *Adiós, amiga mía,*
> *no nos veremos más;*
> *el sino nos arrastra*
> *a cambiar sin cesar.*
> *No hay quien pueda oponerse*
> *al destino fatal,*
> *y es más cuerdo entregarse*
> *a la casualidad.*
> *Yo tengo que ausentarme.*
> *Usted se casará.*
> *La suerte y la distancia*
> *nos van a separar,*
> *impidiendo que siga*
> *nuestra vieja amistad.*
> *Es posible, sin duda,*
> *que algún fortuito azar*
> *nuevamente nos junte*
> *en un punto crucial.*
> *Usted, si está casada*
> *y con hijos, tendrá*

otras preocupaciones
y otra mentalidad.
Yo estaré ya tan viejo
y tan poco locuaz,
con tan pobre memoria
y tan poco jovial,
que usted me oirá con pena
o no me escuchará.
Reciba de esta ruina
un saludo invernal,
al tomar en la sombra
otro nuevo avatar...

El telón ha descendido. Y la mujer, tantas veces presentida y soñada, es ya sólo un punto luminoso en el cerrado horizonte del escritor. El fin se intuye próximo. Baroja intenta inútilmente apurarlo. Es imposible. Pero ni aún en ese trance se recata el novelista de profesar sus convicciones. Y así, desde ya casi la *otra orilla*, tiene todavía tiempo —amador irreversible, al fin— para gritar con esa voz, tan cercana al susurro, que le queda: ¡Viva Manón!

Una nómina de personajes tan amplia como la barojiana (la más dilatada de cuantas conforman nuestra historia literaria, después de la de Galdós) tenía lógicamente que ofrecernos, máxime si tenemos en cuenta el afán del escritor por recrear su propia existencia, una galería de figuras que, en distinta medida, pero con similar identidad, respondieran en su trazado a las constantes biotípicas de quien les diera vida, bien reencarnando sus experiencias personales de un modo fotográfico, bien convertidas en protagonistas ideales de

288

aquellas otras que, por diversas circunstancias, no tuvo él ocasión ni suerte de vivir.

No es extraño, así, que de sus casi tres mil héroes masculinos, alrededor de un centenar sean *barojas* redivivos, impecables retratos de su personalidad individual, reflejos fieles de la sensibilidad de excepción que le fue propia, copias textuales de su figura y de su genio, nacidos todos a la acción novelasca por el imperativo barojiano de descargar en las cuartillas el inefable peso de su imponente humanidad. Y no debe serlo tampoco, en consecuencia, advertir en la mayor parte de ellos —desde el Silvestre Paradox de los años mozos hasta el Javier Arias de la senectud irreductible— ese impenitente bagaje sensual, rara vez armónico y siempre disonante, que determina, en abierta y continua lucha con su razón, tantas de las actitudes y reacciones de nuestro novelista.

Sin la absoluta similitud caracterológica que vincula a Baroja con Andrés Hurtado, Luis Murguía, José Larrañaga y Procopio Pagani (estudiados, por ello mismo, como *personajes base*), pero con un notorio paralelismo circunstancial, son, de este modo, varios los trasuntos de su fantasía determinados por la sensualidad —concupiscente en unos casos y encalmada en otros— y, como él, frustrados en su patética impotencia por procurarle un cauce de viabilidad. Seres minúsculos sobre los que gravita la carga de lo erótico y que, incapaces de equilibrar su mundo sensorial, optan unas veces por refugiarse en el austero absurdo del celibato y otras por adscribirse a un machismo ridículo que termina siempre conduciéndoles al hastío y a la desmitificación de lo sexual. Infrahéroes solitarios y reflexivos, en suma, para los que el amor es un lastre que condiciona y frena su existir.

De estas *reencarnaciones menores* (menores, por cuanto su sensualidad no es *leit-motiv* completo del relato) vamos a ocuparnos ahora, transcribiendo su paralelismo psicosomático con don Pío y resumiendo, en bre- 289 ve síntesis explicativa, la posición que adoptan en relación al sexo:

DOCTOR LABARTA

Fecha de creación: 1901.

Novela: Aventuras, inventos y mixtificaciones de Silvestre Paradox.

Paralelismo físico: «Calvo, como si tuviera cerquillo; la cara ancha, la nariz apatatada y rojiza; los ojos entornados, bondadosos y sonrientes; la boca de labios gruesos, el bigote caído, las barbas lacias, largas y amarillentas».

Paralelismo espiritual: «... pesimista, epicúreo, socarrón y romántico».

Paralelismo de circunstancia: Médico y regente de una panadería.

Posición ante el sexo: Desconocida.

SILVESTRE PARADOX

Fecha de creación: 1901.

Novela: Aventuras, inventos y mixtificaciones de Silvestre Paradox.

Paralelismo físico: «... era de baja estatura, algo rechoncho, de nariz dificultosa y barba rojiza en punta».

Paralelismo espiritual: «Silvestre se sentía solo, viejo y triste».

Paralelismo de circunstancia: Estudiante de bachillerato en Pamplona.

Posición ante el sexo: Indiferencia lograda a fuerza de una obligada castidad.

FERNANDO OSSORIO

Fecha de creación: 1902.
Novela: Camino de perfección.
290 *Paralelismo físico:* Ninguno.

Paralelismo espiritual: Voluntad desmayada, incapacidad para la convivencia, individualismo y pesimismo.
Paralelismo de circunstancia: Espíritu viajero.
Posición ante el sexo: Agudo erotismo teñido de misticismo morboso.

Elizabide, «el vagabundo»

Fecha de creación: 1902.
Novela: Idilios vascos.
Paralelismo físico: «... escasamente atractivo».
Paralelismo espiritual: «... irónico, perezoso y burlón. Era de esos hombres que se dejan llevar por los acontecimientos sin protestar nunca. Su vida, él la comparaba con la marcha de uno de esos troncos que van por el río, que si nadie los recoge se pierden al fin en el mar». ·
Paralelismo de circunstancia: Vive en un pueblecito vasco.
Posición ante el sexo: Indiferente hasta que, ya viejo, el amor por una muchacha amiga vuelve a despertarle el instinto.

Roberto Hassting

Fecha de creación: 1904.
Novela: La busca, Mala hierba y La Aurora Roja.
Paralelismo físico: Ninguno.
Paralelismo espiritual: Individualismo, orgullo, escepticismo y soledad.
Paralelismo de circunstancia: Quizá, su coincidencia con la vida madrileña de Baroja en esa misma época.
Posición ante el sexo: Fría e indiferente.

Doctor Iturrioz

Fecha de creación: 1908.
Novela: La dama errante y La ciudad de la niebla.

Paralelismo físico: «Era un tipo de hombre primitivo: el cráneo ancho y prominente, las cejas ásperas y cerdosas, los ojos grises, el bigote lacio y caído».

Paralelismo espiritual: «Hombre insociable, de un humor taciturno... Tenía un entusiasmo ideal por la violencia... Era un hombre íntegro, de vida pura, aunque de palabra cínica».

Paralelismo de circunstancia: Médico y viajero.

Posición ante el sexo: Castidad forzada, con ráfagas de sentimentalismo.

Míster Roche

Fecha de creación: 1909.

Novela: La ciudad de la niebla.

Paralelismo físico: Ninguno.

Paralelismo espiritual: Estoico y humorista. «He sido más espectador que actor.»

Paralelismo de circunstancia: Pasa una temporada en Londres.

Posición ante el sexo: Instintos satisfechos.

César Moncada

Fecha de creación: 1910.

Novela: César o nada.

Paralelismo físico: Ninguno.

Paralelismo espiritual: Curiosidad, escepticismo, depresiones continuas.

Paralelismo de circunstancia: La aventura vivida por Moncada en Castro-Duro es una versión literaria de la que, como regeneracionista militante, quiso vivir Baroja.

Posición ante el sexo: El amor físico le produce un desequilibrio nervioso, que le incita a la búsqueda de un sentimentalismo más tibio.

Doctor Iturrioz

Fecha de creación: 1911.
Novela: El árbol de la ciencia.
Paralelismo físico: El único detalle que nos da el autor es el de su edad, coincidente con la de Baroja en ese momento.
Paralelismo espiritual: Estoicismo, humor, afán discursivo, egoísmo.
Paralelismo de circunstancia: Médico, sin ejercicio de la profesión.
Posición ante el sexo: En teoría, contrario a la glorificación sexual; en la práctica, desconocida.

José Ignacio Arcelu

Fecha de creación: 1912.
Novela: El mundo es ansí.
Paralelismo físico: Ninguno, como no sea su edad y su indumentaria, descuidada y lamentable, como la de su autor.
Paralelismo intelectual: «Soy un vagabundo sin raíces en ninguna parte. Mi tendencia ha sido siempre huir y destruir. Yo soy como esos animales mal construidos, que parece que alguno los ha hecho por entretenimiento».
Paralelismo de circunstancia: Periodista y viajero.
Posición ante el sexo: Desesperanza y frustración por su escaso éxito.

Miguel Aristy

Fecha de creación: 1918.
Novela: La veleta de Gastizar.
Paralelismo físico: La misma edad que su creador.
Paralelismo espiritual: Estoicismo senequista, abulia, epicureísmo.

293

Paralelismo de circunstancia: Vive retirado en un pueblo vasco.

Posición ante el sexo: Indiferente y resignada.

JUAN DE ALZATE

Fecha de creación: 1922.

Novela: La leyenda de Juan de Alzate.

Paralelismo físico: Ninguno, como no sea la edad.

Paralelismo espiritual: Orgullo, paganismo, sinceridad, individualismo.

Paralelismo de circunstancia: Quizá, la localización de su residencia en un pueblo vasco.

Posición ante el sexo: Sensualidad dormida que, al contacto con un estímulo, degenera en un acusado erotismo.

DOCTOR HALLER

Fecha de creación: 1926.

Novela: Las veleidades de la fortuna.

Paralelismo físico: «Tenía el aire duro, la barba roja en punta, la mirada irónica, los ojos pequeños y la expresión burlona, que a veces llegaba a ser mefistofélica».

Paralelismo espiritual: Polemismo, vanidad, determinismo.

Paralelismo de circunstancia: Médico y viajero.

Posición ante el sexo: Teóricamente, denostador de lo erótico.

HERMANO BELTRÁN

Fecha de creación: 1929.

Novela: El nocturno del hermano Beltrán.

294 *Paralelismo físico:* Ninguno.

Paralelismo espiritual: «Soy como una planta a la que no le conviene una tierra fértil ni mucho aire».

Paralelismo de circunstancia: Vive una vida austera y retirada, pero gusta de asistir a reuniones donde haya mujeres.

Posición ante el sexo: Fuerte proclividad teñida de misticismo.

Don Eduardo

Fecha de creación: 1929.

Novela: Allegro final.

Paralelismo físico: «... tiene sesenta años; lleva la barba y el pelo teñidos. Es de mediana estatura, la cara arrugada, debajo de los ojos, bolsas moradas».

Paralelismo espirtual: Desilusión, conciencia de fracaso, escepticismo, tristeza, pesimismo, sensación de soledad.

Paralelismo de circunstancia: Revive los años de estudiante de Medicina, que coinciden exactamente con los de Baroja.

Posición ante el sexo: Sensualidad apacible.

Leandro y Fermín Acha

Fecha de creación: 1932.

Novela: La familia de Errotacho, El cabo de las tormentas y *Los visionarios.*

Paralelismo físico: Ambos hermanos, de cuya aleación nace la imagen de Baroja, tienen la misma edad que su creador.

Paralelismo espiritual: Individualismo, actitud de espectadores, indecisión, emotividad muy acusada, orgullo.

Paralelismo de circunstancia: Leandro vive retirado en Vera, donde escribe; Fermín pasa los inviernos en Madrid y veranea en casa de su hermano.

Posición ante el sexo: Resignada.

JAIME THIERRY

Fecha de creación: 1934.
Novela: Las noches del Buen Retiro.
Paralelismo físico: Ninguno.
Paralelismo espiritual: Inadaptación, orgullo, individualismo. «Este hombre ha quemado su esencia vital en muy poco tiempo y, aunque se cure, quedará ya apagado para toda la vida.»
Paralelismo de circunstancia: Asiduo a los conciertos del Retiro, lo mismo que Baroja en sus años de juventud.
Posición ante el sexo: Erotismo muy agudo, que acaba degenerando en una sensualidad templada.

JAVIER OLARÁN

Fecha de creación: 1936.
Novela: El cura de Monleón.
Paralelismo físico: «Era hombre de ojos grises, pelo rubio y tipo sonriente».
Paralelismo espiritual: Refinamiento, epicureísmo, tendencia al localismo, actitud contemplativa, escepticismo.
Paralelismo de circunstancia: Vive en un pueblo vasco.
Posición ante el sexo: Erotismo acusadísimo, alimentado por la represión a que le obliga su condición sacerdotal.

JUAN DORRONSORO

Fecha de creación: 1937.
Novela: Locuras de carnaval.
Paralelismo físico: La edad.
Paralelismo espiritual: Timidez, austeridad, estoicismo.
Paralelismo de circunstancia: Vive en Madrid retirado con su familia, pero acepta muy gustoso un motivo que, a manera de disculpa, le permita intentar una

vida de convivencia, con opción al trato social con mujeres.

Posición ante el sexo: La viudedad le ha llevado a una sensualidad tranquila y apacible.

ANTONIO LATORRE

Fecha de creación: 1937.

Novela: Un dandy comunista.

Paralelismo físico: «Hombre de sesenta años, soltero, solitario..., vestía siempre modestamente».

Paralelismo espiritual: Sentimentalismo, orgullo, actitud de espectador. «Se siente egoísta y desprecia a la mayoría de las gentes.»

Paralelismo de circunstancia: Siendo joven, trabajó en Madrid como periodista.

Posición ante el sexo: En su juventud, proclividad satisfecha; en la vejez, escepticismo aséptico.

MIGUEL SALAZAR

Fecha de creación: 1937.

Novela: Susana o los cazadores de moscas.

Paralelismo físico: «Visto con trajes baratos, comprados en bazares, y no me destaco por nada».

Paralelismo espiritual: «En contraste con mi tenacidad para el trabajo, me faltan condiciones para destacar; no sé hacerme amigos ni protectores; soy un carácter un tanto independiente, infantil y tímido; no sé tampoco mentir con gracia, ni darme importancia».

Paralelismo de circunstancia: Se traslada a París, donde tiene que buscar trabajo para poder vivir.

Posición ante el sexo: Sentimentalismo tibio hasta el momento en que se enamora; disipado este impulso, tras la muerte de Susana, resignación.

Juan Avendaño

Fecha de creación: 1939.
Novela: Laura o la soledad sin remedio.
Paralelismo físico: La edad.
Paralelismo espiritual: «Hombre inteligente, de poca decisión... Le gustaba considerarse valetudinario y decrépito, posiblemente para evitarse compromisos y
molestias... Se sentía anticolectivista».
Paralelismo de circunstancia: Vive en Madrid y gusta
de asistir a veladas y reuniones familiares.
Posición ante el sexo: Indiferente ya, como resultado
de la ataraxia.

Profesor Golowin

Fecha de creación: 1939.
Novela: Laura o la soledad sin remedio.
Paralelismo físico: Ninguno.
Paralelismo espiritual: Ensimismamiento, tendencia a la
observación, timidez, estoicismo, sensatez, egoísmo.
Paralelismo de circunstancia: Viajero en Francia.
Posición ante el sexo: Sensualidad muy calmada, casi
indiferente.

Fermín Esteban de Uranga

Fecha de creación: 1943.
Novela: El caballero de Erlaiz.
Paralelismo físico: «Era un señor ya viejo, de sesenta y
cinco a setenta años, robusto, de ojos grises y de ex-
presión benévola».
Paralelismo espiritual: Curiosidad, tesonería, versatili-
dad, retraimiento, actitud de espectador, humorismo.
Paralelismo de circunstancia: Vive en un pueblo vasco.
Afición por la Medicina.
298 *Posición ante el sexo:* En su juventud, instintos turbu-

lentos; en la vejez, ya ordenado de sacerdote, indiferente.

Jesús Martín Elorza

Fecha de creación: 1948.
Novela: Los enigmáticos.
Paralelismo físico: «Tenía por ese tiempo más de sesenta años; la barba, cana...».
Paralelismo espiritual: Desilusión, monotonía, curiosidad, estoicismo.
Paralelismo de circunstancia: Vivió en París durante la revolución española y trabajó haciendo traducciones para una editorial.
Posición ante el sexo: Indiferente ya, aunque con ráfagas de sentimentalismo.

Luis Carvajal

Fecha de creación: 1950.
Novela: El cantor vagabundo.
Paralelismo físico: De joven, ninguno. En el momento del relato, la edad.
Paralelismo espiritual: Repulsión por la sociedad, vanidad, indiferencia, vagabundeo existencial, pesimismo.
Paralelismo de circunstancia: Infancia y juventud muy próximas a las de Baroja.
Posición ante el sexo: Instintos satisfechos durante la juventud.

Las otras contrafiguras

Además de en las anteriormente citadas, Baroja se desdobló, a lo largo de su dilatada vida literaria, en otras varias recreaciones de su imaginativa fantasía, cuyo detalle sistemático escapa, sin embargo, del límite de nuestro empeño, bien por ser mínima la conexión existente entre el autor y sus trasuntos, bien por no resultar suficientemente significativa la posición de éstos en lo que se refiere a su vinculación con la mujer y el sexo.

En cualquier caso, y sólo a título nominativo, he aquí la relación del resto de las contrafiguras barojianas, agrupadas según la clasificación de Luis Granjel, ya expuesta al comienzo del capítulo, que completan el medio centenar de los personajes unánimemente reconocidos y aceptados como reencarnaciones de don Pío:

Entre los personajes *espectadores:*

Horacio *(Mala hierba);* M. Botthwell *(El mayorazgo de Labraz);* J. H. Thompson *(El viaje sin objetivo),* y el doctor Javier Arias Bertrand *(Las veladas del Chalet Gris).*

Entre los personajes *nietzscheanos:*

Quintín *(La feria de los discretos);* Juan de Labraz *(El mayorazgo de Labraz),* y Carlos Yarza *(Los últimos románticos).*

Entre los personajes *aventureros:*

Martín Zalacaín *(Zalacaín el aventurero);* Shanti Andía y Juan de Aguirre *(Ias inquietudes de Shanti Andía);* Jaun de Alzate *(La leyenda de Jaun de Alzate);* Juan Galardi y Roberto O'Neill *(El laberinto de las sirenas),* y José Chimista *(La estrella del capitán Chimista);* además, claro está, de Eugenio Aviraneta, protagonista de los veintidós volúmenes que constituyen las *Memorias de un hombre de acción,* en el que el novelista reencarna sus más frustradas ambiciones y sus anhelos nunca satisfechos, como muy bien ha advertido Ortega y Gasset al escribir que «el sobrino se venga de su vida contándonos la vida de su tío».

LA MUJER
COMO PERSONAJE

No es, realmente, Baroja un pintor de mujeres. No hay en su obra, al menos, una *Fortunata,* una *Mari Gaila,* una *Tía Tula,* una *Señora Ama,* una *María Fontán.* Pasa el novelista por sus personajes femeninos como en volandas, sin casi detenerse, con la prisa de quien quisiera terminar cuanto antes el retrato recién abocetado. Su bisturí, tan incisivo otras veces, tiembla ante esas figuras desnudas —palpitantes incluso en su reposo— tendidas sobre la mesa de disección. Se le advierte indeciso, titubeante, anonadado. Y cuando el alma se abre por 303 efecto del filo del cuchillo, del trazo del pincel, el escritor cauteriza inmediatamente la herida, difumina la huella del color, temeroso de que el espíritu que acaba de encontrar, el volumen recién aparecido, se le deshaga entre las manos como por ensalmo.

Los comentaristas barojianos abundan, en general, en esta opinión. Así, Jesús María de Arozamena escribe:

«... Baroja pasa de largo por las mujeres. No hay heroínas en su novela, entendiéndose por heroína al personaje que revuelve la masa de la acción y de la anécdota. El pintó locas, furcias, esposas ejemplares, todo lo que queráis, pero siempre sombras. Sombras del hombre, que es el amo... Un vago instinto amielista está instalado en Baroja. Frente a la mujer, en el orden de su pensamiento literario, su posición es puramente restrictiva... Las mujeres de Baroja callan, esperan, no son nada en la nómina de sus actores, seres, en fin, de carne y hueso... Ni un solo nombre podríamos añadir a la fuerza apasionante de sus principales figuras vitales... La raza de don Pío es grande, grave y unisexual...»

Y Miguel Pérez Ferrero, profundo conocedor de la novelística de Baroja, opina, a su vez, al respecto:

«... nunca trasladó a la acción novelesca un tipo extraído íntegramente de la realidad y, por tanto, ninguna mujer absolutamente copiada de la misma... No pretendió escribir como un conocedor de mujeres, y menos de las mujeres españolas... Renunció a saber cómo eran...»

Va a ser, sin embargo, el propio don Pío quien nos explique, haciendo, una vez más, gala de su inquebrantable sinceridad, los términos del proceso creativo de sus figuras femeninas.

Para ello (y luego de analizar los distintos tipos de mujer creados por la literatura en todos los tiempos), comienza por advertir la casi insalvable dificultad que entraña para el hombre el adentrarse en la intimidad femenina:

«La mujer de vida media —escribe— no parece que tenga mucha afición a estudiarse y a analizarse; pero si llega alguna vez a decantar su personalidad, a dejarla clara, será por ella misma, por su propio esfuerzo. El hombre no podrá verla tal como es. Está el sexo de por medio, que no permite el análisis.»

Y concretándose ya a su especial manera de entenderlas, añade unos párrafos más adelante:

«Yo no he pretendido nunca hacer figuras de mujeres miradas como desde dentro de ellas, estilo Bourget, Houssaye o Prevost; esto me parece una mixtificación. Las he dibujado, por el contrario, como desde fuera, desde esa orilla lejana que es un sexo para el otro...»

En base a este procedimiento de *retratos a distancia,* contemplados más en perspectiva que en profundidad, cualquier otro resultado distinto al obtenido hubiera habido que reputarlo como milagroso. Sin la penetración psicológica de un Flaubert, la genial intuición de un Dostoyewsky o la adelgazada sensibilidad de un Wilde, y absteniéndose, además, de penetrar en la interioridad de sus modelos, sólo le quedaba a Baroja el recurso de vaciar en ellos los caracteres típicos de esa media docena de patrones a que pretende reducir el universo femenino. Y así, sus personajes, más convencionales que convincentes y menos libres que espontáneos, son como variaciones de un molde repetido, en el que la individualidad de la mujer apenas cuenta, dominada por las constantes del grupo al que la adscribe el novelista.

Esto explica, probablemente, el hecho de que las mujeres barojianas sean, antes que tales, madres, esposas, aventureras o busconas; el que nos dejen a su paso, dados sus caracteres límites, la sensación de que en lo femenino únicamente caben la bondad y la vileza, sin graduaciones intermedias; el que ese lector que recuerda sin esfuerzo los nombres de Zalacaín o Aviraneta, de **305**

Larrañaga o Shanti Andía, haya olvidado, en cambio, totalmente los de sus *partenaires* respectivas; el que ninguna de entre ellas figure, finalmente, en la no escasa nómina de las grandes figuras femeninas concebidas a lo largo del tiempo por nuestra novelística.

Y es que Baroja no conoce ni entiende a las mujeres. Desde el punto de vista fisiológico, por razón de su más que probable castidad; psicológicamente, porque, advirtiendo en el sexo una barrera, se inhibe de toda aproximación y las juzga apoyándose en la lógica, la simpatía o el rencor; a nivel estrictamente humano, por esa arbitrariedad suya tan caracterizada, que las condena de antemano a jugar un papel complementario, instrumental y despersonalizado.

Su obra es, por eso, netamente masculina. Conocía al hombre y supo trasladarlo con convicción y fuerza a las cuartillas. Con la mujer, sin embargo, no acertó. No podía acertar. Se lo impedía su limitada visión de lo femenino, extremo éste en el que no consiguió nunca don Pío superar su discreto *amateurismo*.

La decidida y manifiesta hostilidad de Baroja hacia lo femenino, patentizada en multitud de juicios y opiniones, no le impide, sin embargo, el lúcido ejercicio de la discriminación a la hora de sopesar y entender el valor específico de la mujer. Y así como, en cuanto género, no le concede apenas beligerancia alguna, a título individual, en cambio, llega con ella a ponderaciones tales que sorprenden, realmente, en un hombre, como él, tan limitado siempre por los prejuicios y las antipatías.

Baroja no entiende de términos medios. Y menos to- 307

davía al referirse a la mujer. Sus personajes femeninos son, por eso, arquetipos, bocetos límites. No hay graduación de tonos en su pluma. O blanco o negro. O bueno o malo. El ángel y el demonio apenas dejan hueco a la mujer de carne y hueso.

¿Cuáles son, a tenor de este extremismo, las mujeres a las que el novelista abre las puertas de su estimación, de su simpatía incluso, y cuáles aquellas otras a las que sin consideración ninguna se las cierra? ¿Qué virtudes o méritos exige Baroja a la *mujer-número* para aislarla de la *mujer-género,* de la que (como tendremos ocasión de advertir más adelante) abomina? ¿Bajo qué patrones, en fin, clasificar el nutrido microcosmos de sus criaturas de ficción?

Fermín Acha, una de las más conseguidas y representativas contrafiguras barojianas, nos desvela en *El cabo de las tormentas* la incógnita, al ofrecernos un esquemático muestrario de los distintos prototipos femeninos hallados por Baroja en su largo periplo biográfico:

«Creo haber encontrado —nos explica— tres tipos fundamentales: el maternal, el amoroso y el intelectual.»

Y pocas líneas después amplía su observación, detallando los caracteres propios de cada uno de ellos:

«El tipo maternal ya se comprende las condiciones que tiene: le gustan los hijos, el orden, el trabajo, etc. El tipo amoroso es el de la coqueta: vive para los hombres, para inspirar amores o celos; casada, soltera, vieja o joven, sólo piensa en seducir al hombre... El tipo intelectual es poco sexual; se entrega a la curiosidad de lo literario o de lo artístico.»

A estos tres grupos femeninos, expresamente enumerados por el escritor, añado yo otros dos más —el amargo y el inmusculado—, que, aunque susceptibles de ser incluidos en la anterior sinopsis (Baroja lo da a entender así, tácitamente), disponen de una personalidad propia y una entidad específica que aconsejan, a efectos de su estudio, una consideración independiente.

El tipo maternal —abnegado, solícito, constante— representa el desdoblamiento literario del ideal femenino barojiano. Integrado en su mayor parte por mujeres sencillas, austeras y sacrificadas, que no ven en el amor sino desinterés y entrega, es, además del preferido por el novelista, el más convincente de todos los por él creados. Tiene en las figuras de la madre y la esposa, entendidas al modo tradicional, su ejemplificación más caracterizada.

El tipo amoroso —sensual, voluptuoso, frívolo— viene a constituir el contrapunto inmediato del anterior y aglutina en su contexto los caracteres propios de aquellas mujeres que anteponen a su estructura espiritual su condición de hembras. Es éste el apartado en que Baroja incluye a las aventureras, busconas y damas de salón, así como a cuantos de sus personajes femeninos viven condicionados tanto por el resorte del instinto como por su tendencia a la deificación del sexo.

El tipo intelectual —aplicado, independiente, riguroso— muestra la posición del escritor ante las relaciones de la mujer con la cultura. Formado por estudiantes e intelectuales de toda condición, sirve a Baroja para agrupar a una serie de mujeres de acción, ajenas a cualquier tipo de sumisión doméstica o sexual y caracterizadas por el común denominador de su afición por el trabajo, su tibieza sexual y la constante insistencia con que defienden su libertad individual.

El tipo amargo —hosco, egoista, resentido— responde al de la mujer asexuada, frustrada en su femineidad y agresiva y hostil, en consecuencia, al mundo en derredor. Una mujer para quien la felicidad de los demás vale tanto como un insulto y que, animada de un espíritu ciego y destructivo, busca en el exabrupto, la agriedad y la calumnia, dos cauces por donde desahogar su íntimo rencor. Lo constituyen principalmente viejas solteras, viudas no resignadas y, en todo caso, mujeres sin realizar.

El tipo inmusculado —débil, vencido, resignado— reúne, finalmente, a aquellas de las mujeres barojianas derrotadas por su propia falta de energía, por lo endeble de su constitución anímica, por su incapacidad para la lucha. Enfrentados con un sino contrario, son estos personajes —seres humildes y frágiles en su mayoría— como barcos a la deriva que, perdida ya toda esperanza de salvación, arriasen su velamen, abandonándose a la suerte que el destino desee depararles.

Y conocidos ya los cinco tipos básicos en que se agrupan sus personajes literarios, examinemos ahora, en apretada síntesis, los caracteres tipificadores de cada uno de ellos, la posición de Baroja al dibujarlos y el detalle de las figuras más representativas incluidas en dichos apartados.

EL TIPO MATERNAL

Grupo abundante éste dentro de la producción barojiana (es rara la novela en la que no aparece una mujer de estas características), lo que se explica tanto por ser el más frecuente de entre los que componen la tipología femenina como por la tendencia del novelista a reproducirlo.

Caracteres:
— Propensión a la vida familiar.
— Acentuado instinto de protección hacia el hombre.
— Paciencia, abnegación, constancia y fidelidad.
— Temperamento fundamentalmente comprensivo.
— Tendencia al orden y el método.
— Entendimiento del sexo como un medio y nunca como un fin.
— Afición por los niños.
— Firmes y acusadas convicciones morales.

310

— Marcado espíritu de trabajo.

— Sublimación del amor.

Posición de Baroja ante ellas:

De indudable respeto, admiración y simpatía. Se advierte en todas la sombra de su madre, en quien, como sabemos, condensaba el autor la totalidad de las virtudes femeninas.

Las mujeres:

En *Aventuras e inventos de Silvestre Paradox:*

PARADOX, Abuela

— Abuela de Silvestre, que vive con ellos.

PARADOX, Señora de

— Madre de Silvestre, mujer abnegada y sacrificada.

En *Camino de perfección:*

DOLORES

— Esposa de Fernando Osorio, a quien da un hijo.

ADELA

— Hija de una posadera de Toledo.

En la trilogía *La lucha por la vida:*

VOLOWITCH, Esther

— Esposa de Bernardo Santín, abandonada por éste.

PETRA, Señora

— Madre de Manuel Alcázar, sirvienta en una pensión.

SALVADORA

— Esposa de Manuel, mujer de gran carácter.

En *La feria de los discretos:*

GARCÍA, Fuensanta

— Madre de Quintín.

TAVERA, Remedios

— Amiga de Quintín, muchacha de gran personalidad.

311

En la trilogía *La raza:*

ARACIL, María
— Hija del doctor Aracil, con quien huye a Londres.

LESKOV, Natalia
— Amiga de María.

RUTNEY, Wanda
— Amiga, igualmente, de María.

En *César o nada:*

AMPARO
— Muchacha sencilla, que se casa con César Moncada.

En *El árbol de la ciencia:*

HURTADO, Margarita
— Hermana de Andrés y alma de la familia.

DOROTEA
— Guardesa de la casa de Alcolea, donde vive Andrés.

LULÚ
— Mujer de escasa fortaleza, esposa de Andrés.

En *El mundo es ansí:*

SAVAROF, Sacha
— Joven rusa, esposa de Juanito Velasco.

PETROVNA, Vera
— Amiga de Sacha y confidente suya.

En *Idilios y fantasías vascas:*

MAINTONI
— Joven sencilla, novia de Elizabide el vagabundo.

ALZATE, Leonor
— Dama de indudable carácter.

En *La sensualidad pervertida:*

MURGUÍA, Abuela
— Abuela de Luis, compañera de su infancia.

ASUNCIÓN, Doña
— Señora viuda, conocida de Luis.

ISABEL, Señora
— Dama de cierta edad, amiga de Luis.
BERNEDO, Filo
— Modistilla, de la que Luis ha estado ena-
morado.

En *La leyenda de Jaun de Alzate:*
USOA
— Esposa de Jaun.
EDERRA
— Hija de Jaun, convertida al cristianismo.

En la trilogía *Agonías de nuestro tiempo:*
LARRAÑAGA, Soledad
— Joven bilbaína, prima de José Larrañaga.
BAUR, Elena
— Muchacha sentimental, enamorada de José.

En *El cura de Monleón:*
PAULA
—Tía de Javier, con quien vive en Monleón.
«EUSTAQUI», LA
— Sirvienta de la familia Olarán.
OLARÁN, Pepita
— Hermana de Javier, esposa del doctor Baste-
rreche.

En *Locuras de carnaval:*
ELENA
— Dama amiga de Juan Dorronsoro.
PEPA
— Vecina de Antonio Latorre.
MERCEDES
— Hija del dueño del restaurante donde come
Antonio.

En *Susana o los cazadores de moscas:*
ROBERTS, Susana
— Novia de Miguel Salazar, muerta en accidente.
VALENTINA
— Muchacha sencilla, amiga de Susana.

313

En *Laura o la soledad sin remedio:*
MONROY, Laura
— Joven estudiante, esposa de Nicolás Golowin.
GARCÍA PACHECO, Mercedes
— Novia del hermano de Laura.
BARAZZOF, Kitty
— Joven rusa, amiga de Laura.
HALMA
— Mujer de gran humanidad, amiga de Laura.
GABRIELA
— Profesora del Liceo, mujer bondadosa e ingenua.

En *Los últimos románticos:*
PONCE DE LEÓN, Pilar
— Madre de Fausto Bengoa.
MENOTTI, Clementina
— Joven italiana que se casa con Fausto.
PAULINA
— Muchacha enamorada de Carlos Yarza.

En *El caballero de Erlaiz:*
URANGA, Cristina
— Madre de Adrián y hermana del cura don Fermín.
EMPARÁN, Dolores
— Muchacha amiga de la familia de Adrián.
OLANO, Margarita
— Compañera de Dolores.

En *El hotel del Cisne:*
LUBOMIRSKY, María
— Joven polaca, amiga de Procopio Pagani.
LATOUR, Madame
— Encargada del hotel.

En *Los enigmáticos:*
MARTINA
— Mujer abnegada, posadera de una fonda en Olorón.

En *El cantor vagabundo:*
Evans, María
— Madre de Luis Carvajal.
Belén
— Muchacha a la que Luis encuentra en un tren.
Silvia
— Joven sencilla, que termina heredando a Carvajal.
Paula, Señora
— Ama de llaves de la familia de Luis.
En *Las veladas del Chalet Gris:*
Cañizares, María
— Mujer muy ponderada, esposa del doctor Arias.
Arias, Lola
— Hija de María y el doctor.

EL TIPO AMOROSO

Menos convincentes, quizá, que los maternales en un orden cualitativo, pero tan prodigados como aquéllos en lo tocante al número, los tipos amorosos —como el autor gusta de calificar a sus personajes sensuales— son moneda común en la novelística de Baroja, llegando incluso a constituir una homogénea galería, de inevitable consideración a la hora de examinar la actitud del escritor frente al sexo.

Caracteres:
— Tendencia a la vida fácil y disipada.
— Desinterés absoluto por el hogar y la familia.
— Propensión a las actitudes marcadamente pasionales.
— Dominio del instinto sobre la razón.
— Frivolidad, coquetería, egoísmo y versatilidad.
— Consideración del sexo como un fin en sí mismo.
— Espíritu materialista y práctico.
— Sensualidad erotizada.

— Ausencia de cualquier consideración de orden moral.

Posición de Baroja ante ellas:

Decididamente adversa y condenatoria. La mujer instintiva produce en todo momento al novelista una mezcla de repugnancia y lástima. No hay nunca en él atisbo alguno de ternura, de comprensión siquiera, al dibujar sus caracteres. El Baroja castigado por las veleidades y los desdenes femeninos se cobra en estos tipos el precio de su rencor y su amargura.

Las mujeres:

En *Aventuras e inventos de Silvestre Paradox:*
BARDÉS, Elvira
— Mujer casada, amante de Pérez del Corral.
ISABEL
— Amiga de la anterior, amante de un periodista.
MARÍA FLORA
— Alumna de Silvestre, amante de Fernando Ossorio.

En *Camino de perfección:*
OSSORIO, Laura
— Tía de Fernando y amante suya.
SÁNCHEZ, Lolita
— Cómica de dudosa reputación.
SÁNCHEZ, Mencía
— Hermana de la anterior.

En la trilogía *La lucha por la vida:*
IRENE
— Mujer de mala vida, amiga de Manuel Alcázar.
FIGUEROA Paquita
— Aristócrata, que malvive de sus encantos.
JUSTA
— Amante de Manuel.

«Chata», La; «Rubia», La; «Fea», La
— Busconas de los suburbios madrileños.

En *La feria de los discretos:*
Lucena, María
— Actriz, amante de Quintín.

En *El árbol de la ciencia:*
Niní
— Amante de Julio Aracil, hermana de Lulú.
García, Virginia
— Comadrona, mujer de mala vida.
Ernestina
— Buscona enredada con un revendedor.

En *César o nada:*
Guillén, Vicenta
— Abuela de César Moncada, mujer fácil en su juventud.
Brenda, Beatriz
— Mujer sensual, amiga de César.

En *El mundo es ansí:*
Bertelli, *Virginia*
— Muchacha italiana, amante de Enrique Amati.
«Coquinera», La
— Bailarina, amante de Juanito Velasco.

En *Idilios y fantasías vascas:*
Barrenechea, Graciana
— Mujer sensual, amiga de Leonor Alzate.

En *La sensualidad pervertida:*
Serviliana
— Criada de los Arellano, que provoca a Murguía.
Charo
— Amiga de la tía de Luis, mujer muy sensual.
Enriqueta
— Mujer de mala vida, amiga de Luis.
Satur
— Buscona, conocida de Murguía.

317

«Bebé»
— Prima de Luisa Arellano, mujer muy sensual.
Anthoni
— Sirvienta, de quien se enamora Luis.

En *La leyenda de Jaun de Alzate:*
Pamposha
— Campesina pasional, poseída por Jaun.

En la trilogía *Agonías de nuestro tiempo:*
Margot
— Amante, por unos días, de José Larrañaga.
Van Leer, *Señora*
— Amante del esposo de Pepita Larrañaga.
Paterno, Duquesa de
— Aristócrata de vida irregular.

En *Las noches del Buen Retiro:*
Aracena, Condesa de
— Amante de Jaime Thierry.
Villacarrillo, Marquesa de
— Amante igualmente de Jaime, al que luego abandona.
Launay, Niní
— Muchacha sin escrúpulos, amiga de Jaime.

En *Locuras de carnaval:*
Medrano, Elvira
— Cómica, conocida de Julián Isasi.
Ángeles
— Corista, amiga de Latorre, enredada con su sobrino.
Ferrer, Aurora
— Modista, mujer de vida alegre.
«Sole», La; «Paqui», La
— Golfillas vecinas de Antonio Latorre.

En *Laura o la soledad sin remedio:*
Belvis, Silvia
— Aristócrata caprichosa y sensual, prima de Laura.

GARCÍA PACHECO, Adela
— Hermana de Mercedes, mujer coqueta y frívola.

HARRISON, Juana
— Mujer aventurera, conocida de Laura Monroy.

UHLENBECK, Irene
— Divorciada de Golowin, mujer de un romanticismo morboso.

En *Las tragedias grotescas:*

GÁLVEZ, Rita
— Aventurera, amante de Darcey y de Perfecto Martínez.

BENGOA, Asunción
— Hija de don Fausto, amante de Carlos Yarza.

En *Allegro final:*

FIFÍ
— Mujer de vida airada.

GONZÁLEZ, Pilar
— Buscona, que intenta seducir a don Eduardo.

En *El caballero de Erlaiz:*

ETCHEZAR, Berta
— Amiga de Adrián de Erlaiz.

En *El hotel del Cisne:*

DORINA
— Joven alegre, hija de Madame Latour.

En *Los enigmáticos:*

SOFÍA
— Esposa de Luis Clermont, sensual y coqueta.

«MAGNOLIA», La
— Cupletista, mujer de vida libre.

SACROMONTE, Lola
— Bailarina, conocida de don Jesús Martín Elorza.

«TOTÓ»
— Aventurera, valiente y desgarrada.

BERTRAND, Flora
— Mujer divorciada, amiga de don Jesús.

CASTILLA, Rosario
— Bailarina, afincada en París.
En *El cantor vagabundo:*
CONCHA
— Amante de Luis Carvajal.
DURAND, Lola
— Mujer de vida airada, de quien se enamora
Luis.
VILLEGAS, Margarita
— Poetisa, de fondo dionisíaco.
CLEMENCIA
— Divorciada, amante de Luis Carvajal.
En *Las veladas del Chalet Gris:*
FANNY
— Lesbiana, amiga de Lola Arias.

EL TIPO INTELECTUAL

De los tres grandes grupos en que Baroja divide a
las mujeres, es el intelectual el menos abordado a lo largo
de su producción literaria, lo que no es sorprendente si
tenemos en cuenta las escasas posibilidades de promo-
ción que los presupuestos culturales de su tiempo conce-
dían, sobre todo en España, a lo femenino. Ello explica,
quizá, el que la mayoría de los personajes incluidos en
este apartado sean extranjeros, así como que se repitan
con mayor insistencia en la última etapa de su obra, momento en que la cultura comienza ya a ser patrimonio
de todos.

Caracteres:
— Afición al estudio y el trabajo.
— Ensimismamiento, voluntad, rigor, curiosidad.
— Predominio de la razón sobre el instinto.
— Espíritu de gran independencia.
— Indiferencia hacia la vida social.

— Sensualidad muy poco acusada.
— Conceptuación del amor como algo complementario.
— Gusto por lo artístico, lo literario o lo científico.

Posición de Baroja ante ellas:

De escepticismo e ironía, no exentos en ocasiones, sin embargo, de velada admiración. El Baroja que duda sabe también reconocer. Y aunque su postura con respecto al ejercicio intelectual es fundamentalmente discriminatoria, hay no poca comprensión y reconocimiento en el trazado de estos tipos, algunos de los cuales pueden reputarse entre los más conseguidos de su producción.

Las mujeres:

En la trilogía *La lucha por la vida:*

HASSTING, Fanny
— Prima de Roberto, mujer estudiosa e independiente.

En *La ciudad de la niebla:*

GARCHIN, Julia
— Joven rusa, defensora de los derechos de la mujer.

En *César o nada:*

CADET, Señorita
— Institutriz de la familia Dawson.

En *Paradox, rey:*

PICH, Miss
— Escritora inglesa, amiga de Silvestre.

En *Los últimos románticos:*

MONTVILLE, Blanca de
— Dama francesa culta e intelectual.

En *El mundo es ansí:*

SANIN, Xenia
— Joven rusa, conocida de Sacha Savarof.

En *La sensualidad pervertida:*

LOMONOSOF, Ana
— Dama culta, amiga de escritores y artistas.

MARTA
— Amiga de la anterior.
PRESSIGNY, Gabriela
— Violinista, mujer de gran sensibilidad.

En la trilogía *Agonías de nuestro tiempo:*
ROSS, Miss
— Profesora de inglés de José Larrañaga.
NORD, Julieta
— Joven estudiante, amiga de Elena Baur.

En *El laberinto de las sirenas:*
HOUSTON, Señora
— Institutriz de la señorita O'Neill.

En *Las noches del Buen Retiro:*
LEVEN, Matilde
— Escritora, novia de Carlitos Hermida.

En *El cura de Monleón:*
EZCURRA, Saturnina
— Maestra de Monleón, mujer muy aplicada.
MARY
— Estudiante irlandesa, amiga de Javier Olarán.

En *Locuras de carnaval:*
CRUZ, Rosa
— Escritora de talento, vecina de Antonio Latorre.

En *Susana o los cazadores de moscas:*
ERNESTINA
— Institutriz, conocida de Miguel Salazar.
ANDREA
— Estudiante de Química, compañera de Susana.

En *Laura o la soledad sin remedio:*
TROUSSEAU, Camila
— Profesora de un instituto en París.
URSEREN, Lilí
— Famosa escritora, amiga de la familia Golowin.

GENOVEVA
— Estudiante de Medicina, conocida de Laura.
PAULINA
— Estudiante de Letras, compañera de la anterior.
En *El cantor vagabundo:*
EVANS, Edith
— Joven muy culta, prima de Luis Carvajal.
MARY
— Compañera de estudios de Edith.
VILLEGAS, Margarita
— Poetisa, amiga también de Carvajal.

Otras mujeres:

Entre los personajes femeninos incluidos en grupos anteriores, en razón a sus caracteres específicos, son varios los que disponen de una formación intelectual que obliga a recordarlos en éste. Son ellos:

En la trilogía *La lucha por la vida:*
WOLOWITCH, Esther.

En *La ciudad de la niebla:*
ARACIL, María; LESKOV, Natalia; RUTNEY, Wanda.

En *El mundo es ansí:*
SAVAROFF, Sacha; PETROVNA, Vera.

En la trilogía *Agonías de nuestro tiempo:*
BAUR, Elena; LARRAÑAGA, Pepita.

En *Susana o los cazadores de moscas:*
ROBERTS, Susana.

En *Laura o la soledad sin remedio:*
MONROY, Laura; GARCÍA PACHECO, Mercedes; BARAZZOF, Kitty.

En *Las veladas del Chalet Gris:*
ARIAS, María Dolores.

Pese a su no inclusión dentro de la arbitraria síntesis clasificatoria de Baroja, es este grupo —constituido en su totalidad por mujeres vencidas por el desengaño y la frustración— uno de los más definidos de entre los dibujados por su pluma y aquel, posiblemente, en el que con mayor nitidez se patentiza su bien probada animosidad hacia lo femenino.

Caracteres:

— Frustración espiritual y, sobre todo, fisiológica.
— Hostilidad hacia el mundo en derredor.
— Amargura, resentimiento, agresividad e incomprensión.
— Manifiesta perversión de la sensualidad.
— Sentimiento de celos y envidia por la felicidad ajena.
— Consideración pesimista de la vida.
— Espíritu propenso a la calumnia y la delación.
— Sensación de vacío e inutilidad.
— Afectación hipócrita en relación con la moral.

Posición de Baroja ante ellas:

Absolutamente implacable. Son los colores que emplea al dibujarlas sombríos, solanescos. Su antipatía es ostensible. Nada le detiene en su ejercicio desvelador y crítico, en su causticidad. Estamos ante el Baroja agresivo, hiriente, cruel, casi energuménico, que tan magistralmente nos pinta Darío de Regoyos cuando escribe: «Este Pío, qué bien muerde...»

Las mujeres:

En *Aventuras e inventos de Silvestre Paradox:*
Hierro, Tadea del
    — Solterona, tía de Silvestre.
Hierro, Josefa del
    — Hermana de la anterior, también soltera.

Urraiz, Carlota
— Amiga de las dos hermanas.
Alvarez Ossorio, Luisa Fernanda
— Solterona, tía de Octavio, alumno de Silvestre.

En *Camino de perfección:*
Ossorio, Luisa
— Tía de Fernando, soltera y agria.

En *El mayorazgo de Labraz:*
Labraz, Micaela
— Mujer orgullosa y dominadora.

En la trilogía *La lucha por la vida:*
Fernández, Casiana
— Dueña de una pensión, mujer de malos instintos.

En *La feria de los discretos:*
Tavera, Patrocinio
— Mujer vengativa, hermana del Marqués de Tavera.

En *La dama errante:*
Carolina
— Tía de María Aracil, soltera y amargada.

En *La ciudad de la niebla.*
Witmann, Bella
— Dama de carácter agrio, conocida de María.
Troubat, Madame
— Directora de un pensionado en Londres.

En *César o nada:*
«Cachorra», La
— Tabernera, mujer de fondo amargo.

En *El mundo es ansí:*
Velasco, Señorita
— Vieja solterona, tía de Juanito Velasco.

En *La sensualidad pervertida:*
Arellano, Luisa
— Tía de Luis Murguía, vieja y soltera.

RUPERTA
— Mujer de mal carácter, encargada de un burdel.

En la trilogía *Agonías de nuestro tiempo:*
BRINCHMANN, Señora
— Mujer cruel, en cuya casa trabaja Elena Baur.
LUISA, Doña
— Madre de una amiga de Pepita Larrañaga.
En *Allegro final:*
LUISA, Doña
— Esposa de don Eduardo, mujer intransigente.
En *Susana o los cazadores de moscas:*
MÁRGARA, Doña
— Dueña de la farmacia donde trabaja Miguel Salazar.

EL TIPO INMUSCULADO

Como una subdivisión del maternal, pero con la entidad específica que le confieren sus propios caracteres, el tipo inmusculado —en el que caben todas aquellas de sus heroínas limitadas por un destino adverso, contra el que no saben luchar— se repite con no escasa frecuencia en las novelas barojianas, a las que su presencia contagia ese clima tierno y triste, amable y dolorido, melancólico y desesperanzado, consustancial a tantos de sus relatos literarios.

Caracteres:

Los ya transcritos en el tipo maternal, a los que, sin embargo, resulta preciso añadir los siguientes:
— Paciente resignación ante la adversidad.
— Absoluta incapacidad de rebeldía.
— Debilidad, mansedumbre, ausencia de carácter.
— Sensibilidad muy acusada.
— Alejamiento de cualquier tipo de actitud límite.
326   — Manifiesta propensión a la melancolía.

Posición de Baroja ante ellas:

De sensible ternura. El espíritu de almendra que lleva dentro puede en estas ocasiones con su fachada de oso vascongado. Ha perdido el plantígrado la fuerza, el genio, la energía. Y su pluma casi acaricia el papel al retratarlas.

Las mujeres:

En *Vidas sombrías:*
AGUEDA
— Muchacha paralítica, sola y desatendida.

En la trilogía *La lucha por la vida:*
MESODA
— Mujer de un corrector, paciente y resignada.

En *Zalacaín el aventurero:*
ZALACAÍN, Señora
— Madre de Martín, mujer sufrida y bondadosa.

En *El árbol de la ciencia:*
MARÍA DE LA CRUZ, Sor
— Monjita dedicada a la asistencia a los enfermos.

En *La sensualidad pervertida:*
ADELA
— Amiga de Luis, cuya hija muere tuberculosa.

En la trilogía *Agonías de nuestro tiempo:*
MARÍA LUISA
— Mujer sufrida, amiga de Pepita Larrañaga.

En *La familia de Errotacho:*
FELICITAS
— Joven abandonada por Gastón.

En *Laura o la soledad sin remedio:*
HONORINA
— Muchacha amiga de Laura, maltratada por el destino.

En *El caballero de Erlaiz:*
URANGA, Cristina
— Madre de Adrián de Erlaiz.

En *El puente de las ánimas:*
Bildosteguy, María
— Mujer que pierde trágicamente a cinco de sus hijos.

En *El hotel del Cisne:*
Bergmann, Señora
— Pobre mujer, obligada a abandonar el hotel.

Otras mujeres:

Varios de los personajes femeninos incluidos, por su afabilidad y abnegación, en el apartado relativo al tipo maternal responden asimismo a las características dominantes en éste. Son esas mujeres a las que unas veces el azar y otras su propia impotencia condenan a una realización incompleta, por más que su naturaleza anímica les hiciese acreedoras de un destino diferente.

Recordemos de entre ellas las siguientes:

En *Aventuras e inventos de Silvestre Paradox:*
Paradox, Abuela; Paradox, Señora.

En *Camino de perfección:*
Adela.

En la trilogía *La lucha por la vida:*
Petra, Señora.

En *El árbol de la ciencia:*
Hurtado, Margarita; Lulú.

En *El mundo es ansí:*
Savaroff, Sacha.

En *La sensualidad pervertida:*
Murguía, Abuela.

En *La leyenda de Jaun de Alzate:*
Usoa.

En la trilogía *Agonías de nuestro tiempo:*
Baur, Elena; Larrañaga, Soledad.

En *Locuras de carnaval:*
Pepa, Señora.

En *Susana o los cazadores de moscas:*
VALENTINA.

En *Los últimos románticos:*
PONCE DE LEÓN, Pilar.

En *Laura o la soledad sin remedio:*
GARCÍA PACHECO, Mercedes; GABRIELA; MONROY, Laura; HALMA.

En *Los enigmáticos:*
MARTINA.

En *El hotel del Cisne:*
LUBOMIRSKY, María.

En *El cantor vagabundo:*
SILVIA.

(*N. del A.*—Los personajes femeninos barojianos no incluidos en las anteriores relaciones, o carecen de entidad representativa suficiente para poder ser encasillados en los cinco capítulos citados, o están faltos de partida de bautismo —Baroja olvidó poner nombre a no pocos de ellos—, lo que imposibilita asimismo su correspondiente transcripción.)

Aunque en cuantía global muy inferior a la masculina
(la proporción es, como hemos visto, de uno a tres, aproximadamente), la galería literaria de las mujeres barojianas rebasa cumplidamente el millar largo de tipos, de
entre los que, además, alrededor de las tres cuartas partes
disponen de «voz y voto», como con no poca gracia acostumbraba a decir don Luis Astrana Marín.

Emprender la tarea de censarlos es empresa que, probablemente, entiendan como innecesaria quienes no bus-
330 can en el dato, la cifra o la estadística sino su utilidad

inmediata, su eficacia directa, aquellos para los que la síntesis es no tanto un ejercicio sobre el que discurrir cuanto un resultado que aplicar.

Pocos son, quizá por eso, los trabajos existentes dentro de nuestra bibliografía editorial referidos a este punto, en el que yo advierto, sin embargo, un indudable interés, por cuanto ilustra al lector acerca de las preferencias del novelista en el trance de bautizar a sus criaturas, le acerca hasta el origen y la procedencia geográfica de las mismas, le pone en situación de conocer el estamento social en que las ha colocado su autor y, sobre todo, le permite advertir la propensión del escritor, según sea uno u otro el momento cronológico en que vive y escribe, a imaginar figuras y tipos de mujer.

De entre las sinopsis que sobre el particular conozco, posiblemente sea la de Torrente Malvido (*Baroja y su mundo*. Apéndice. Madrid, 1960) la más completa y mejor elaborada, por más que se advierta en ella la ausencia de las heroínas de novelas tan significativas dentro de la producción barojiana como *El mundo es ansí, Las veladas del Chalet Gris, El nocturno del hermano Beltrán, Allegro final, Locuras de carnaval, La familia de Errotacho, El cabo de las tormentas, Los visionarios, El hotel del Cisne, El caballero de Erlaiz, Laura o la soledad sin remedio* y *La dama de Urtubi*.

Utilizándola, por eso, como patrón de muestra y subsanando las lagunas deducidas de sus citados lapsus he reunido un censo de personajes femeninos que, si no exhaustivo —hay mujeres que pasan por las páginas de Baroja como ráfagas de aire, prácticamente sin identificarse—, compila al menos la totalidad de los tipos con identidad propia, propiciando la curiosidad del lector por conocerlos y sirviendo de pauta para posteriores estudios al respecto.

335

340

343

344

345

No quisiera poner punto final a este capítulo sin trasladar al lector una sospecha que viene persiguiéndome desde el momento en que, hace ya mucho tiempo, inicié el análisis de los desdoblamientos barojianos. Una sospecha que, de confirmarse, abriría a la ciencia psicológica nuevos caminos en orden al estudio y la interpretación del escritor como individuo. Una sospecha que me limito a plantear ahora, con independencia de que en una futura revisión de este trabajo pueda ampliarla, montándola sobre bases más fundamentadas y sólidas.

349

Dicha suposición, perfectamente discutible de otra parte, se reduce en esencia a entrever cómo los elementos constitutivos de la personalidad de Baroja se reencarnan no sólo en un elevado porcentaje de sus héroes masculinos, sino también en varias de sus criaturas femeninas, y con mayor y más marcada incidencia en tres de ellas, María Aracil, Sacha Savaroff y Laura Monroy, creadas, respectivamente, por el novelista en 1908, 1912 y 1939 y sendas protagonistas de *La ciudad de la niebla, El mundo es ansí* y *Laura o la soledad sin remedio.*

La propensión de don Pío a desdoblarse en no pocos de los hijos de su fantasía había de llevarle, lógicamente, a la ideación de una serie de tipos repetidos que, aun canalizando anécdotas distintas, respondían en su trazado a unos patrones comunes —los suyos —de decidido corte autobiográfico. Esta reiteración en sus reencarnaciones iba a forzarle, sin embargo, a ordenar el armazón de sus relatos sobre la apoyatura de un personaje base —él mismo—, desprendiéndose de tal actitud el riesgo, apenas contrarrestado por su capacidad de fabulación, de convertir cada novela en una especie de copia de la anterior, dada la analogía de caracteres que emparejaba a sus protagonistas. Resultaba preciso, pues, el hallazgo de un recurso que, sin coartar la *presentización* del autor en las mismas, no obligase su obra a las limitaciones y servidumbres propias de una colección de libros de *memorias.* Y para conseguirlo, no acertó Baroja a encontrar otro procedimiento que el de ceder el peso de la acción principal a sus entes imaginados, y entrar él *a hurtadillas,* bajo el disfraz de un personaje mínimo, a remover desde la despensa el hilo de la trama. De esta forma nacerían a la luz tipos como José Ignacio Arcelu, el doctor Iturrioz, Juan Avendaño, Fermín Esteban Uranga y el doctor Labarta, auténticos *héroes-disculpa.* Y así, igualmente, conseguiría el novelista estar presente —sin demasiada ostentación— en la casi totalidad de sus novelas.

350   Pero es lo cierto que esta argucia no debió dejar de

todo punto satisfecho el egotismo de Baroja. Los personajes secundarios no daban pie, a fuer de insignificantes, a confesiones decisivas. La personalidad del escritor apenas se notaba, anulada por la de quienes polarizaban el núcleo de la intriga. Y don Pío, cuyo narcisismo muy pocos se han atrevido a diagnosticar, veíase abocado a manifestarse en la sombra, desde una posición complementaria que, si no desapercibida, pasaba sin dejar una huella acusada en el ánimo —y el ánima— del lector.

No es arriesgado pensar, por eso, que, buscando fórmulas mediante las que paliar ese ocultismo y disfrutar nuevamente la satisfacción del *primer plano,* fijase el novelista su atención en las mujeres. *Introduciéndose* en ellas conseguiría patentizar su *yo* en caracteres estelares sin el peligro, además, de «descubrirse»; dispondría de la facultad de recorrer a sus anchas los diversos caminos del relato, encubierto en fisonomías tan distintas como distantes de la suya, celosas cómplices de su secreta identidad; continuaría siendo, en una palabra, autor y actor de sus novelas. Nada, por otro lado, le impedía hacerlo. Disponía de la ternura y el sentimentalismo suficiente como para no denunciarse en un alma de mujer. Como arquitecto de los andamiajes de aquéllas no iba a encontrar, tampoco, dificultad alguna en planearlas a su imagen. E incluso lo femenino era, por más detalle, un aliado, al suponer un marco óptimo en el que encuadrar muchas de sus limitaciones, hasta cierto punto ininincluibles en el ámbito de las coordenadas informadoras de su propio sexo.

María Aracil, Sacha Savaroff y Laura Monroy, ya lo he apuntado anteriormente, no van sino a confirmar esta hipótesis. No en vano son *barojas* femeninos, retocados para disimular el parecido, que nos hacen pensar en un don Pío voluntariamente disfrazado de mujer. Todo en sus actitudes, en sus rasgos psicológicos, en su forma de ser y de sentir nos recuerda al autor de sus vidas literarias. Nada hay en sus contextos espirituales ajeno a la personalidad del escritor. Y lo mismo cuando sienten que cuando reflexionan, igual cuando juzgan que cuando desesperan o dudan, no hacen otra cosa que *doblar* los juicios, los sentimientos, las reflexiones y la *agonía* —entendida ésta al modo unamuniano— de Baroja. El novelista se ha *instalado* en la intimidad de sus almas y no les otorga más libertad que aquella que por su naturaleza femenina, por su condición de mujeres, no les puede negar.

De la evidencia de tal paralelismo —que, rebasando los límites de una pura analogía circunstancial, identifica plenamente la espiritualidad del creador con la de sus criaturas— da clara idea la siguiente relación de *coincidencias* advertibles, a simple vista, entre aquél y éstas:

1) Las tres mujeres padecen la falta de uno de sus padres, lo que las condiciona a concentrar todo su afecto en el que todavía vive.

2) Una y otras se mueven en un entorno intelectual, dándose, además, la circunstancia de que Sacha y Laura son estudiantes de Medicina.

3) El exagerado valor que conceden a su independencia no consigue, sin embargo, liberarlas de las servidumbres derivadas de su moral tradicional.

4) Inadaptadas al medio ambiente, buscan en el trabajo el cauce por el que acceder a su más completa realización personal.

5) Se advierte en ellas un predominio de la razón sobre el instinto, por más que los apelativos de éste les produzcan un marcado clima de insatisfacción.

6) Contra su natural sentimentalismo oponen, como mecanismo de defensa, una dureza de carácter que, sólo a medias, consigue disfrazar aquél.

7) Sus experiencias sentimentales se desarrollan siempre bajo el signo de la desconfianza, habida cuenta del fatalismo que las domina.

352   8) A la conmoción nacida de cualquier impulso

emocional, prefieren la quietud de un sentimiento idealista, más acorde con su inmusculatura.

9) Los escasos brotes de rebeldía que experimentan carecen de la energía suficiente para modificar sus propias estructuras.

10) Su concepción de la vida les lleva, finalmente, a la adopción de una filosofía estoica, en la que el destino es aceptado de modo resignado.

¿Qué significan, en todo caso, estos desdoblamientos? ¿Suponen sólo el resultado de la antedicha fórmula reencarnatoria? ¿Obedecen, por el contrario, a una necesidad del novelista por encerrar determinadas facetas de su personalidad en moldes femeninos? ¿Son simples casualidades analógicas desprovistas de cualquier clase de preterintencionalidad? Y en última instancia, ¿fue absolutamente consciente Baroja de protagonizar tales transposiciones?

Cualquier intento de respuesta a estas interrogantes precisa basarse en fundamentos lo realmente sólidos como para excluir la posibilidad de lo casual. Tres experiencias pueden ser y no ser suficientes para edificar sobre ellas toda una teoría psicológica, por mucho que evidencien una actitud determinada en quien las vive o las promueve. Prefiero, por eso, dejar en el aire las preguntas en espera de que cualquiera —posiblemente, yo mismo— indague, en un futuro, acerca de su significado. Pero mientras, eso sí, me veo en la obligación de plantearlas dado el interés que encierran en orden a un más profundo conocimiento del carácter barojiano, personalidad que nos ofrece ahora la sorpresa de un desdoblamiento *hombre-mujer* que, si no original, fortalece al menos la sospecha de un Baroja patológico y *paradoxal*.

IDEAS Y OPINIONES
ALREDEDOR DEL SEXO

Examinada ya la biografía sentimental de Baroja y estudiados, asimismo, los caracteres más definitorios de la emocionalidad de sus trasuntos, nos queda ahora por considerar el conjunto de aquellas ideas, creencias y opiniones que, agavilladas en un todo, conforman lo que, quizá con mayor grafismo que propiedad, he convenido en dominar su *filosofía parasexual*.

El arbitrario especulador que don Pío llevaba dentro de sí no podía dejar de abordar el tema de lo erótico en su literatura de opinión. Le obligaba a ello, además de su impenitente curiosidad por escudriñar en lo humano y lo divino, la necesidad que sentía de descargar en juicios y alegatos disculpatorios el peso de su casi infinita frustración. Vivir el amor de una manera exclusivamente cerebral es algo que conduce las más de las veces a «encorsetar» su concepto en la abstracción de lo teórico. Y el escritor, incapaz por naturaleza de morder, se limitó a ladrar, orquestando toda una sinfonía ideológica que, si no plenamente convincente— no olvidemos que a su condición de juez unía Baroja la de ser también parte— tiene al menos el indudable mérito de su extraña originalidad.

Las teorías barojianas sobre el sexo —ampliadas, por extensión, a multitud de valoraciones críticas en torno a la mujer, la fisiología del matrimonio, la moralidad, la fuerza restrictiva de la religión, la procreación y otros conceptos de parecido corte y entidad similar— constituyen una de las mejores atalayas desde donde advertir el armazón ideológico del novelista y, lo que es más importante, el más idóneo balcón al que asomarse para dilucidar, con un mínimo margen de error, su contextura anímica. En primer lugar, porque subsanan las lagunas de una vida francamente vacía de experiencias. En segundo término, puesto que confirman ese tan repetido —y veraz— aforismo castellano, según el cual «de la estimación de lo que se presume puede sencillamente deducirse de lo que se carece». Y, en última instancia, porque nuestra conducta, todo nuestro actuar, está en función directa, en íntima correlación, con el sistema informador de nuestras más auténticas creencias.

Estas sencillas reflexiones me han llevado a pensar en el interés de concluir la presente monografía desglosando de entre la vasta producción del novelista las opiniones relativas a su manera de entender lo erótico, ideas recogidas fundamentalmente en sus libros *Juventud, egolatría; El Tablado de Arlequín; Vitrina pintoresca; Las horas solitarias; Rapsodias; La caverna del humorismo,* y

Pequeños ensayos, así como en los siete volúmenes que constituyen sus *Memorias.* Y, una vez ordenadas cronológicamente (dato este de suma importancia a la hora de considerar las mutaciones de sus juicios), aún he creído conveniente, en un mayor servicio al lector, agruparlas en tres apartados diferentes (precedido cada uno de los cuales de una nota explicativa de su contenido) que contemplen, respectivamente, el examen de lo femenino, la consideración de lo erótico y el análisis, por último, de esa abigarrada miscelánea de materias varias (amor, adulterio, celos, donjuanismo, homosexualidad, matrimonio, moral, prostitución, psicoanálisis, sensualidad, etc.) válidamente encasillables dentro del ambiguo contexto de lo parasexual.

Si, como aseguraba Ortega, no hay vida que no esté constituida por determinadas creencias básicas y, por decirlo de algún modo, montada sobre ellas, ha de valernos esta recopilación antológica de las barojianas para reconocer al escritor en la voz misma de su ideario. Y aun no siéndolo así (tesis, por otra parte, sumamente difícil de demostrar), pienso que servirá, sin duda, de haz luminoso que, desvelando el misterio de su pensamiento, nos acerque hasta el fondo de su filosofía más auténtica al último misterio de su heteróclito espíritu.

No tiene, ciertamente, Baroja demasiado buena opinión de las mujeres. Espigando su obra, resulta, al menos, muy difícil, por no decir casi imposible, hallar un comentario, un juicio, una alusión que pueda, genéricamente, serles del todo favorable. Más aún, en cuantas ocasiones tiene oportunidad de someterlas a la óptica de su agudizada ironía, al tamiz de su cáustico ingenio, las zarandea y sacude, las vacía de toda energía, de cualquier sentimentalismo, y las ofrece al lector desnudas y empequeñecidas, en un manifiesto intento por demostrar todo lo que de limitación, de nimiedad y de insuficiencia existe, por propia definición según él, en lo femenino.

La mujer es, para Baroja, un delicioso animal irracional condicionado por las leyes del instinto, apegado a la naturaleza hasta extremos inverosímiles, y empeñado, sin embargo, en protagonizar una misión de todo punto diferente a aquella que en su día le fuera confiada. Es una argucia de la providencia, concebida a la manera de una trampa que modifica y trastorna la natural trayectoria del hombre, apasionado buscador de su propio destino individual. Es algo así como un sugerente espejismo que, con su presencia turbadora e insinuante, alienta hasta lo insospechado el sueño de la razón. Es, en suma, un mal necesario, con el que es preciso contar, indefectiblemente, a la hora de emprender la difícil y dramática aventura de vivir.

Inumerables son las citas demostrativas de la acusada misoginia barojiana. Lo mismo cuando es el autor quien teoriza sobre el particular, como cuando son sus personajes los que se definen al respecto, la mujer, como género, es víctima inequívoca del resentimiento de Baroja hacia el sexo contrario, de su manifiesta aversión en relación con ella. Véase, si no, el espíritu que anima las siguientes manifestaciones de sus criaturas de ficción:

Fernando Ossorio, en *Camino de perfección:* «Todas las mujeres son imbéciles.»

Andrés Hurtado, en *El árbol de la ciencia:* «Tengo mala impresión de las mujeres.»

Luis Murguía, en *La sensualidad pervertida:* « ¡Qué estúpido animal éste (la mujer) de cabellos largos y de glándulas mamarias! »

Juanito Velasco, en *El mundo es ansí:* «La única misión de la mujer es la cocina.»

Don Ciríaco, en *Las inquietudes de Shanti Andía:* «De cada cien mujeres, noventa y nueve son animales de instintos vanidosos y crueles.»

José Larrañaga, en *El gran torbellino del mundo:* 361

«En conjunto, tengo una mala opinión de las mujeres.»

Jaime Thierry, en *Las noches del Buen Retiro:* «Es muy difícil dominar a las mujeres. Yo creo que no se domina más que a los animales racionales; a los irracionales, imposible.»

Miguel Salazar, en *Susana o los cazadores de moscas:* «Tengo, igual que todos, muy mala idea de las mujeres.»

Si los principales trasuntos literarios de Baroja se manifiestan así, no son menos drásticas y virulentas las opiniones de sus reencarnaciones menores, así como los juicios directos del propio autor, entre los que, a título de ejemplo, entresaco algunos:

«Las mujeres son crueles e insensibles» (*El Tablado de Arlequín*).

«Las mujeres tienen su filosofía un poco alrededor del ombligo» (*La sensualidad pervertida*).

«No tenéis (las mujeres) demasiada inteligencia» (*Las veleidades de la fortuna*).

«A una gran parte de las mujeres habría que enviarlas al veterinario» (*El cura de Monleón*).

«Las mujeres no tienen idea de la dignidad física» (*El gran torbellino del mundo*).

«Las mujeres son muy iguales unas a otras y, en el fondo, muy mediocres» (*Las horas solitarias*).

«La mayoría de las mujeres que he conocido eran de una vulgaridad realmente aplastante» (*El escritor, según él y según los críticos*).

La relación, de continuarse, resultaría interminable. Su propósito de abocetar la hostil postura de Baroja hacia lo femenino queda, a mi modo de ver, suficientemente explícito. El que un sector de la crítica pretenda, más por respeto que por convicción, atenuar esta tan agresiva visión del novelista, no le resta a la misma un solo ápice de su veracidad. Dudar de la misoginia barojiana supone ignorar un elevado porcentaje de las reacciones más significativas del escritor o engañarse con detalles marginales, que en nada o en muy poco contribuyen a definir su particular urdimbre ideológica. Así, resulta, por ejemplo, ridícula la pretensión de un suelto de *ABC,* publicado en 1948, que intenta desmentir su tradicional leyenda de «solterón huraño y misógino» apoyándose en el hecho, a todas luces peregrino, de que en una fotografía que se le tomó con ocasión de una cena-homenaje apareciera «rodeado de señoras». Y extraña, asimismo, sobremanera, que haya sido precisamente una mujer —Dolores Medio— quien defendiese recientemente, en San Sebastián, la inexistencia de dicha aversión, por más que no avalara su criterio con argumentaciones sólidas. Incluso la propia autodefensa del novelista («me han considerado como a un enemigo de las mujeres, pese a que en cuantas ocasiones me han ofrecido llevarme a cualquier lugar donde hubiera señoras, haya aceptado siempre») suena a disculpa infantil e inconsistente. Porque, una cosa es que Baroja buscase a la mujer, con pasión, primero, sentimentalismo, luego. e insistencia, siempre, y otra, muy diferente, que concibiera lo femenino como algo mínimo y hasta nefasto.

El hecho, de otro lado, tiene una explicación evidente. Discípulo de Schopenhauer y Nietzsche en lo teórico, y frustrada e insatisfecha la proyección de su masculinidad en lo práctico, mal podría pedírsele a don Pío otra filosofía en tal sentido. El escritor entiende a la mujer como únicamente puede entenderla: con el acento amargo que nace del desengaño, y el resentimiento acumulado a lo largo de una sucesión continuada de fracasos y derrotas sentimentales. El Baroja que denosta contra todo porque en todo advierte una actitud aviesa y agresiva, no puede, ciertamente, mostrarse generoso con quien, como la mujer, tan desdeñosamente le ha tratado. Su credo ideológico está, en este aspecto, imbuido de rencor, de dolor y de desesperanza. Es, dicho de un modo gráfico y sonoro, algo así como su derecho al pataleo.

Y de esta forma —pese a reconocer en el epílogo 363

de *La sensualidad pervertida* que «burlarse de las mujeres equivale a reírse de la Naturaleza»— no evita ocasión alguna cuando de patentizar su hostilidad hacia lo femenino se trata. Su escalpelo, hábil y tendenciosamente manejado, descubre, sin paliativos ni eufemismos, toda esa enracimada conjunción de pequeñas mentiras, absurdos egoísmos y versatilidades vanas que constituyen, según él, las razones de ser de la mujer, «sus pobres atributos». Y cuando el resentimiento le lleva demasiado lejos, planteándole el riesgo de incurrir en la arbitrariedad, usa de su ironía —toda inteligencia es humorística en el fondo— y dulcifica el rigor del comentario.

Pero veamos, cronológicamente detalladas, sus opiniones al respecto, tanto las referidas a la mujer en general, como las relativas a la relación existente entre la misma y otros conceptos íntimamente vinculados con ella, como la belleza, el dinero, la cultura, el éxito, la moda, el matrimonio, la personalidad, el sexo, la moral, el amor, la frivolidad, el medio, la hipocresía, el humor y las costumbres.

MUJER: OPINIONES GENERALES

1911

«—No creas nada de lo que digan las mujeres, y menos lo que te digan de ellas. No creas que una mujer es, por serlo, débil y tímida o poco inteligente. El sexo es una indicación muy vaga y las variaciones son infinitas. Si quieres saber cómo es una mujer, primeramente no te enamores de ella; después, estúdiala con tranquilidad, y cuando la conozcas bien..., te pasará que ya no te importará nada por ella...

De cada cien mujeres, noventa y nueve son animales de instintos vanidosos y crueles, y la una que queda, es buena, casi una santa, sirve de pasto para satisfacer la bestialidad y la cruel-

dad de algún hombrecito petulante y farsan-
tuelo.»

(Las inquietudes de Shanti Andía)

1932

«—Hay muchas variedades de mujeres, no
cabe duda —dijo Fermín—. Yo creo haber encontrado tres tipos principales: el maternal, el
amoroso y el intelectual.
—A ver los caracteres de uno y de otro.
—El tipo maternal ya se comprende las condiciones que tiene: le gustan los hijos, el orden,
el trabajo, etc. El tipo amoroso es el de la coqueta: vive para los hombres, para inspirar amores o celos; casada, soltera, vieja o joven, no
piensa más que en seducir e interesar al hombre. El tipo intelectual es poco sexual, y se entrega a la curiosidad de lo literario o de lo artístico.»

(El cabo de las tormentas)

1945

«La cualidad más estimable de la mujer de-
penderá siempre de lo que se busque en ella. Si
se pretende la resolución de un problema psíquico e individual, las cualidades más estimables
serán: la comprensión, la espiritualidad, la bondad, la gracia; ahora, si se buscan fines sociales, o la continuación de la familia, entonces el
orden, la adaptación a la vida social y la capacidad de trabajo serán las condiciones más va-
liosas de ella.»

(Final del siglo XIX)

MUJER Y BELLEZA

1918

«La belleza humana no cabe duda de que va   365

acompañada siempre de un deseo de posesión y de una promesa de felicidad.

En el cerebro del macho, la belleza femenina produce un efecto que tiene un reflejo poderoso en las vesículas seminales; en cambio, en el cerebro de la hembra, el reflejo va a obrar en el ovario.

Se puede decir que el hombre mira a la mujer tanto con los ojos como con las vesículas seminales, y que la mujer contempla al hombre más con el ovario que con la mirada.

Desde el punto de vista de la belleza humana, Stendhal tiene razón; la belleza es una promesa de felicidad, es decir, de placer.

Podrá haber una belleza poco sexual, es indudable; pero una belleza asexual es imposible. Estas figuras de sexo indefinido, como las que pintó Leonardo da Vinci, fueron, probablemente, creadas desde un punto de vista homosexual; producen un efecto de confusión. ¿Eso qué es?, se progunta uno; como en los hoteles, cuando le dan a uno un plato raro que no se sabe si es carne, pescado o verdura. Indudablemente, la primera impresión que produce la belleza es el deseo de apoderarse de ella.

Así, la historia mítica de los hombres está llena de raptos; el de Elena, el de Proserpina, el de Europa, el de Deyanira... Y para los que miran con entusiasmo los efebos griegos y las figuras de sexo indeciso de Leonardo, hay también como símbolo el rapto de Ganimedes, por Hércules.

De todas maneras, dentro de lo normal o de lo anormal, el efecto inmediato de la belleza es el deseo de posesión.»

366   *(Las horas solitarias)*

«Hay, indudablemente, varias clases de belleza —pensaba Larrañaga—; pero la belleza tranquila, armónica, no se da más que en las gentes que no trabajan y que no sufren. El hombre inteligente que piensa con energía, el sabio que busca algo, el artista que lucha con la expresión y la mujer encendida por la sensualidad o el misticismo tiene a veces una clase de belleza; pero es belleza atormentada, violenta y dolorosa. Sólo la juventud, la holganza y la buena suerte dan esa belleza tranquila y al mismo tiempo entonada, que tiene algo de potro joven.

Respecto a la mujer, el tipo de mujer rubia, meridional, tiene a veces gran fuerza. Se comprende que los griegos imaginaran a Venus rubia, dorada. La mujer morena tiene casi siempre algo excesivo, inarmónico, y da impresión de sensualidad o de violencia.»

(Los amores tardíos)

MUJER Y BOHEMIA

1945

«La mujer española no ha colaborado ni colaborará jamás en la bohemia, porque su idea de la familia, del hogar, del orden, se lo impide.

La mujer es la defensora de la especie, la guardadora de la tradición familiar, y, por instinto, considera la vida galante como un rebajamiento de lo más noble de su personalidad. Y, ya se sabe, sin vida galante no hay bohemia.

La mujer siempre es sedentaria; el fin que ella considera suyo, la creación del hogar y de la familia, exige tranquilidad y reposo.

Por eso, la mujer no colabora con gusto, y 367

menos en España, en la vida desarreglada y aza-
rosa. Aquí, pues, la bohemia no tiene sacer-
dotisas.»

(*Final del siglo XIX*)

Mujer y cultura

1904

«Toda sociedad en donde trate de eliminar-
se la influencia femenina es una sociedad anó-
mala. En la sociedad española, a la mujer se la
relega al hogar, no se le deja influir con su inteligencia en la vida social y en el progreso.

Esto es lo que hay que evitar, y para evitarlo
es precisa "secularizar" a la mujer, sacarla de ese
claustro del hogar en donde conspira en contra
del progreso humano, proporcionarle una cultura, convertirla de enemiga en colaboradora.

Mientras en el progreso no entre de lleno la
mujer y lo adorne y lo embellezca, el progreso
no existirá.»

(*El Tablado de Arlequín*)

1912

«Velasco, atropelladamente y sin hablar de
Sacha, me dijo que las mujeres que se consideran civilizadas y cultas son el producto más antipático de la civilización; que la única misión
de la mujer es estar en la cocina y cuidar de los
niños, y que él mandaría azotar en la calle a las
sufragistas y a las feministas.»

(*El mundo es ansí*)

1912

«A Leskoff no le parecía bien que las mujeres estudiasen en la forma acostumbrada.

—Yo comprendo —decía— que obligar a una mujer a estudiar en unos meses todo lo que se ha investigado en una ciencia en miles de años es un disparate. Es lógico, y me parece bien, que haya mujeres médicas para las enfermedades de mujeres y de niños, pero es absurdo querer hacerlas sabias.

—¿Por qué? ¿Por qué no hemos de ser sabias? —preguntaba Sacha, un poco indignada.

—¡Qué sé yo! Me parece que no están ustedes organizadas para eso.»

(El mundo es ansí)

1926

«Cuando me hablan de poetisas, estoy viendo una mujer gorda, morena, con un poco de bigote, con un peinador lleno de manchas de cosmético, con unos chicos que abandona, y me parece que en su casa los platos de sopa deben tener algún pelo.

—No digas porquerías. ¿Es que tú crees que una mujer no debe saber?

—Que una mujer sepa, que tenga curiosidad, me parece muy bien. Ahora, eso de una mujer, para ser espiritual, tenga que ser poetisa, me parece una banalidad.

—Veo que no eres partidario de las mujeres cultas.

—Poco. Son, en general, bachilleras, pedantes; no tienen ninguna sencillez.»

(El gran torbellino del mundo)

1934

«—Pues a mí se me ocurren, no sé si tonterías o no, pero se me ocurren cosas.

—Pues escríbelas y publícalas.

—No. No quiero publicar nada con mi nombre. De una mujer sabia y literata se ríe en España todo el mundo.»

(Las noches del Buen Retiro)

1936

«Es evidente que en la España actual hay muy poca cultura en los hombres; pero la incultura de las mujeres es mucho mayor aún, y, además, pretende tener un aire de ligereza y de gracia. Claro que una mujer puede ser inculta y enormemente agradable, pero un atractivo fuerte no es una cosa ordinaria. Sin embargo, la mujer que tiene un encanto así, con saber leer, escribir y conocer las cuatro reglas, tiene bastante.»

(Vitrina pintoresca)

1939

«A su madre, doña Paz, no le agradó al principio la decisión de su hija de cursar Medicina. Podía haber seguido estudiando el piano y haciendo los quehaceres de la casa. Según ella, las mujeres no servían para los estudios científicos. Y si hablaban de su curiosidad por tales cuestiones, era únicamente por darse importancia y estar a la última moda. La pretensión de que su hija Laura fuese doctora le parecía a doña Paz una pedantería de sainete.

—La mujer —decía— tiene bastante con dedicarse a los quehaceres y a la familia.»

(Laura)

1943

«Hay una idea plebeya de que la mujer, cuando sabe algo más de lo corriente es pedantesca. Es natural que a una persona, cuantos más conocimientos tenga, más se le puede achacar la pedantería. Es más fácil la naturalidad de la señora que habla sólo de la comida, del catarro del marido y de las travesuras de los chicos, que la de otra dama que quiera en sus conversaciones referirse a la música, al libro leído o a lo que haya oído contar a una persona culta.

Ahora que, buscando la naturalidad como la suprema norma, se pasaría insensiblemente de la señorita a la criada, de la criada a la labriega y de la labriega a la vaca.»

(El caballero de Erlaiz)

MUJER Y DINERO

1917

«El joven Cupido no causa grandes estragos entre los bohemios y los desarrapados. La verdad es que este diosecillo se va haciendo tan práctico que desprecia olímpicamente a todo aquel que no tiene cuenta corriente en el Banco de España.»

(Nuevo Tablado de Arlequín)

1918

«Hoy, lo único que interesa es el lujo y el dinero. "Hay un lujo...", dicen a todas horas las mujeres. Y, al decir esto, parece que la riqueza las molestara; pero la verdad es que las encanta.

Así se explica que la mujer vaya a la caza del hombre joven y rico con todas sus trampas.»

(Las horas solitarias)

1945

«Don Juan Valera, que pretendía conocer la vida (yo dudo mucho que haya nadie que la conozca íntegramente) decía con sorna que el poe- **371** ta Bécquer había tenido la pretensión de que las mujeres le quisieran por su linda cara y por su calidad de poeta, y añadía:

—Yo no he conocido a nigún hombre pobre que haya tenido éxitos repetidos con las mujeres.

Y es natural. Habrá habido hombre que haya tenido éxito con una mujer; pero con muchas, difícilmente.»

(Final del siglo XIX)

1947

«El hombre de nuestro tiempo es más que inmoral, bruto. Le gustan las diversiones estúpidas y un poco infantiles; quiere comer, beber y lucir. Lo mismo, o aún más, les pasa a las mujeres. Pero ellas este lucimiento nunca lo buscan en la gracia o en el espíritu (ya saben que no lo tienen ni lo necesitan), sino en el físico, en los vestidos y, sobre todo, en el dinero.»

(Galería de tipos)

MUJER Y ÉXITO

1904

«El éxito para las mujeres es generalmente sinónimo de la virtud y del talento.

Para ellas, el trabajo sin una remuneración inmediata de dinero y de gloria es algo que entra a formar parte de las chifladuras, y así, en general, la mujer, en vez de alentar y sostener al hombre en su trabajo, le desalienta. La mujer suele ser casi siempre el "adversario" de que habla Capus.»

(El Tablado de Arlequín)

1948

«La mujer es aún más partidaria del éxito que

el hombre. Clando se habla del tipo chanchulle-
ro que ha escalado una posición alta, la mujer,
la mayoría de las veces, legitima el éxito. El sujeto de quien se habla ha hecho chanchullos,
pero está en lo alto.

El que se equivoca tiene poco éxito con ellas.
Para el elemento femenino, el éxito es lo esencial. Entre los hombres también lo es; pero hay
algunos que tienen consideración por el que trabaja, aunque fracase.

El hombre que tenga una profesión en que
se destaque, sea abogado, médico o arquitecto,
no tiene rivalidad con el criado, con el portero,
con el practicante o con el delineante que le copia los planos.

La mujer no se fija en ellos, ni se le ocurre
pensar si son guapos o feos; no mira si van bien
vestidos o peinados.»

(La intuición y el estilo)

1949

«—No todas las maneras de ganar son lim-
pias y dignas de elogio.

—Yo creo que la mayoría.

—Sí; esa es la opinión de las mujeres, que
en esa cuestión de moral tienen un criterio muy
poco estrecho. El hombre es muy partidario del
éxito, pero la mujer lo es muchísimo más. Y
así, cree que el éxito lo legitima todo.»

(Bagatelas de otoño)

MUJER Y FRIVOLIDAD

1949

«Se habla mucho de la frivolidad de las mujeres, así como de su versatilidad. Yo no las veo
tan claras. ''Frivolidad, tienes nombre de mujer'', 373

parece ser que dijo Shakespeare. Pero todo eso, ¿no es un lugar común? Yo, al menos, en la vida, no he advertido esto. Entre las dos tesis, la frivolidad o la seriedad de la mujer, casi encuentro más exacta esta última. Hay una frase de Nietzsche que se repetía hace años: "La mujer, la inteligencia; el hombre, la sensibilidad y la pasión".

Esto no es más que el lugar común, pero al revés. La realidad es lo que no conocemos.»

(Bagatelas de otoño)

MUJER E HIPOCRESÍA

1935

«—En la mujer española, se ha podido dar la hipocresía más que en el español.

—¿Por qué?

—Porque la mujer ha vivido en un ambiente de inacción, y no se le ha permitido más ideal que el de la virtud. Así se explica el fingimiento. En la literatura española no hay tipos de hipocresía importantes más que de mujeres: "Marta, la Piadosa", de Tirso, que, más que una hipócrita, es el tipo de una mujer sin escrúpulos, y "La Mojigata", de Moratín, que es una hipócrita en tono menor.

A la mujer le ha pasado lo que a las razas oprimidas: al judío con el cristiano, al indio con el inglés, al gitano con el *busné*. El oprimido se defiende con el engaño.

Finalmente, la religión, sobre todo el catolicismo, ha colaborado en la hipocresía femenina. Ya de la Biblia viene la idea semítica de la mujer peligrosa y fatal. Pues el catolicismo, con la confesión y las restricciones y reservas mentales, ha complicado esta idea, y le ha dado más perspectivas y más oscuridades.»

(Vitrina pintoresca)

MUJER Y HUMOR

1919

«Las mujeres no sienten el humorismo. En esto les pasa como a los meridionales y a los judíos: tienen mucha fisiología, mucha pasión para poder ver el espectáculo del mundo desde lo alto de la montaña. Ellas no se contentan nunca con ser espectadoras, quieren la intervención.

Lo femenino es siempre serio. ¡Qué barbaridad, en cuanto se relaciona con el amor, con la religión, hasta con la moda! Para las mujeres no hay nada cómico, ni siquiera las rivales, porque éstas las encuentran odiosas.

El judío y la mujer son los representantes más esclarecidos de la sensualidad y de la seriedad.

Probablemente, el afianzamiento del cristianismo en los meridionales y en las mujeres se debió a su base de seriedad y de judaísmo.

Todo cuanto se relaciona fuertemente con las mujeres es cosa seria; las mujeres rechazan la risa y, sobre todo, el humor.

Es natural. Se necesita la altura, el aire puro de la montaña, para poder reír mirando al cielo; se necesita la sencillez, la humildad de corazón, para reír con el fondo del valle. Sin una cosa ni otra, se hacen gestos, pero no se ríe. Y se necesita también la vejez. Pero la mujer y el judío, espiritualmente, no envejecen. En ello estriba su grandeza y su pequeñez.»

(La caverna del humorismo)

Mujer y literatura

1918

«A las mujeres españolas no les gusta leer, y mientras tengan esa moral —admirable para el señor obispo y aburrida para el escritor— no se acercarán a la literatura.

Esto indica, indiscutiblemente, una conformidad con la vida tal cual es, que, según desde el punto de vista que se mire, se puede elogiar o despreciar.

Nuestras mujeres, en su mayoría, consideran que el mundo, la sociedad, el papel que ellas tienen en la vida, está todo muy bien. Sólo algunas pocas empiezan a creer que podrían tener una esfera de actividad mucho más extensa.

Este sentimiento de conformidad proviene de su falta de sentido literario y filosófico.

A esto dirán esos pobres conquistadores que no han conquistado nunca nada:

—A las mujeres no hay que hablarles de cosas serias, sino decirles cosas bonitas.

¡Qué ilusión creer que cualquiera va a decir cosas bonitas! ¡Así como así se dicen esas cosas! »

(Las horas solitarias)

Mujer y maquillaje

1902

«Ahora, como las mujeres poseen la suprema sabiduría y la suprema estupidez al mismo tiempo, mi prima manifiesta esta última condición, llenándose a todas horas la cara de polvos de arroz.»

(Camino de perfección)

«Lo que indudablemente es absurdo es ver muchachas que se pintan y muestran su atractivos y toman una actitud extravagante con el objeto de casarse y de ser después presidentas de una asociación piadosa: «Maquillaje *ad majorem Dei gloriam*».

Prácticamente, el maquillaje, con fines matrimoniales, parece de poco resultado, porque el señorito español no es, generalmente, un romántico que se lance al matrimonio con una muchacha extravagante, sino que pesa el pro y el contra y hasta se entera de la cuenta corriente, si es que la tiene la familia.

Entre las modistas y las chicas de taller se ven también algunas muy peripuestas y maquilladas; pero si alguien les dice alguna galantería, no sonríen, como sonríe una francesa, con alegría y con gracia, sino que se muestran desdeñosas o contestan de una manera áspera y desagradable.

La seriedad española no nos permite dar a las cosas de la moda su verdadero valor; las hacemos en seguida trascendentales y serias. Y es que, debajo del español, aparece siempre el cura.

El maquillaje debe tener su moral. Ahora, practicarlo con otros fines que los naturalmente suyos parece un poco absurdo.»

(Las horas solitarias)

«Pienso que si un antiguo teólogo tuviera que ocuparse de modas y de elegancia, titularía su libro "Espejo de las vanidades mundanas"; y si fuera un sabio pedante el que hiciera alguna memoria para una academia sobre estos artículos de París (modas, trapos, peinados, cremas, etc.), tendría que llamarla "Contribución al estudio del empleo de la matriz y de sus anejos en las sociedades modernas".»

(El gran torbellino del mundo)

1934

«La pintura desvergonzada y con mucha pasta de color sobre la piel de la cara y la depilación de las cejas ha dado a las mujeres de hoy un aire inexpresivo de muñecas y una falta absoluta de carácter. Princesas, manicuras, tanguistas y cocineras, todas parecen actualmente lo mismo, de la misma harina, *ejusdem farinae,* que decimos los latinistas. Y lo terrible es que quizá lo sean.»

(Las noches del Buen Retiro)

MUJER Y MATRIMONIO

1904

«Nuestras mujeres ven en el matrimonio: primero, la cuestión económica; luego, el *trusseau,* la función, el traje de boda; pero si alguien se atreve a hablar de cariño, ya lo encuentran cursi, y si se dice amor, les parece una palabra del peluquero.

Con esta coraza de insensibilidad, armada de su malicia y su escepticismo, inconsciente para todo lo que no sea contante, sonante o tangible. llega la mujer al matrimonio. Y ahí aparece el conflicto de las dos voluntades: la de la mujer, una voluntad elástica y fuerte; la del hombre, una voluntad gastada con el choque de la vida. La mujer, con un ideal reaccionario; el hombre, sin ideal ninguno. Así, la mujer vence casi siempre.

Las consecuencias de esta victoria son terribles para la sociedad española; entrañan, por lo menos, la persistencia de la vida mezquina, hipócrita, fría.»

(El tablado de Arlequín)

«—Yo creo que una mujer puede hacer su hogar con un tonto, con un hombre mediano y con un hombre extraordinario. En cambio, un hombre puede hacer el suyo con la mujer tonta y con la mediana; pero con la extraordinaria, imposible.

—No veo por qué.

—El papel de la mujer en el matrimonio es mucho más alto, más serio: embarazos, partos, enfermedades de los hijos, placeres y dolores graves. Al lado de la vida de ella, la vida de él, del marido, no es nada; que va a la oficina, que va al café, que vota por los blancos o los negros...; nada, insignificancias. De ahí que la mujer del empleadito, del cagatinta, cuando trata con la princesa o con la señora del ministro, habla de igual a igual de la enfermedad del primer chico o de la lactancia del segundo. En cambio, ese empleadillo, al lado del príncipe, del banquero o del diplomático, aparece humillado.

—Sí, tienes razón.

—Y estoy convencido de que el día en que se pueda hacer desaparecer la guerra y la aventura vendrá el gobierno de las madres, el matriarcado.»

(Las veleidades de la fortuna)

«—No cabe duda —añadió Fermín— que las mujeres, aun las que se echan de modernas, tienen como ilusión encontrar un hombre que las patronee y que las domine.

—¿Usted cree?

—Creo que sí. Se sienten presa y les gusta el cazador... Pero, para luego, creo que el ideal para ellas es un león que se convierta a ratos en un perro faldero.»

(El cabo de las tormentas) 379

«La mayoría de las veces, las mujeres tienen como una segunda personalidad después de casarse. Cambian con el matrimonio mucho más que el hombre, moral y físicamente. Así, hemos visto muchachitas delgadas y finas convertirse a los seis o siete años de casadas en unas matronas anchas como toneles y, en cambio, unas chicas redonditas y de aire linfático de solteras hacerse flacas, esqueléticas y ganchudas. Es el metabolismo.

Moralmente les pasa algo parecido, y hay niña monjil y pudibunda que después de casada habla con una libertad casi cínica, y otra que de soltera se comía a los santos que luego se muestra anticlerical.»

(El cura de Monleón)

1944

«Si uno pretendía entrar en relación con cualquiera de aquellos "verdunes" vivos (las mujeres), le contestaban varios días o semanas "sí" o "no", como Cristo nos enseña.

Únicamente si podía uno presentar en el estandarte un sueldecito o una renta, bajaban el puente levadizo del castillo y se parlamentaba.

Yo muchas veces he pensado que, quizá por presión local, las mujeres jóvenes en España no tenían ningún sentido erótico. Quizá ese sentido erótico lo tuviesen más tarde; pero en plena juventud no pensaban en el matrimonio más que como en una carrera.»

(Familia, infancia y juventud)

1947

«La mujer no se revela, en general, hasta después del matrimonio. Antes, ella misma no sabe lo que va a ser; vive como envuelta en una especie de niebla. Ello hace que el matrimonio sea tantas veces un engaño. Además, hay una incomprensión fundamental entre el hombre y la mujer. Somos dos clases de seres que no nos correspondemos siempre psíquicamente.»

(Galería de tipos)   — Sensualidad P

MUJER Y MORAL

1902

«El hombre se empareja con la mujer con la oscuridad en el alma, medroso, como si el sexo fuera una vergüenza o un crimen, y la mujer, indiferente, sin deseo de agradar, recibe al hombre sobre su cuerpo y engendra hijos sin amor y sin placer, pensando quizá en las penas del infierno con que la ha amenazado el sacerdote, legando al germen que nace su mismo bárbaro sentimiento del pecado.»

(Camino de perfección)

1908

«La vida de la mujer española actual es realmente triste. Sin sensualidad y sin romanticismo, con la religión convertida en costumbre, perdida también la idea de la eternidad del amor, no le queda a la española sostén espiritual alguno. Así, tiene que ser y es en la familia un elemento deprimente, instigador de debilidades y anulador de la energía y de la dignidad del hombre. Vivir a la defensiva y representar son todos sus planes.

Cierto que las demás mujeres europeas no tienen un sentimiento religioso exaltado ni un gran romanticismo; pero con mayor sensualidad que las españolas y en un ambiente no tan crudo como el nuestro, pueden llegar a vivir con una

sombra de ilusión, disfrazando sus instintos y
dándoles apariencia de algo poético y puro.»

(La dama errante)

1929

«—Dicen que las españolas tienen, en general,
una moral muy severa.

—Eso dicen.

—Con ellas hay poco porvenir.

—Así parece.»

(El «nocturno» del hermano Beltrán)

1936

«En mi tiempo, la vida de la juventud era bastante mediocre. Las mujeres decentes y distin-
guidas eran como plazas fuertes atrincheradas y
amuralladas. Llevaban un corsé que era como la
muralla de China o el baluarte de Verdun. Si por
casualidad uno ponía la mano en su talle, encontraba una coraza tan dura como la que podía llevar a las cruzadas Godofredo de Bouillón.»

(Rapsodias)

1936

«Javier no sabía qué consejos dar a las mujeres que acudían al confesionario. "¿No era mejor ir al médico?", les decía. Pero las mujeres
no tenían tanta confianza en el médico como en
el cura. Se agitaban entre la idea de la honra y
la del pecado.

Algo olía a podrido en el pueblo; pero no era
el olor a podrido natural, sino la pestilencia mezclada con el olor del incienso y de los polvos de
arroz.»

(El cura de Monleón)

1912

«—La personalidad femenina es un producto
del Norte, de Inglaterra, de Noruega, de Rusia...
Aquí, en el Mediodía, encontrará usted en la mujer la personalidad biológica, el carácter, el temperamento; nada más. Es el catolicismo quien
la ha convencido de su inferioridad. Todas las
sectas semíticas han mirado siempre a la mujer
como un animal lascivo y peligroso.

—La vida de estas muchachas que no hacen
nada, que no leen, que no tienen ocupación, debe
ser horrible.

—Claro; una vida de envidia, de despecho, de
tristeza; con las llagas ocultas por un poco de
polvo místico que les dan en el confesionario. Estas mujeres, mientras el mundo no les envíe el
pecado aristócrata con una buena renta para casarse con él, se considerarán ofendidas. Y así
viven, dormitando como boas en plena digestión
y hablando del niño del marqués o del conde y de
sus amigas las hijas del general.»

(El mundo es ansí)

MUJER Y SENSIBILIDAD

1904

«La mujer es más dura para el dolor físico que
el hombre; por lo tanto, más cruel también.
A mayor desarrollo de la inteligencia correspon-
de siempre, de otra parte, mayor capacidad para
sentir el dolor moral. La mujer desarrolla poco
su inteligencia, y por eso siente menos el dolor
moral. A consecuencia de estos dos hechos, fisiológico el uno y de educación el otro, resulta que
la mujer en general, por su indiferencia para el 383

dolor físico así como por su menor capacidad para experimentar el dolor moral, es insensible y cruel.

La insensibilidad orgánica de la mujer la han demostrado los sabios con el estesiómetro. La moral se puede comprobar también.

Este es hecho general a todos los países, pero mayor en aquellos en donde la cultura de la mujer es nula. Por eso en España, en donde es casi negativa, la insensibilidad y la crueldad de la mujer son grandes.

Esta insensibilidad las hace profesar inconscientemente una filosofía de escepticismo desolado.»

(El tablado de Arlequín)

1919

«La retórica nos ha dicho: el hombre es la fuerza, la nobleza, el trabajo; la mujer, la gracia, la debilidad y el sentimiento; y ha seguido así su repartición. Pero han venido la anatomía y la fisiología y los hechos, y no ha resultado nada de eso.

No hay armonía entre los sexos, ni hay separación completa entre sus aptitudes ni entre sus condiciones. Y así, la mujer es muchas veces más fuerte y casi siempre más resistente que el hombre.»

(La caverna del humorismo)

MUJER Y SEXO

1918

«El aura sexual que tienen algunas mujeres no es más que una irradiación de la función del ovario; existe también en las hembras de los animales. Estas mujeres uterinas suelen tener la conciencia de su fuerza y les gusta soliviantar al otro
384   sexo.

Yo creía que estas mujeres eran una excepción del género femenino; después pensaba que eran una variedad; hoy creo que es el género entero, con algunas excepciones.

La fuerza del sexo nivela a todas las mujeres. Esa presión del ovario y de la matriz es tan fuerte que no les permite, realmente, diferenciarse bien.»

(Las horas solitarias)

1926

«Es curioso la simpatía y el entusiasmo que sienten las mujeres por los hombres bestias y puramente animales. Se ve que los legitiman; quizá porque les encuentran muy parecidos a ellas.»

(Las veleidades de la fortuna)

1936

«Entre las mujeres, muchas vivían en una ansiedad erótica disimulada. En el confesionario se desnudaban espiritualmente ante el cura, quien se encontraba sorprendido ante su erotismo, de proporciones anómalas.

—¿Qué se hace con esta gente? —preguntaba Javier al doctor Bastarreche, exponiéndole el caso.

—Enviarla al veterinario.»

(El cura de Monleón)

1944

«Las mujeres van rápidamente echando por la borda todo lo que les estorba en este sentido en la moral sexual y afirmando como nunca en la realidad la importancia de la vida genésica. Es posible que ellas, siguiendo esta tendencia, en cierto sentido emancipadora, transformen, a la larga, la vida de estos pueblos.»

(El escritor según él y según los críticos) 385

1904

«¿Sois revolucionarios? ¿Queréis determinar una transformación social? Pues conquistad a las mujeres.

Al principio se opondrán; las convencidas exagerarán las ideas hasta deformarlas; al fin colaborarán tranquilamente en la obra humana, que no es otra que la consecución de la belleza y del bien. Habrá imbéciles que empleen contra ellas la ironía y la sátira; pero eso, ¿qué importa? La gente mezquina se ha reído de todos los impulsos nobles, y eso no ha sido obstáculo para que siguieran siendo nobles.

La colaboración activa de la mujer en la vida social no implicaría, ni mucho menos, la destrucción del hogar; al contrario, lo afirmaría, y sobre todo le daría una cohesión moral que ahora no tiene.»

(El tablado de Arlequín)

1926

«Sin duda, las mujeres ya no están en pie de guerra o, si lo están, lo están de otra manera. Han echado ya el corsé a las zarzas, y hablan, bailan y fuman.

Las mujeres han esperado a esta época para destaparse. Sin duda, tenían guardada esta aspiración de masculinidad, de energía, que al fin han manifestado...

Hay que pensar que los hombres de las anteriores generaciones no habían comprendido a las mujeres, y quizá los hombres de la actual las han comprendido, porque las han idealizado poco y, sobre todo, las han tratado de igual a igual.»

(Tres generaciones)

«Otra cuestión de importancia sería el saber si después de una real emancipación femenina se podría llegar a un acuerdo entre los distintos sexos.

Yo, en el fondo, creo que no. En la sociedad, y de una manera natural, justa y equitativa, no ha quedado nada resuelto. Sometiendo unos elementos a otros, sí; entonces es fácil la armonía. Actualmente, no cabe duda de que la familia comienza a desmoronarse. No se sabe cómo terminará. Pero supongamos que hubiera una reacción tradicionalista y aquélla se pudiera imponer por decreto. La mujer obedecerá siempre al marido; los hijos obedecerán siempre a los padres.

Realizado esto, la familia estaría de nuevo consolidada. Pero, ¿y después? ¿Si el marido era un imbécil y la mujer no? ¿Y si el hijo tenía más sentido que el padre?

En casi todo lo social pasa lo mismo. Estamos en un callejón sin salida.»

(Vitrina pintoresca)

«La mujer de nuestra época es, casi siempre, realista, optimista y social. Lo que hacen los demás tiene siempre mucha fuerza para ella, y el camino solitario de la inadaptación no la seduce.»

(Final del siglo XIX)

Como resultado de una crítica apasionada y tendenciosa, desconocedora además del íntimo sentido moral de su obra, Baroja ha pasado por ser, durante mucho tiempo, uno de los escritores que con mayor proclividad ha abordado lo erótico y que más frecuentemente ha recaído en el pecado literario de la pornografía.

Contra esta absurda opinión, generalizada a raíz de la publicación del libro del padre Ladrón de Guevara *Novelistas buenos y malos,* en el que se le tachaba de 388 «impío, clerófobo y deshonesto», se defendió don Pío

—concediéndole al sacerdote un honor que en absoluto merecía— al escribir en uno de sus artículos, fechado en Madrid a finales de 1935:

«Nadie que lea mis libros encontrará en sus páginas pornografía. Verá, quizá, incorrección, desorden, desaliento, oscuridad; pero pornografía, no. Puesto a buscar, hallará más ascetismo que pornografía. La pornografía se encuentra más y mejor en otros escritores que presumen de católicos que en mí.

Yo no puedo ser un pornógrafo. La pornografía es una tendencia a considerar el erotismo como algo trascendental, pecaminoso y demoníaco. Yo no puedo tener esa tendencia porque no creo ni en lo demoníaco ni en el pecado. La pornografía, para mí, es una cosa fea, baja y ridícula.»

Nada más cierto que eso. Baroja, panteísta y sensual por temperamento, es, sin embargo, en sus relatos modelo de delicadeza y moderación. No hay en ellos, al menos, una sola descripción sicalíptica, un pasaje en el que se recree deliberadamente en el culto a la carne, un diálogo bajo donde pueda advertirse el más pequeño atisbo de delectación erótica, una escena pornográfica, atentatoria al pudor o al buen gusto siquiera. Todo es, por el contrario, contención, ascetismo. El novelista, respetuoso como un doctrino, discurre «de puntillas» por las andaduras del sexo, sin acusar jamás los trazos de su pluma, velando hasta la más infantil intimidad y haciendo válido el juicio de Jesús de Arozamena, que escribió refiriéndose a este punto:

«... cuando el hombre vuelve a casa, en victoria o en derrota, y busca la cama que ha estado calentando una mujer, se cierra la puerta y don Pío se queda esperando a que el gallo de la madrugada despierte a Santhi, a Jaun, a Manish...»

Examinemos ahora, como definitiva prueba absolutoria de esa culpabilidad que se le imputa al escritor, la página más libidinosa de cuantas componen la totalidad de 389 su producción novelística. Pertenece a *Camino de perfección* y dice así:

«... Estaba despechugada; por entre los pliegues de su bata se veía un pecho blanco, pequeño y poco abultado, con una vena azul que lo cruzaba. Fernando esperó a que volviera, entontecido, con la cara inyectada por el deseo.

—¿Todavía estás aquí?

—Sí.

—Pero, ¿qué quieres?

—¿Qué quiero? —murmuró Fernando sordamente... Y acercándose a ella tiró de la bata de modo convulsivo y besó a Laura en el pecho con labios que ardían.

Ella palideció profundamente y rechazó a Ossorio con un ademán de desprecio. Luego pareció consentir. Entonces Fernando la agarró por el talle y la hizo pasar a su cuarto...»

Ningún testimonio de descargo mejor. Ni en su tiempo, ni hoy, podría entenderse este pasaje como pornográfico. Cuando Casanova y el Aretino son lecturas *aptas para menores,* reputar escabrosas las novelas barojianas resulta realmente ridículo. El erotismo de don Pío es, al lado del de los Trigo, Mata, Zamacois, Belda, Francés, Hoyos o Antón del Olmet —todos contemporáneos suyos—, algo así como un subproducto almibarado, y su lubricidad, poco mayor que la que se deriva de una conversación de colegialas ligeramente subida de tono.

Esta delicadeza en la reacreación de lo sexual no significa, sin embargo, que Baroja viviera de espaldas a la problemática surgida alrededor del sexo, despreocupado de las múltiples implicaciones deducidas del mecanismo de los apetitos sensoriales, ajeno al trascendental valor que como fuerza motriz tiene lo erótico. Ni mucho menos. La sexualidad había de ser, por el contrario, una de sus más persistentes y decididas obsesiones, el *leimotiv* de muchos de sus ensayos literarios, y, desdoblada 390 en sus novelas, la actitud condicionante del comportamiento de varias de sus contrafiguras más caracterizadas. Quien, como don Pío, viviese determinado por los embates de la *líbido* no podía marginar de su ideario un tema que tan directamente le atañía.

En este sentido, participará en las Jornadas Eugenésicas Nacionales de 1933 dictando una conferencia sobre *El tema sexual en la literatura;* dedicará varios capítulos de *Juventud, egolatría; Las horas solitarias* y *El tablado de Arlequín* al estudio y la disección del erotismo, tanto desde el plano científico como desde el sociológico; construirá, sobre la base de las reacciones sexuales de sus protagonistas, la acción de novelas tan significativas dentro de su producción como pueden ser *La sensualidad pervertida, Camino de perfección, El árbol de la ciencia* y *El cura de Monleón,* y publicará, en fin, más de medio centenar de artículos (Vicente Gaos recoge ya cuarenta en uno de los apéndices del *Baroja y su mundo*) en los que, bien en abstracto o personalizándolo, es el sexo objeto de comentario y crítica por su parte.

Recordemos, al igual que hiciéramos en el epígrafe dedicado a la mujer, las opiniones más significativas que sobre el tema emitiese el novelista, a través de las cuales queda patente su ideología en torno a Eros:

1904

«Tenemos que inmoralizarnos. El tiempo de la escuela ha pasado ya; ahora hay que vivir.

Al que, llevado por una gran pasión, por un terrible instinto, salta por encima de la ley, no hay que vituperarle, sino aplaudirle. Únicamente los mezquinos y los miserables pueden condenar y acusar al que, movido por la pasión y el deseo, rompe todas las leyes de la sociedad para imponer por la fuerza el derecho de su pasión.

El amor, que es el principio y el fin de la vida, tiene todos los derechos.»

(El tablado de Arlequín) 391

1912

«Las ideas literarias están tan arraigadas que han llegado a formar parte de nuestra naturaleza. Así, las mujeres y los hombres tienen como un compromiso de honor en afirmar el misticismo y la lucidez de la pasión, considerando que sin ella los hombres no se diferenciarían gran cosa de los gorilas, ideas, después de todo, absurdas... Aunque no sea sino porque los gorilas también se enamoran; a lo que no llegan, al menos por ahora, es a resolver ecuaciones de segundo grado.»

(El mundo es ansí)

1917

« ¡Qué precisión la de la Naturaleza! ¡Qué hábiles manejos de tercería los de esta buena dama!

La madre Naturaleza es sabia y mixtificadora; necesita tener su almacén repleto de hombres, de animales, de coles y de lechugas, y se vale de todos los procedimientos que puede. A los vegetales les pone una semilla; a los animales, un huevo.

Luego, la primavera, con sus cambios térmicos, hace temblar el tinglado, como el viento hace temblar los alambres del telégrafo, y de ahí el amor.

Alguno encontrará de mal gusto estos recursos de nuestra madre. No; tengamos benevolencia. Para estar hecha por un aficionado, no está mal.»

(Nuevo tablado de Arlequín)

1917

«La cuestión sexual es muy difícil abordarla y hablar de ella de una manera limpia y digna. Y, sin embargo, ¿qué duda cabe que lleva en sus entrañas la resolución de una porción de enigmas y de oscuridades de la psicología? ¿Qué duda cabe que la sexualidad es una de las bases del temperamento?

Todavía se puede poner la cuestión en términos científicos y muy generales, como lo ha hecho el profesor Freud; lo que no se puede es llevarla al terreno de la práctica y de lo concreto.

Yo estoy convencido de la repercusión de la vida sexual en todos los fenómenos de la conciencia.

Para Freud, un deseo que queda no satisfecho produce una serie de movimientos oscuros en la conciencia, que se van almacenando como la electricidad en un acumulador. Esta acumulación de energía psíquica tiene lógicamente que producir un desequilibrio en el sistema nervioso. Y tal desequilibrio, de origen sexual, producido por la estrangulación de los deseos, da una forma a la mentalidad.

¿Cuál ha de ser la conducta del hombre en esa época crítica, desde los catorce hasta los veintitrés años? "Será casto —dirá un cura, cerrando los ojos con aire hipócrita—, y después se casará para ser padre."

El hombre que pueda ser casto, sin dolor, de los catorce a los veintitrés años, es que es un temperamento especial. Este no es el caso corriente. Lo corriente es, por el contrario, que el hombre joven no sea casto, que no pueda serlo.

La sociedad, bien percatada de ello, deja un portillo abierto para la sexualidad que no tiene interés social: el portillo de la prostitución. Y así como las colmenas tienen las abejas obreras, la sociedad tiene a las prostitutas.

Después de unos años de vida sexual extramuros, en los fosos de la prostitución, el hombre normal está preparado para el matrimonio, con 393 el vasallaje a las normas sociales y a las categorías más absurdas.

No hay posibilidad de escaparse de este dilema que plantea la sociedad: o sumisión o desequilibrio.

Tratándose del hombre acomodado, con dinero, la sumisión no es muy dura: basta con el acatamiento de la fórmula. La prostitución alta no ofende la vista, no tiene las lacras de la prostitución pobre. El matrimonio es también cómodo para el rico. Para el pobre, la sumisión tiene que ir unida con la vergüenza.

Frecuentar la prostitución baja es codearse, convivir con lo más vil de la sociedad; casarse después sin medios es tener que caer diariamente en el envilecimiento continuo, es no poder sustentar una convicción y es tener que adular a un superior en categoría, en España más que en ninguna parte, en donde todo se consigue por acción personal.

¿Y si uno no se somete? Si uno no se se somete, está perdido. Está irremisiblemente condenado al desequilibrio, a la enfermedad, a la histeria.

Es el andar rondando el otro sexo como un lobo famélico, es el vivir obsesionado con ideas lúbricas, es pensar en la estafa y en el robo para resolver la existencia, es ser oveja separada por el pastor del rebaño.»

(Juventud, egolatría)

1917

«En la cuestión sexual yo no veo más que el individuo, el individuo que queda perturbado por la moral sexual.

Con el tiempo, esta cuestión habrá que aclararla, habrá que mirarla sin misterio, sin velos y sin engaños. Como se estudia la higiene alimenticia a la luz del día, así se estudiará también la higiene sexual.

Actualmente caen sobre la vida sexual: primero, la idea del pecado; después, la idea del honor; luego, el temor a la sífilis y a las otras enfermedades sexuales, y todo esto, además, se baraja con ficciones místicas y literarias.

Claro que casi siempre la moral sexual intensa no es más que un disfraz de la economía. Veamos claro en todo. No es cosa de ir pasando la vida y perdiéndola por una tontería. Hay que ver en lo que es, como decía Stendhal. Alguno dirá: "¡Estas envolturas, estos tapujos de la vida sexual son vitales!" Para la sociedad lo son, sin duda; para el individuo no lo son. Muchos dicen que el interés del individuo y los de la sociedad son comunes. Nosotros, en cambio, los del individuo contra el Estado, no lo creemos así.»

(Juventud, egolatría)

1917

«—Yo, que casi me hubiera alegrado de ser impotente...

— ¡Qué barbaridad! ¿Cómo puede usted decir eso?

— ¡Qué quiere usted! Para mí, como para la mayoría de los que viven y han vivido sin medios económicos dentro de nuestra civilización, el sexo no es más que una fuente de miserias, de vergüenzas y de pequeñas canalladas. Por eso digo que yo casi me hubiera alegrado de ser impotente.»

(Juventud, egolatría)

1918

«Todo lo que se refiere a la cuestión sexual, **395**

en nuestra sociedad está perfectamente mal organizado.

El cristianismo condena el amor físico en bloque. El instinto sexual es, según él, lujuria y siempre pecado. Para el cristiano, el ovario y la glándula seminal son como bombas de dinamita que estallan produciendo pecados. No sabemos si los cristianos del porvenir encontrarán que la función de las parótidas y de las cápsulas suprarrenales son también muy pesimistas.

El cristianismo no se ha preocupado nunca del punto de vista que ahora se llama eugénico; no le importa si en la pareja que se casa los dos están sanos o no lo están, si se quieren o no se quieren, si es posible que tengan hijos fuertes o no. El cristianismo necesita un telón para cubrir el apetito sexual, e inventa el matrimonio, que es, como se sabe, un sacramento.

Desde el momento en que el cura echa la bendición a los casados, el espermatozoo se adecenta, deja de ser un golfo, y va con levita, corbata blanca y sombrero de copa a fecundar el óvulo de una manera respetable.

En todo lo que se refiere a la vida sexual, las ideas son bárbaras y contradictorias.

La castidad es una gran virtud; pero todo el mundo se ríe de las solteronas, y se reiría también de los solterones si no se tuviera conciencia de que para un hombre es fácil saltar por encima de muchas cosas sin detrimento de su fama.»

(Las horas solitarias)

1920

«En general, en los pueblos civilizados el hombre joven tiene que huir sistemáticamente del placer. El erotismo presenta aparentemente una cara atractiva y risueña, aunque por debajo haya también mucho fango y mucha tristeza. En pueblos como los nuestros, el erotismo juvenil es algo terrible, que se ve en una perspectiva de gasas, de yodoformo y hasta de soluciones de permanganato.»

(La sensualidad pervertida)

1926

«—La vida sexual en el hombre no se diferencia gran cosa de la vida sexual en los demás mamíferos. Lo que la complica en el hombre son las ideas morales, religiosas, la imaginación y la economía.

—Sí, eso ha sido así siempre; pero ¿por qué este moderno culto a Eros?

—No es completamente moderno. Carlyle, hablando de los novelistas de su tiempo, decía que querían restaurar el culto fálico. Es natural. Es el camino que tiene que seguir una sociedad no cristiana. Para los cristianos, toda la vida sexual es pecado, toda es mala, está integramente inspirada por el diablo y no tiene más escape lícito que el matrimonio. Para nuestros erotómanos actuales, la tesis verdadera es la contraria: toda la vida sexual, y hasta sus aberraciones, son respetables y están llena de esplendor y de interés. Los judíos, que nunca han defendido el ascetismo, ven en esta erotomanía moderna algo simpático, anticristiano.

—Con esta dignificación del erotismo habría que cambiar las normas de la vida actual, sobre todo la del honor —dijo Larrañaga.

—Naturalmente.

—Entonces, la misma prostitución dejaría de ser causa de deshonra y de oprobio y se convertiría en institución casi honorable. Podría haber también una prostitución de hombres para muje- 397 res viejas y feas, como barberos y limpiabotas. ¿Por qué no?

—Probablemente, toda esta erotomanía tiene un fondo de mentira y de farsa, y el profesor que nos canta líricamente la vida sexual, si encuentra a su hija con el estudiante o con el mozo de la tahona, arma un escándalo.

—Y, en cambio, con esta concepción tan extraordinaria del amor físico debía pasar lo contrario. El padre debía alegrarse de ver a la hija embarazada por cualquiera.»

(Las veleidades de la fortuna)

1936

«Creo que esta obsesión del erotismo que domina sobre los países católicos no se hubiera producido sin la represión exagerada de que ha sido objeto. La vida sexual hubiera así ocupado su parte sin la ansiedad que produce ahora.»

(El cura de Monleón)

1936

«Nadie sabe si estos problemas de la vida erótica se pueden resolver de una manera limpia y decente; por ahora no se vislumbra la solución. Muchos creen que nada se puede cambiar; otros toman por soluciones utopías irrealizables.

La moral no debe estar en contra de la Naturaleza —dicen esos utopistas—, pero lo que debe ser no nos interesa tanto como lo que es, y por ahora no hemos visto que la vida del individuo en sociedad esté basada íntegramente en la Naturaleza.

La ansiedad erótica nunca hubiera sido tan grande si la imaginación hubiera estado ocupada en algo intesamente fuerte en que pensar y realizar. Y esto es lo que falta más que nada. Así, la juventud se mueve como un péndulo entre la ansiedad y el fastidio, y el fastidio es consecuencia casi siempre de la inacción.»

(Rapsodias)

1936

«Lo que produce la dificultad del problema sexual no es la fisiología ni la patología humana, sino su carácter mixto, complejo, formado por la historia durante miles de años. En el problema sexual influyen la economía, la religión, la moral, las supersticiones, los tabúes, la literatura, la moda, todo lo bueno y lo malo de la vida humana.

Querer prescindir de tanto factor y ver sólo la física de los sexos y dar una explicación sumaria no vale, como no vale decir que en la cuestión de las banderas no hay más que una cuestión de percalina y de tinte.

Los médicos especialistas en sexología apasionada y los anarquistas parece que quieren creer que ha sido por un capricho por el que se han limitado y se han puesto trabas a los instintos de la vida en la sociedad. No quieren ver que no hay tal capricho, sino que la limitación y la traba han sido consecuencia de una moral, y que ésta ha sido, probablemente, una faceta más o menos oscura de la economía.

La sociedad hace de lecho de Procusto con el instinto sexual. Lo acorta o lo alarga según sus necesidades. Y es que, probablemente, no puede hacer otra cosa.

El problema sexual es uno de los más complicados de la vida humana; y tardará mucho en resolverse, si es que se resuelve alguna vez. Las soluciones que quieren ser radicales, de médicos y anarquistas, valen poco. Y no valen más las soluciones libertarias preconizadas en el siglo pasado 399 por algunos escritores pseudoespirituales, que van desde Pigault Lebrun hasta Anatole France. Todo esto no es más que chatarra vulgar, pintada, eso sí, con purpurina. El problema parece, finalmente, demasiado complicado para resolverlo con leyes y decretos.

La cultura lo suavizará, lo dulcificará, lo humanizará con el tiempo; pero, mientras tanto, muchas generaciones de hombres y mujeres pasarán por ese lecho de Procusto en que la sociedad pone al instinto sexual, y encontrarán un motivo de desesperación en donde esperaban hallar un motivo de dicha. Aunque quizá esta posibilidad de ser desgraciado sea uno de los motivos de la grandeza del hombre.»

(Rapsodias)

1936

«El amor sexual está lleno de trampas, aun en su mayor pureza. Siendo un asunto tan individual, tan exclusivo de una pareja amorosa, que parece que no tiene más finalidad que su dicha, es, sin embargo, un asunto social. La especie quiere vivir, y los enamorados que se desentienden del mundo entero para unirse y no piensan más que en sí mismos obran dominados por ese fatalismo de la especie.»

(Rapsodias)

1944

«El sexo no es ni orgánica ni psicológicamente una manifestación absoluta de signo contrario; a un lado más y al otro menos. Eso sucede en la Biblia y en las sociedades absolutamente patriarcales. Hay así muchas mujeres que, siendo mujeres, son de espíritu más masculinas que los hombres, y hombres que, siendo hombres, son de gusto más femenino que muchas mujeres.

Además, hay hombres completamente masculinos en cuyas secreciones internas se encuentran hormonas femeninas, y mujeres exageradamente femeninas que expelen hormonas masculinas.

Esto es algo que molesta mucho a la gente petulante, que cree que ser hombre es una gran cosa.»

(Familia, infancia y juventud)

1945

«Creo que el hombre no ha sabido dignificar el instinto sexual. En otras actividades humanas se ha aquilatado y se ha alambicado el impulso primario, y se ha hecho de la necesidad grosera algo que tiene su belleza. En una cena elegante celebrada en un comedor bien alhajado, con cuadros, con estatuas, una mesa con un mantel bordado, una cristalería brillante, una vajilla de plata, unos hombres ingeniosos y unas señoras amables, en donde se come, se bebe y se habla, se ve el efecto de la civilización. Entre una cena de gente refinada y una comida de gañanes hay una diferencia enorme; pero en esa cuestión del amor no hay diferencia alguna. El mono o el cerdo surgen sin velos ni disfraz.

Yo creo que a la mayoría de los hombres sensibles, y no sé si a las mujeres desdichadas que tienen que caer en ese fondo del erotismo pagado, esos primeros contactos no le dejan más que una impresión de tristeza y de repugnancia. El cuarto de una casa miserable, la habitación sucia, la frase cínica, el perfume barato, el miedo al contagio, todo es un horror. No basta ni la armonía ni la retórica para paliarlo.»

(Final del siglo XIX)

1949

«¿Qué importancia puede tener el preguntarse   401

—como han hecho muchos— si el hombre es naturalmente monógamo o polígamo? Ninguna. El hombre no es ni una cosa ni otra, y puede ser la una y la otra. Se pone a un hombre normal, con una profesión que le guste y le obligue a trabajar mucho, una mujer amable y familia, y será monógamo. Se le deja solo, desocupado, en una ambiente laxo, con una mujer poco agradable, y será polígamo. El hombre es ya demasiado viejo y demasiado elástico para ser fundamental y exclusivamente una cosa u otra.»

(Ensayos)

1949

«¿Cómo se va a arreglar el problema sexual? Por ahora, de ninguna manera. Tendría que cambiar la sociedad y las ideas religiosas, políticas y económicas. Habría, sobre todo, que ver qué es lo que la mayoría de la gente no quiere. Mientras no haya un cambio hacia la veracidad, cosa que no se ve posible por ahora, la transformación no se puede realizar.

La mujer que haya tenido relaciones sexuales con un hombre sin casarse con él se considerará inferior a las demás mujeres que se han guardado. Si ha tenido relación con varios hombres, ya se la tiene por despreciable. El hombre joven notará claramente que, si no es rico, no podrá tener contacto más que con mujeres taradas, a las cuales no podrá acompañar por la calle, ni llevar al teatro, sin el ludibrio consiguiente.»

(Los enigmáticos)

1949

«El hombre cree que la organización normal sexual supone valor, energía, dignidad, y esto, claro, es una mentira; pero, ¿cómo se le va a de-

mostrar su engaño si ha puesto ahí sus más do-
radas ilusiones? Un pobre mandria puede ser
muy fecundo, y Julio César pudo ser homosexual; pero el tipo corriente no querrá reconocerlo. Esto en el terreno de lo natural.

En el terreno social, una mujer que por mala
suerte haya caído en la prostitución, puede ser
de instintos muy nobles y más piadosos que una
dama rica bien casada y bien defendida por su
medio; pero a la primera se la tratará mal y tendrá todo el desprecio de su alrededor, y la segunda será ensalzada y animada por el ambiente.

La mujer prostituida, y más el homosexual,
han sido condenados a las afueras; la mujer ho-
nesta y el hombre normal, al centro de la ciudad.
Con el tiempo, la gente de las afueras se contagia
con la moral del suburbio, se hace cínica y desvergonzada; y la gente de la ciudad toma la moral que reina en su medio, o por lo menos la respeta, y termina siempre por aceptar la hipocresía.»

(Los enigmáticos)

Examinadas ya, siquiera brevemente, las opiniones que Baroja emitiese alrededor del sexo y las mujeres, cuyo detalle ha podido seguir el lector en los epígrafes anteriores, queda ahora por contemplar el ideario del novelista acerca de otros temas —adulterio, amor, donjuanismo, matrimonio, moralidad, religión, homosexualismo, procreación, psiconálisis, prostitución, divorcio— sobre los que don Pío también se pronunciara, y que, 404 aun disponiendo de entidad suficiente y sustantiva por sí mismos, infieren de algún modo en el estudio que nos ocupa.

Si a las mujeres las consideró el escritor como «dignas compañeras de ese orangután que es el hombre» y del sexo escribió que era «un arreglo hecho de prisa y a última hora», no va a ser menos mordaz y derrotista Baroja al referirse a estos nuevos conceptos que, genéricamente, he agrupado bajo la denominación de *parasexuales,* contra todos los cuales tiene siempre dispuesta y preparada la opinión amarga, el juicio cáustico y el comentario desolado.

En la línea de esa filosofía, tan arbitraria y contradictoria como sombría y pesimista, la ausencia de lo amable es la nota más clara y definida. Ni la gracia de algunas de sus impresiones ni la originalidad de muchos de los puntos de vista que mantiene bastan para paliar el mal sabor de boca que deja la consideración de sus razonamientos. Todo es en ellos duro, agrio, hostil, atrabiliario. Nadie se salva de la quema con que don Pío arrasa cuanto toca.

Así, el matrimonio le parece «una institución bárbara y cruel»; a don Juan lo considera «chulo y majadero»; detrás del amor no ve latir más que «la fuerza de la especie»; sobre la procreación piensa que «el mayor delito del hombre es hacer nacer»; de la moralidad opina que es solamente «un disfraz de la miseria»; a las mujeres de partido las advierte «fanáticas del placer»; encuentra el homosexualismo como una consecuencia del «culto a la amistad»; en la religión reconoce «un dogmatismo cerril» que anula el natural fluir de los instintos; del adulterio dice que «es el derecho que todos los hombres tenemos al amor»; legitima el divorcio por cuanto es «la única solución lógica a la falta de entendimiento entre los cónyuges»; y en el plano de la ética general, concreta la esencia de su pensamiento cuando escribe: «Yo creo que un pueblo vicioso y revuelto es capaz de algo; un pueblo ñoño no es capaz de nada.»

405

Y vista ya la síntesis de su ideario, pasemos al examen de sus opiniones detalladas, recogidas en apretada miscelánea:

ADULTERIO

1904

«Somos el pueblo del mínimun. Mínimun de inteligencia, mínimun de vicios, mínimun de pasiones, mínimun de alimentación, mínimun de todo. Consumimos menos alcohol que ningún pueblo, menos tabaco que en ninguna parte. Las estadísticas nos dicen que el número de hijos ilegítimos en Madrid, en comparación con los pueblos de otras naciones europeas, es pequeñísimo; el número de suicidas, escaso...

¿A qué viene esta austeridad? Yo ya sé que muchos dirán por *pose:* "Nosotros somos tan viciosos como los de cualquiera otra parte". ¡Ca! ¡Qué hemos de ser! Si se pudiera hacer una estadística de adulterios resultaría, seguramente, España el país de Europa en donde hay menos. Una prueba evidente de la poca concurrencia sexual y de la honradez de las mujeres españolas es la fealdad horrorosa de todas nuestras prostitutas. En un pueblo en donde la relaciones sexuales fueran fáciles, prostitutas como las que hay en Madrid no podrían vivir; se tendrían que dedicar a trabajos de mujeres honradas.»

(El tablado de Arlequín)

1904

«El adulterio es a veces crimen, a veces delito, a veces falta; es a veces, en los pueblos en los que existe el divorcio, un derecho, el derecho que todos los hombres tenemos al amor y la felicidad. El adulterio presenta diversos grados de in-

406

moralidad, según las clases sociales en donde se presenta.

En la clase media, en la burguesía humilde, es donde, generalmente, ofrece caracteres de odiosidad mayor. El hombre (médico, abogado, ingeniero, periodista) es el alimentador de la familia, tiene que buscarse la vida trabajando hasta echar el alma por la boca; la mujer, que no ha aportado al matrimonio más que su persona, vive en un ambiente de intimidad, en un aire más puro. En este caso el adulterio por parte de la mujer, cuando el hombre es un hombre honrado, es indisculpable; supone, además de una naturaleza sin pudor y sin sentido moral, una ingratitud monstruosa. Sólo una pasión muy grande puede medio legitimar con la irresponsabilidad la falta de la mujer así atendida, mimada por el hombre que se hace su esclavo. Para uno y otro caso, el divorcio es la mejor solución.

En las clases ricas ya no sucede lo mismo; la ingratitud no existe. La mujer ha aportado al matrimonio una dote considerable que le permite una independencia económica considerable; el hombre tiene su fortuna. Juran los dos guardarse fidelidad; los dos se obligan a guardar la fe jurada; hay la igualdad de medios económicos; ni él le debe a ella ni ella le debe a él: hay igualdad de derechos. ¿Por qué en este caso la falta del marido ha de ser falta y la de la mujer un crimen?

Yo no veo la razón. Se me dirá que en el orden vigente es así; que para el hombre la infidelidád de la mujer, dentro de la vida social, es un perjuicio más grave que para la mujer la infidelidad del hombre; se me dirá que el marido engañado aparece ante la sociedad como un hombre ridículo, y que, en cambio, la mujer del calavera tiene cierta aureola de martirio que no les va del todo mal a algunas damas. No lo niego; pero si es cierto que el dolor es mayor en el hombre, ser social, también es verdad que la pena de sufrir el engaño es mayor en la mujer, porque ésta pone todas sus facultades en la vida del amor y, en cambio, el hombre, por educación, tiene otras preocupaciones, ambiciones y deseos de gloria.

En las clases pobres sucede con frecuencia algo parecido a lo que ocurre en las altas; la extrema miseria y la extrema riqueza dan condiciones semejantes al matrimonio. Entre los pobres, la mujer trabaja tanto, muchas veces más, que el hombre. Las condiciones económicas se equilibran; no hay muchas veces, en la mujer pobre que engaña al marido, ingratitud alguna.

Respecto a los hijos, les toca siempre la de perder, más en los de los matrimonios burgueses que en los ricos y en los pobres; pierden igualmente más si es la mujer la infiel y no el hombre. ¿Pero no pierden más si el padre o la madre eran tísicos, alcohólicos o tenían otra enfermedad constitucional? Además, creo que el perjuicio que experimentan los hijos con aparecer como naturales o adulterinos sería fácil de evitar suprimiendo en el Registro Civil las palabras de "hijo legítimo" y no haciendo mención de si los inscritos como nacidos son hijos del matrimonio o del amor.

Yo, por más que pienso, no encuentro una razón ética fundamental que me convenza de que el adulterio en el hombre sea sólo falta y en la mujer sea crimen.»

(El tablado de Arlequín)

AMOR

1911

«—Tengo una pequeña teoría acerca del amor —le dijo un día él.

—Acerca del amor debía usted tener una teoría grande —repuso burlonamente Lulú.

—Pues no la tengo. He encontrado que en el amor, como en la Medicina de hace ochenta años, hay dos procedimientos: la alopatía y la homeopatía.

—Explíquese usted claro, don Andrés —replicó ella con severidad.

—Me explicaré. La alopatía amorosa está basada en la neutralización. Los contrarios se curan con los contrarios. Por este principio, el hombre pequeño busca mujer grande; el rubio, mujer morena, y el moreno, rubia. Este procedimiento es el procedimiento de los tímidos, que desconfían de sí mismos... El otro procedimiento...

—Vamos a ver el otro procedimiento.

—El otro procedimiento es el homeopático. Los semejantes se curan con los semejantes. Este es el sistema de los satisfechos de su físico. El moreno con la morena, el rubio con la rubia. De manera que, si mi teoría es cierta, servirá para conocer a la gente.

—¿Sí?

—Sí; si se ve un hombre gordo, moreno y chato al lado de una mujer gorda, morena y chata, pues es un hombre petulante y seguro de sí mismo; pero si el hombre gordo, moreno y chato tiene una mujer flaca, rubia y nariguda, es que no tiene confianza en su tipo ni en la forma de su nariz.

—Y usted, don Andrés, que es un sabio, que ha encontrado esas teorías sobre el amor, ¿qué es eso del amor?

—¿El amor?

—Sí.

—Pues el amor, y le voy a parecer a usted un 409

pedante, es la confluencia del instinto fetichista y del instinto sexual.

—No comprendo.

—Ahora viene la explicación. El instinto sexual empuja al hombre a la mujer y a la mujer al hombre, indistintamente; pero el hombre, que tiene un poder de fantasear, dice: esa mujer, y la mujer dice: ese hombre. Aquí empieza el instinto de fetichista; sobre el cuerpo de la persona elegida, porque sí, se forja otro más hermoso y se le adorna y le embellece, y se convence uno de que el ídolo forjado por la imaginación es la misma verdad. Un hombre que ama a una mujer la ve en su interior deformada, y a la mujer que quiere al hombre le pasa lo mismo, lo deforma. A través de una nube brillante y falsa se ven los amantes el uno al otro, y en la oscuridad ríe el antiguo diablo, que no es más que la especie.

—¡La especie! ¿Y qué tiene que ver ahí la especie?

—El instinto de la especie es la voluntad de tener hijos, de tener descendencia. La principal idea de la mujer es el hijo. La mujer, instintivamente, quiere primero el hijo; pero la Naturaleza necesita vestir ese deseo en otra forma más poética, más sugestiva, y crea esas mentiras y esos velos que constituyen el amor.

—¿De manera que el amor, en el fondo, es un engaño?

—Sí, es un engaño como la vida misma; por eso alguno ha dicho con razón: una mujer es tan buena como otra, y a veces más. Lo mismo se puede decir del hombre: un hombre es tan bueno como otro, y a veces más.

—Eso será para la persona que no quiere.

—Claro; para el que no está ilusionado, engañado... Por eso sucede que los matrimonios de

amor producen más dolores y desilusiones que
los de conveniencia.»

(El árbol de la ciencia)

1912

«Hay, indudablemente, para la juventud en el
horizonte de la vida algo luminoso, como una vía
láctea: el amor, la promesa de felicidad.

Al pasar los años, esa misma vida láctea pierde
su brillo y su esplendor y nos parece un camino
que no lleva a ninguna parte, una agrupación de
necesidades incoherentes que se desarrollan en el
vacío sin ningún objeto ni la menor finalidad.»

(El mundo es ansí)

1918

«La tendencia actual con respecto al amor humano parece poco romántica y literaria. Se va
hacia el realismo y se intenta casi siempre aco-
plar los intereses sociales y económicos con la
inclinación fisiológica y sexual. No puede ser éste
un momento literario de grandes pasiones; los
amores románticos tienen que ser una excepción.

Para el hombre, las dos inclinaciones fuertes
son comer y tener resuelta la vida sexual. Si se
llama amor a la función sexual, el amor tiene una
gran parte en la vida del hombre joven; ahora,
si sólo se llama amor a la pasión, a lo novelesco,
entonces hay que reconocer que el amor tiene
muy poca importancia en la vida del hombre en
general.»

(Las horas solitarias)

1935

«—Otra cosa que molesta mucho a sus lectores es que usted da una idea pobre del amor,
me indica uno de los jóvenes.

411

—Sí; ésa es una consecuencia de la petulancia española. Al español le indigna que se le diga que su vida amorosa es triste, pobre, sin dramatismo; pero así es. ¡Qué le vamos a hacer! Yo creo que el país rural que no es rico no tiene una moral libre. Solamente en los países comerciales e industriales de clima blando es donde se destaca la personalidad de la mujer y triunfa el amor apasionado. En nuestro hemisferio se ve que a medida que se sube al norte en la dirección del meridiano, la mujer es más independiente y tiene más carácter. ¿No es evidente que una de las figuras más destacadas de la literatura española es Dulcínea del Toboso, que no existe más que en la imaginación de un hombre, en la mente de su autor?

—Es posible, pero hay que reconocer que eso va cambiando.

—No lo sé, pero lo dudo mucho. Supongo que el español y la española se entusiasman con la idea romántica y peligrosa del amor en los libros, en el teatro y en el cine más que en la vida. En la vida aceptan con entusiasmo el amor pedestre del matrimonio, que es el amor por el sistema métrico decimal.»

(Vitrina pintoresca)

1945

«—Hay que tener espíritu y creer en el amor.

—Sí, eso está bien; pero a mí me interesa poco. A mí lo que no he visto o, por lo menos, entrevisto no me produce deseo de hablar de ello. Yo no he tropezado más que con matrimonios en gran parte de conveniencia y con amores un poco bajos, de prostitución, donde ha jugado papel importante el dinero. Si hubiera visto otra cosa, tendría verdadero interés y satisfacción en contarla con todos sus detalles; pero como no la he visto, no la cuento.

—Pues existe el amor puro, las Beatrices del Dante, las Julietas de Shakespeare y hasta las heroínas de Ossian. La fe es lo que hace ver lo que parece invisible.

—Puede ser; pero a mí me choca que la realidad, un poco torpe, pueda transformarse en algo ideal sólo por el hecho de contemplarla de una manera o de otra.»

(Final del siglo XIX)

Donjuanismo

1908

«Sin las sombras de la perversidad, ¿qué queda de don Juan? Con un poco de deshonor, de lágrimas y de infierno, don Juan se destaca como un monstruo; pero si se suprime todo eso desaparece el dilettantismo de la fechoría, de la deshonra y del demonio, lo malo se convierte en anómalo, y don Juan queda reducido a un hombre de buen apetito. En una sociedad donde reinara el amor libre, si éste fuera posible, el famoso burlador sería un benemérito de la patria, y el jefe del Estado le daría una palmadita en el hombro y le diría: "Treinta años y cuarenta hijos. ¡Bravo, don Juan!" Y probablemente le pondría, además, una corona de laurel, en premio a su civismo.»

(La dama errante)

1919

«Don Juan es un comediante serio, un hombre de una seriedad fundamental; hubiera podido muy bien ser el jefe de un partido conservador, nacionalista y católico. Don Juan es un hombre que busca la felicidad y tiene miedo al infierno, ansia y temor que a un filósofo hacen sonreír. A éste, la felicidad y el infierno le parecen trivialidades.

Las mujeres comprenden muy bien a don Juan porque sienten como él. Pero, realmente, don Juan es un majadero que no tiene más valor que el que da la teología.»

(La caverna del humorismo)

1945

«Casi todo el donjuanismo español es pura imaginación. Cierto que hay esa especie de chulo guapo y poco inteligente que produce tanto entusiasmo a la escritora francesa Colette Willy, que lo ha pintado tan bien en sus libros porque es una mujer aguda, y que, a fuerza de inteligencia y de femineidad, se acerca a la hembra que no es más que hembra. Cierto que ese tipo de chulo, francés o español, puede ser un conquistador; pero ese tipo de ejemplar es ya un especialista y no creo, por otra parte, que abunde mucho.

Don Juan, si no es un chulo, no puede ser más que un hombre rico y un despreocupado.»

(Final del siglo XIX)

1948

«El tipo de Don Juan, que es un extrovertido (porque un Don Juan solo en su casa no es nada), no es muy frecuente en el país, a pesar de ser una invención española.

Yo creo que no he conocido a ninguno, al menos en la burguesía ni en la aristocracia. En la clase social en donde se da algo como un Don Juan es en la clase pobre, en el chulo. En Francia sucede igual, y así el único tipo que tiene algo de Don Juan es el apache, el *maquereau*. Los Marsay, los Rastignac y los Rubempré de la clase media y aristocrática, idealizados por Balzac, parece que se ha eclipsado, si es que han existido alguna vez.»

(La intuición y el estilo)

1948

«Un erudito actual ha encontrado citado en un proceso de homosexuales del tiempo al brillante conde de Villamediana.

Ya no nos chocaría nada que si Don Juan Tenorio hubiera existido apareciera también en un proceso de esa índole.»

(La intuición y el estilo)

HOMOSEXUALISMO

1918

«La amistad la cantaron los griegos de una manera excesiva. En cambio, el amor lo consideraron como un sentimiento privado y de poca belleza. Ese culto de la amistad llegó a producir el homosexualismo.

El homosexualismo entre los griegos debió de ser una aberración de origen casi intelectual; entre los modernos, en cambio, es una aberración de orden sensorial.

El homosexualismo de hoy tiene un impulso más claramente anormal que el antiguo, pues necesita vencer el culto a la Naturaleza y, sobre todo, la irrisión de la gente.»

(Las horas solitarias)

1945

«El homosexualismo, como producto de ideas más o menos disociadoras, es una camama. El 415 homosexualismo es una equivocación de la sabia Naturaleza, que se ha dado en todos los medios, en todas las razas y en todas las categorías sociales. Desde el príncipe de sangre real hasta el limpiabotas. Unas veces se perseguirá con el hierro y con el fuego; otras veces habrá en torno a él cierta transigencia; pero creo que las ideas literarias no tienen nada que ver con esto.

Respecto a su número, oí decir a un médico de Berlín que alcanzaba un 2,7 por 100 de la población, lo que en una ciudad de cinco millones arrojaba un producto de 135.000; un empleado de la Policía aficionado a la estadística aseguró, en un café de Amsterdam, que ascendía a un 2,5 por 100; en Madrid hay, según dijo un médico psiquiatra, 20.000, y algo parecido en Barcelona; y de 80.000 a 100.000 en Buenos Aires.

La ola del homosexualismo puede ser que suba, o puede ser únicamente que se ponga al descubierto. Pero, con seguridad, no lo será por la influencia de los poemas de Oscar Wilde o las novelas de Lorrain.»

(Final del siglo XIX)

MATRIMONIO

1909

«—Delante de ti tienes dos soluciones: una, la vida independiente; otra, la sumisión; vivir libre o tomar un amo; no hay otro camino. La vida libre te llevará probablemente al fracaso, te convertirá en un harapo, en una mujer vieja y medio loca a los treinta años; no tendrás hogar, pasarás el final de tu vida en una casa de huéspedes fría, con caras extrañas. Tendrás la grandeza del explorador que vuelve del viaje destrozado y con fiebre. Si te sometes...

—Si me someto, ¿qué?

—Si te sometes, tendrás un amo y la vida te será más fácil. Claro que el matrimonio es una institución bárbara y brutal; pero tú puedes tener un buen amo.»

(La ciudad de la niebla)

1917

«Acerca del matrimonio, como acerca de todas las instituciones sociales de importancia, hay toda una serie de lugares comunes que convendría aclarar.

El matrimonio tiene su parte pomposa y solemne y su parte de museo secreto. Pero, en cualquier caso, el matrimonio se quiere dar como una fórmula armónica en la que colaboran la religión, la sociedad y la Naturaleza.

¿Lo es así? Es un poco dudoso. Si el matrimonio no tuviera más fin que el hijo, el hombre debía cohabitar con la mujer hasta que ésta quedara embarazada. Desde este momento no debía tocarla. Viene ahora la segunda parte: la madre tiene un niño y el niño debe alimentarse con la lactancia materna. El hombre no debe cohabitar con la mujer en este período, a trueque de quitar al niño su alimentación natural.

La consecuencia de esto es que el hombre tiene que cohabitar con su mujer de dos en dos años, o que tiene que haber fraude en el matrimonio.

¿Qué hacer? ¿Cuál es lo moral? Hay que tener en cuenta que sobre la pareja humana pesan tres factores: uno, el más trascendental hoy, el económico; otro, también importantísimo, el social; el tercero, que va perdiendo importancia por momentos, pero que aún influye mucho, el 417 religioso. Estos tres factores quieren moldear la Naturaleza a su gusto.

La presión económica, la carestía de la vida, impulsa al fraude.

—¿Cómo vamos a tener muchos hijos? —dicen los matrimonios—. ¿Cómo los vamos a alimentar y a educar?

La presión social empuja a lo mismo. La moral religiosa se aferra sobre su idea del pecado, aunque ve cómo por días disminuye la eficacia de su sanción.

Si la Naturaleza tuviera voto en este asunto, seguramente optaría por la poligamia. El hombre es sexual constantemente y de igual manera hasta la decrepitud. La mujer tiene etapas: la de la fecundación, la del embarazo, la de la lactancia.

Con arreglo a la Naturaleza, no cabe duda que el sistema de unión sexual más conveniente, más lógico y más moral sería la poligamia. Pero contra la Naturaleza está la economía. ¿Quién va a tener cinco mujeres cuando no se puede alimentar una? Ese es el problema.»

(Juventud, egolatría)

1918

«El amor, la mujer en general y más aún la española, lo ve en forma de matrimonio. Para la mujer de la clase media y rica, el matrimonio tiene, naturalmente, grandes ventajas. El instinto sexual, que es pecado fuera del matrimonio, dentro de él se santifica según los cristianos. Esto para la Naturaleza será un poco cómico, pero para la religión parece que no lo es.

Se explica que la mujer vaya a la caza del hombre joven y rico con todas sus trampas. En el caso de conseguir su objeto, resuelve de golpe todo. La vida material, la cuestión sexual, el gusto de divertirse, la posición en la sociedad...

Y es que fuera del matrimonio, en las mujeres españolas, el amor toma o un aspecto místico e idealista o un aire puramente sensual y trágico.»

(Las horas solitarias)

1934

«El matrimonio y la familia van decayendo en todas partes por muchas causas. Los motivos principales son varios: unos, de carácter natural, y otros, de matiz social.

El primero, de carácter natural o biológico, es que no hay armonía entre dos personas, aunque sean hombre y mujer, más que cuando uno se sacrifica o sacrifica al otro. Así, a medida que aumenta la personalidad y el carácter de los cónyuges, aumentan también los motivos de discusión. Lo mismo da que la personalidad de uno y otro sea buena o mala.

Los motivos sociales que hacen decaer a la familia, y con ella al matrimonio, están en la extinción del mayorazgo, en el aumento de la cultura de la mujer, en la movilidad del hogar, que le hace perder la moral localista del grupo, en la dificultad de tener criados, en el divorcio, en el éxodo a las ciudades y en la insuficiencia de las ganancias del hombre, que inclina a la mujer a trabajar.»

(Artículos)

MORALIDAD

1911

«La vida era de una moralidad terrible; llevarse a una mujer sin casarse con ella era más 419 difícil que raptar a la Giralda de Sevilla a las doce del día; pero, en cambio, se leían libros pornográficos, de una pornografía grotesca por lo trascendental.

Todo esto era lógico. En Londres, al agrandarse la vida sexual por la libertad de costumbres, se achicaba la pornografía; aquí, al achicarse la vida sexual, se agrandaba la pornografía.

¡Qué paradoja esta de la sexualidad! En los países donde la vida es intensamente sexual no existen motivos de lubricidad; en cambio, en aquellos pueblos en donde la vida sexual era tan mezquina y tan pobre, las alusiones a la vida del sexo estaban en todo.

Y es natural, todo eso no es, en el fondo, sino un fenómeno de compensación.»

(El árbol de la ciencia)

1920

«Yo advertía cómo la moral española, rígida y fuerte, no es más que un disfraz de la miseria. Estudiantes que apenas contaban con medios más que para vivir, ¿cómo iban a tener amores alegres, ni nada de lo que caracteriza, según la literatura, la loca juventud? Todo estaba hecho allí a base de pobretería y de miseria, sin alegría, sin robustez y sin esplendor.»

(La sensualidad pervertida)

1947

«Respecto a las mujeres, me choca mucho la moral de estos tiempos. Hace cincuenta años, una muchachita madrileña iba con su madre por la Carrera de San Jerónimo o por la calle de Alcalá y se les acercaba un pollo y las acompañaba en el paseo muy ceremoniosamente. A los dos o tres días, la madre le advertía al joven:

420

—Mire usted, Fulanito; no parece bien que acompañe usted a esta niña con tanta asiduidad, porque ello da que hablar a la gente.

Hoy la muchacha de la casa va sola con un gamberro casado, y éste inmediatamente le habla de tú, le convida a un café o a un bar a tomar unas copas; la lleva a cenar a un restaurante a las diez de la noche, y un día le regala una pulsera o un anillo, y la familia se queda tan tranquila y no le choca nada el regalo.

En todo caso, es curiosa esta transformación de la moral práctica.»

(Galería de tipos)

PROCREACIÓN

1911

—«Yo no creo, como Calderón, que el delito mayor del hombre sea el haber nacido. Esto me parece una tontería poética. El delito mayor del hombre es hacer nacer.

—¿Siempre? ¿Sin excepción?

—No. Para mí, el criterio es el siguiente: si se tienen hijos sanos, a quienes se les da un hogar, protección, educación y cuidados, entonces podemos otorgar la absolución a los padres; si se tienen hijos enfermos, tuberculosos, sifilíticos o neurasténicos, entonces debemos considerar a aquéllos como criminales.

—¿Pero eso se puede saber con anterioridad?

—Fácil no es; pero sólo el peligro, sólo la posibilidad de engendrar una prole enfermiza, debía bastar al hombre para no tenerla. El perpetuar el dolor en el mundo me parece un crimen. Por eso, la única garantía de la prole es la robustez de los padres.»

(El árbol de la ciencia)   421

1911

«La fecundidad no puede constituir un ideal social. Lo que se necesita no es tanto la cantidad como la calidad. Que los patriotas y los revolucionarios canten al bruto prolífico. Para mí, siempre será un animal odioso.»

(El árbol de la ciencia)

1926

«Yo soy más malthusiano que otra cosa. Creo, como Stuart Mill, que debe considerarse a la pareja que tiene familia numerosa con el mismo o parecido desprecio que a la que se embriaga. Yo al que tiene cinco hijos le pondría una multa.»

(Los amores tardíos)

1936

«La doctrina de Malthus me parece exacta en sus principios. Lo que ocurre es que mientras no se pueda llevarla a la práctica en todas partes, no tendrá resultado. Un pueblo que la realizara con método sería, probablemente, un pueblo próspero; pero su misma prosperidad atraería la codicia de los pueblos cercanos abandonados, sucios y prolíficos. Y entonces, el país próspero, bien ordenado, se encontraría con que tenía que luchar con hordas desesperadas y agresivas o con masas de mendigos y de esclavos.»

(Rapsodias)

PROSTITUCIÓN

1911

«Las prostitutas carecen de cualquier tipo de odio o rencor. La Naturaleza es muy sabia: hace el esclavo, y le da el espíritu de la esclavitud;

hace la prostituta, y le da el de la prostitución. Por eso, quizás, este triste proletariado de la vida sexual tiene su honor de cuerpo. Como lo tienen, también, en la oscuridad de la inconsciencia, las abejas obreras y los pulgones.

Lo único grande, fuerte y terrible es que a todas estas mujeres les queda una idea de la honra como algo formidable suspendido sobre sus cabezas. Una mujer ligera de otro país, al pensar en su juventud, seguramente dirá: «Entonces yo era joven, bonita, sana.» Aquí, en cambio, dicen: «Entonces yo no estaba deshonrada.» Somos una raza de fanáticos, y el fanatismo de la honra es de los más fuertes. La verdad es que hemos fabricado ídolos que ahora nos mortifican.»

(El árbol de la ciencia)

1918

«La mayoría de las prostitutas son inteligentes como mulas, tienen una mirada puramente animal, sonríen porque su oficio es sonreír; pero se ve que, fuera de ganar dinero, de comer, de beber y de dormir, no tienen ningún otro deseo. ¿Cómo se va a poder sostener una ligera sombra de personalidad llevando la vida absurda que llevan? El pequeño espíritu que puede tener una mujer así ha tenido que ir ahogándose en la fatiga sexual y en la fatiga de beber, de gritar, de hacer mil cosas estúpidas por sistema, sin afición, sin alegría.

¡La verdad es que el mundo del vicio es ridículo! Si no fuera por la religión, que ha puesto encantos al vicio, éste estaría tan desacreditado, que todo el mundo se reiría de él.»

(Las horas solitarias) **423**

1926

«—Eso del psicoanálisis, ¿es algo? —preguntó Larrañaga.

—Yo creo que no es nada, pura palabrería. Freud ha publicado libros que son una colección de anécdotas, estirándolas para darles una significación. Con un poco de ingenio se les podía dar significación diferente y hasta contraria.

—Sí, pero puede haber algo ahí.

—Para mí, este psicoanálisis no tiene de nuevo más que el nombre; es un interrogatorio largo, como cualquier otro. Que las imágenes de los sueños, que las equivocaciones están motivadas, lo sabemos. Todo tiene su motivo; ahora, cómo funciona ese motivo, es lo que no conocemos. Con el psicoanálisis se quiere hacer del médico una especie de confesor católico. El que ha inventado esto ha pensado más en el poder que puede dar ese procedimiento que en su utilidad terapéutica.»

(Las veleidades de la fortuna)

1934

«Es lógico que en la vida ni lo individual ni lo social sean perfectos, y es también lógico que todos los fallos de método y de hábito repercutan en la salud del hombre.

Pero esto, ¿cómo se arregla? Ese señor que a los sesenta años padece un desorden hepático, quizá si se hubiera abstenido de la grasa y del alcohol desde su infancia no lo tendría. Esta señora que muestra un fondo de histeria, es también muy probable que casada con su primer novio tampoco lo hubiera padecido. Muy bien; pero ello, ¿cómo se evita?

Que en la vida erótica y sentimental, como en la vida orgánica y material, hay fallos y equivocaciones, es evidente; esto no es ningún descubrimiento. En muchas personas todo es error desde el principio hasta el fin. A base de las equivocaciones psíquicas está hecha gran parte de la literatura moderna. Pero todo esto, ciertamente, es algo que ya se sabía mucho antes de que lo dijera Freud.»

(Artículos)

1943

«Freud ha considerado que las raíces de las sugestiones oscuras de la personalidad se hunden siempre en un fondo sexual, lo que, evidentemente, no es así.

Estas raíces pueden recoger sus impulsos inconscientes o semiinconscientes de otros manantiales orgánicos, además del sexual. Ya Nietzsche, con más genialidad psicológica que Freud, habla de crisis espirituales que pueden depender de la mala función de las vísceras.»

(Pequeños ensayos)

1949

«En su teoría erótica, Freud no hace **más que** exagerar la nota vulgar, al asegurar que todo es erotismo. Esta idea, tan poco idealista, no le impedirá, sin embargo, sentirse un poco vate y sacerdote.

Yo en eso del psicoanálisis creo muy poco o nada. Todo ello me parece palabrería judaica. Ya lleva el psicoanálisis funcionando años y años. ¿Qué investigaciones serias ha hecho? ¿Qué resultados teóricos o prácticos ha dado? Yo creo que ninguno.»

(Bagatelas de otoño) 425

1920

«Para mí, la razón de esta pérdida de sentido religioso en los hombres tiene una raíz sexual.

El cura católico es muy hombre, muy macho; es el producto de una religión, como la judía, en donde la mujer no es más que una tentación, un vaso de impurezas, y de la idea romana de la autoridad. El cura domina a las mujeres por su carácter masculino; pero a los hombres, no. Los hombres ven en el cura algo como un rival.

A los hombres, el cura los podrá avasallar, los ha avasallado muchas veces, pero no les puede seducir; para esto sería indispensable que tuviera un carácter femenino, que no tiene.»

(La sensualidad pervertida)

1936

«—El sacerdote afirma que el hombre joven puede ser casto y que en ello no hay ninguna imposibilidad.

—¿Y usted no lo cree así?

—Respecto a ese punto, y en el terreno de los hechos, es difícil tener una opinión que valga, una opinión fundada en datos positivos. Lo que diga el señor Tal o el profesor Cual para mí no vale nada. Pero lo que sí es cierto es que hay tan gran cantidad de hipocresía y mentira entre las opiniones libertarias como en las mantenidas por la moral mística y clerical.»

(El cura de Monleón)

1936

«Nos quieren convencer de que tenemos unas alitas para volar y que si no volamos es porque nos lo prohíben las viejas rutinas o las modernas inquietudes. Pura fantasía. El hombre, cuando se contempla de cerca, advierte en sí mismo ese animal peludo, voluptuoso y con las piernas torcidas de que habla el abate Switf, a quien caracterizan las más aviesas intenciones. A veces se nos pueden ver las garras; pero las alas, difícilmente.»

(Rapsodias)

NOTA FINAL

En base, por un lado, al carácter divulgativo de esta monografía, y con la intención, por otra, de no distraer al lector con acotaciones marginales de dudoso valor aclaratorio, he considerado oportuno suprimir de la misma cualquier clase de notas «a pie de página», limitándome a consignar únicamente el título de la obra en que aparezca la cita a que se hace referencia en el texto.

Asimismo, he estimado conveniente prescindir, en las transcripciones barojianas correspondientes a los capítulos II y VI, de aquellos de sus párrafos que, sin añadir nuevas puntualizaciones o apoyaturas a la línea informadora del ideario del novelista, hubieran podido contribuir a una mayor —e innecesaria— extensión de los límites, ya demasiado amplios, de este trabajo.

Una y otra omisiones, adoptadas en beneficio de la síntesis y en nada minimizadores de su contenido, pueden, en cualquier caso, ser fácilmente subsanados mediante la remisión a los textos originales de don Pío, reproducidos —con la excepción de su correspondencia y algunos artículos de tono menor— de sus Obras Completas publicadas en Madrid por Biblioteca Nueva.

Quiero pensar que el lector avisado haya advertido ya esta simplificación y no encuentre, asimismo, demasiadas dificultades a la hora de subsanarla.

INDICE DE CONCEPTOS

INDICE